온라인 소비자,
무엇을 사고 무엇을 사지 않는가

온라인 소비자, 무엇을 사고 무엇을 사지 않는가

슐로모 베나치, 조나 레러 지음

갈매나무

진정 새로운 세상에 눈 뜨게 하는 스마트한 책이다. 이 책은 화면에 기반을 둔 사회에서 우리가 어떻게 움직이는지, 디지털 세계가 우리 자신과 타인에 대한 생각을 어떻게 바꾸는지 명석하게 그려냈다.

—로버트 실러Robert Shiller, 예일대 교수, 노벨 경제학상 수상자

사람들의 의사 결정에 영향을 미치도록 다양한 선택지의 뷔페를 구성하는 방법은 이미 알고 있다. 그러나 새로운 온라인 환경이 우리 의사결정에 어떻게 영향을 미치는지는 아직 제대로 알고 있지 못했다. 행동경제학자 슐로모 베나치가 쓴 이 영리한 책은 우리가 화면에서 보는것, 생각하는 것, 그리고 선택하는 것 사이의 관계를 명확하게 바라보도록 도와준다.

—댄 애리얼리Dan Ariely, 듀크대 심리학 및 행동경제학 교수,
《상식 밖의 경제학Predictably irrational》 저자

한 번에 집중할 수 있는 능력이 한정되어 있는 인간의 뇌와 화면 위에넘쳐나는 정보 사이에서는 다양한 상호작용이 일어난다. 이것은 또한디지털 도구가 우리 생활에 깊숙이 들어오면서 인간의 삶에도 점점 더많은 영향을 미치고 있다. 이 책의 저자는 디지털 세계에서 인간이 경험하는 행동 패턴을 분석하는 동시에 화면을 유용하게 활용하는 방법

을 사회적, 심리적, 윤리적, 경제적으로 모색하고 있다. 새로운 시대, 새로운 소비자에 대해 흥미로우면서도 깊은 깨달음을 주는 책이다.

－엘다 샤피어Eldar Shafir, 프린스턴대학 심리학과 공공 정책 교수

우버와 아마존이 그토록 혁신적인 기업으로 성장한 것은 다름 아닌 화면의 마법 같은 힘 덕분이었다. 디지털 세계에서의 상호작용 방식이 바뀌면서 우리 인간의 행동 방식 또한 바뀌었기 때문이다. 우리는 자신이 선호하는 것이 표현 매체와는 상관없이 동일하게 유지된다고 믿고 싶어 한다. 하지만 이 책은 절대 그렇지 않다는 사실을 논리적으로 설명하고 있다.

－로리 서덜랜드Rory Sutherland, 광고 대행사 '오길비 앤 마더Ogilvy & Mather' 부회장

감성적 인간으로서의 소비자를 연구하는 행동경제학은 우리에게 기업과 소비자의 관계를 새롭게 바라보는 방법을 제시해준다. 오프라인에서 온라인으로, 온라인에서 모바일로 시장이 급격히 변함에 따라 기업도 소비자를 바로 보는 관점을 명민하게 변화시켜야 한다. 이 책은 행동경제학 분야의 최신 연구결과를 바탕으로 온라인과 모바일에 익숙한 소비자를 사로잡을 수 있는 새로운 방법을 제시해주고 있다.

－곽준식, 동서대학교 경영학부 교수, 《브랜드, 행동경제학을 만나다》 저자

contents

행동경제학, 온라인 비즈니스를 만나다

2013년 10월 1일 미국 정부는 건강보험 선택 웹 사이트인 www.healthcare.gov를 개설했다. 국민들이 자기 거주 지역에서 제공되는 다양한 보험 상품의 가격과 특징을 비교해볼 기회를 제공하기 위해서였다. 정부는 아직 건강보험 없는 미국인 수백만 명이 보험 상품을 결정하기에 앞서 이 사이트를 이용할 것으로 예상했다.

언론은 이 사이트에 얼마나 화려한 최신 기술이 동원되었는지 앞다투어 보도했다. 하지만 정작 중요한 문제에는 거의 아무도 주목하지 않았다. 이 웹 사이트는 소비자들이 최고의 보험 상품을 선택하는 데 정말로 도움이 될 것인가? 오바마 대통령의 건강보험 개혁으로 인해 보험 상품을 선택하는 것은 수백만 미국인들의 재정에서 핵심적인 문제가 된 상황이었다.

이후 조사 결과에 따르면 안타깝게도 이 웹 사이트가 더 나은 선택을 내리는 데 도움이 되지 못한 것으로 나타났다. 경제학자 사우랍 바르가바Saurabh Bhargava, 조지 로웬스타인George Lowenstein, 그리고 내가 함께 진행한 연구에서 이 사이트의 시뮬레이션을 활용한 사람들은 실제로 필요한 것보다 888달러나 더 비싼 보험 상품을 선택했다. 이는 무려 수입의 3퍼센트에 육박하는 금액이었다. 또한 이보다 먼저 콜롬비아대학의 경제학과 교수 에릭 존슨Eric Johnson이 진행한 연구 결과, 건강보험 선택 웹 사이트에서 선택지가 많을수록 최선의 상품을 고를 확률이 대폭 낮아지는 것으로 나타났다. 적당한 수의 선택지가 주어졌다 해도 거의 80퍼센트에 이르는 사람들이 최선의 선택을 해내지 못했다.

이 문제는 해결될 수 있을까? 온라인 세상은 그 어느 때보다 많은 대안을 우리 앞에 내놓는다. 건강보험 선택 웹 사이트의 방문자는 평균 47개에 이르는 보험 설계를 제공받는다. 쇼핑몰 사이트 자포스(Zappos.com)에서는 여성화를 찾는 방문자에게 2만 8000여 종의 신발을 보여준다. 그렇다면 오늘날 우리가 더 나은 선택을 하도록 돕기 위해 웹 사이트는 무엇을 어떻게 해야 할까?

■
사람들은 화면 앞에서 어떻게 행동하는가

2010년 2월 21일 아침, 미군의 무인 정찰기 프레데터 드론이 아프가니스탄 남부 샤히디 하사스 마을 근처 도로를 지나가는 픽업

트럭과 SUV 차량을 발견했다. 이 차량들의 움직임은 라스베이거스 외곽 크리치 공군 기지의 분석관들에게 생중계되었다.

이런 첨단 장비는 이미 현대전의 핵심 요소이다. CIA는 오사마 빈 라덴의 은신처 정보를 얻기 위해 드론을 활용했다. 이스라엘 군도 최근 가자 지구 상공에 열 대가 넘는 무인 항공기를 띄웠다. 미 공군은 아프가니스탄과 이라크에서 매일 500시간이 넘는 분량의 공중 비디오 영상을 축적하고 있다.

그러나 과다한 정보는 문제를 야기한다. 누군가 그 정보를 처리해야 하기 때문이다. 드론 분석관들은 시시각각 쏟아지는 영상 데이터 앞에서 어쩔 줄 몰라 하는 상황이다. 조지메이슨대학의 라이언 맥켄드릭Ryan McKendrick이 진행한 연구 결과, 멀티태스킹을 요하는 드론 조종 임무가 주어졌을 때 사람들은 영공 방어 업무를 잘 수행하지 못하는 것으로 나타났다. 무장 차량 내의 사격수들을 관찰한 실험에서도 추가 업무를 맡은 병사들은 적을 인지하는 일차적인 임무를 효과적으로 수행하는 데 실패했다. 이렇듯 과다한 디지털 정보는 오히려 화면상에 놓치기 쉬운 사각지대를 만들고 만다.

앞서 아프가니스탄 남부에서 이동하던 차량들의 정보를 분석할 때도 그런 일이 일어났다. 군 내부 조사 결과, 크리치 공군 기지의 분석관들은 영상 자료, 무선 통신, 실시간 메시지의 홍수 속에서 모든 정보를 완벽하게 처리할 수 없는 상황이었다. 결국 분석관들은 차량들에 민간인들이 타고 있다는 사실을 발견하지 못했다. 드론 조종자들은 발사 명령을 내렸고 헬파이어 미사일과 로켓 세례가

온라인 소비자,
무엇을 사고 무엇을 사지 않는가

퍼부어졌다. 이로 인해 무려 스물세 명의 무고한 사람들이 목숨을 잃었다. 이런 비극을 방지하려면 어떻게 해야 할까? 공군과 CIA에서 화면 위의 사각지대로 인한 위험을 최소화할 수 있는 방법은 무엇일까? 마찬가지로 디지털 시대에 정보 과부하에 시달리는 금융기관이나 병원 등 다른 조직들은 어떻게 해야 할까?

2013년 12월 14일 제시카는 자녀들을 도시 반대쪽 친구 집에 데려다주기 위해 차량 예약 서비스 우버Uber 앱을 사용했다. 하필 뉴욕 시에 눈보라가 휘몰아친 날이었고 수요가 많은 만큼 더 많은 차량이 참여하도록 할증요금제surge pricing가 적용되는 상황이었다. 그날은 특히 차량 수요가 많아 일부 고객들은 정상 요금의 8.25배를 지불하기까지 했다. 우버가 할증에 대해 미리 알리기는 했지만 그것만으로는 충분치 못했는지 곧 소셜미디어에서 폭탄 가격에 대한 불만이 빗발쳤다. 제시카는 415달러짜리 우버 영수증 사진을 인스타그램Instagram에 올렸고 뒤따라 다른 이들도 시내 요금으로 150달러 넘게 지불한 영수증을 올렸다. 우버는 악천후 속에서 승객을 실어 나르는 귀중한 서비스를 제공하고도 분노의 대상이 되고 말았다. '#다신안타'라는 해시태그를 단 트윗에 회사 이름이 오르내리는 것은 결코 반가운 일이 아니다.

우버의 할증요금제 사태는 디지털 시대의 대표적인 문제, 즉 사람들이 화면에서 순식간에 생각하고 결정하는 상황을 단적으로 보여준다. 손가락으로 화면을 몇 번 터치하기만 하면 차량이 예약되는 우버의 신속한 이용 방식은 물론 고객들의 환영을 받고 있다. 하지만 그 편리함 뒤에는 이면이 있다. 수많은 소비자들이 운행 요금이 얼마나 될지 미처 인지하지 못한 상태에서 예약 버튼을 터치해버리기 때문이다. 우버는 어떻게 앱을 수정해야 할까? 소비자들이 곧 후회하게 될 의사 결정을 하지 않도록 도울 방법이 있을까?

위에서 등장한 세 가지 사례는 군사 정보 분석부터 택시 예약에 이르기까지 우리 삶의 방식을 바꿔버린 디지털 혁명의 일부이다. 우리는 과거 어느 때보다도 더 많은 정보와 선택 가능성을 얻은 동시에 눈부시게 빠른 속도로 그 정보와 선택 가능성을 다루게 되었다. 하지만 아직 해결되지 않은 문제 역시 명백하다. 가령 대폭 늘어난 선택 가능성 중에서 우리는 최선이 아닌 것을 고른다. 정보는 많지만 정작 가장 중요한 정보는 놓치고 만다.

이 책은 그런 상황에 대한 불만을 늘어놓으려는 것이 아니다. 스마트폰이 우리를 바보 멍청이로 만든다고 주장하려는 것도 아니다. 디지털 이전의 시대에 찬사를 보내지도 않는다. 그 대신 컴퓨터를 비롯해 스마트폰, 태블릿 등 수많은 디지털 기기에서 정보를 전달하는 '화면'을 어떻게 디자인하여 우리의 선택을 좀 더 스마트하게 만들 것인지 다룬다. 동시에 디지털 시대의 삶을 개선해줄 해결책과 실용적인 방법을 모색한다. 나는 이 책에서 디지털 기기가 우리의 사고방식과 의사 결정 형태를 어떻게 바꾸었는지에 대하여 행동경제학 분야에서 이뤄진 최신 연구를 바탕으로 삼을 것이다. 그리하여 소비자들이 잘못된 보험 설계를 선택하도록, 혹은 415달러짜리 택시를 예약하도록 만들었던 바로 그 기술을 강력한 기회로

온라인 소비자,
무엇을 사고 무엇을 사지 않는가

바꿀 방안을 탐색해보려 한다.

우선 해결 방안의 세 가지 사례를 간단히 살펴보자. 최고의 건강보험 설계를 선택하고, 웹 사이트에서 가장 적절한 제품을 고르게 하려면 윔블던이나 전미 대학농구선수권 대회의 토너먼트 방식을 도입할 수 있다. 모든 선택지를 한꺼번에 주는 대신 몇 단계에 걸쳐 최선의 안을 고르도록 하면 의사 결정 방식이 훨씬 개선된다.

또한 정보 분석 과정에서 사각지대를 없애려면 '줌아웃zoom out', 즉 멀리서 바라보면서 장면의 세부 사항을 줄이는 것이 도움이 된다. 이는 단순히 투입하는 정보량을 줄이는 것으로 그치지 않는다. 우리의 한정된 주의 집중 능력을 보완하기 위해 새로운 정보 압축 기술을 사용하는 것이다.

마지막으로 우버 같은 경우 웹 사이트와 앱에 보기 싫은 폰트를 의도적으로 배치함으로써 고객을 교육시키고 사전에 불만을 방지할 수 있다. 정보는 늘 가능한 한 처리하기 쉬워야 한다는 상식적인 믿음과는 정반대의 방법이다. 디지털 읽기 격차, 즉 종이보다 화면에서 우리의 읽기 능력이 현저히 떨어진다는 여러 연구들의 공통된 지적을 해결하는 데도 이 같은 방식의 접근이 가능하다.

이러한 대안들은 온라인 행동을 개선하기 위해 기업과 정부가 행동경제학의 도구와 기법을 어떻게 사용할 수 있는지를 보여주는 예시 가운데 극히 일부에 불과하다. 이 책에는 이 외에도 다양한 사례들이 등장할 것이다. 나는 우리가 엄청난 가능성의 세계에 첫발을 내디뎠다고 보기 때문이다. 행동경제학의 이점을 받아들인다면 디지털 화면 앞에서 이루어지는 우리의 의사 결정은 대폭 개선될 수 있다. 더 잘 보고 더 잘 배우며 덜 후회하게 될 것이다.

■ 웹 사이트는 무엇을 어떻게 해야 하는가

자, 행동경제학자인 내가 이 책을 쓰는 이유는 무엇일까? 나는 사람들이 저지르는 실수를 연구해 그 실수가 재발되지 않도록 돕는 데 평생을 바쳐왔다. 예를 들어 나는 나와 같은 행동경제학자 리처드 탈러Richard Thaler와 함께 진행한 연구에서 '내일 더 저축하라Save More Tomorrow'라는 프로그램을 통해 직장인 400만 명의 저축률을 대폭 올리는 성과를 거두었다. 결과는 고무적이었지만 그 많은 사람들과 접촉하느라 15년이라는 세월이 걸렸다. 아직도 우리가 돕지 못한, 그리하여 여전히 충분하게 저축을 하지 못하는 미국인들이 수천만 명이라는 사실이 안타깝다. 나는 이토록 느린 속도가 늘 마음에 걸린다. 기술을 활용해 더 빨리 더 많은 사람들이 변화하도록 만들고 싶은 것이 내 바람이기 때문이다.

21세기에는 시민과 소비자들을 만나기 위해 대문을 두드리거나 길거리에서 붙잡고 설득할 필요가 없다. 온라인과 모바일로 상호작용하면 최소한의 노력으로 엄청난 수의 사람들과 신속히 접촉할 수 있다. 화면 앞에서의 행동에 영향을 끼치는 것은 아주 효율적이고 또한 효과적이어서 나는 수십억 명까지도 충분히 더 스마트하게 생각하고 선택하도록 도울 수 있다고 본다. 이는 결코 과장이 아

온라인 소비자,
무엇을 사고 무엇을 사지 않는가

니다. 정말로 수십억 명이다.

하지만 이 기회를 잡아 디지털 시대에서 사람들을 제대로 이끌려면 우선 새로운 온라인 환경에 맞도록 사고방식을 조정하는 과정을 거쳐야 한다. 우리는 인간의 두뇌가 새로운 기술로 인해 변화하지 않을 거라고 믿고 싶어 한다. 그러나 새롭고 멋진 기술은 부지불식간에 우리의 행동 패턴을 바꾸고 있다. 우리는 여기서 한 걸음 더 나아가 이 변화가 예측 가능하다는 사실에 주목해야 한다. 사람들이 디지털 기기 앞에서 어떻게 행동할지, 행동 조정을 위해 개입했을 때 어떻게 반응하게 될지 미리 알 수 있다는 뜻이다.

가령 태블릿으로 쇼핑할 때 상품 가치를 더 높게 평가한다든지, 컴퓨터에서 SAT 시험을 치르면 점수가 더 낮아진다든지, 웹 사이트에서 주문할 때 칼로리가 더 높은 피자를 선택한다든지 하는 일관된 행동 경향까지도 설명할 수 있다. 따라서 이 책의 최종 목표는 디지털 시대에 맞춰 우리의 행동 도구상자를 갱신하는 것이다. 바로 지금 당신에게 필요한 도구, 화면 앞에서 사람들이 올바르게 행동하도록 자극하는 도구 말이다.

분명히 해두자. 나는 스마트폰이 우리의 머릿속 구조를 바꾼다고 말하려는 것이 아니다. 수백만 년에 걸쳐 진화해온 인류가 불과 10~20년 만에 돌변할 수는 없다. 그럼에도 오프라인과 온라인에서 이뤄지는 사고방식에는 상당한 차이가 있고 이는 웹 사이트 등 화면상의 디자인에도 제대로 반영되어야 한다. 모든 기업이 이제 디지털 영역을 무대로 하고 거의 모든 소비자들이 디지털 기기로 중요한 의사 결정을 내리는 상황인 만큼 올바른 화면 디자인은 대단히 중요하다. 정보와 의사 결정의 매체가 변화하고 있다. 온라인 시장을 눈앞에 둔 당신의 비즈니스 전략도 변화해야 한다.

물론 이는 매우 새로운 연구이며 아직 논쟁적인 측면이 존재한다. 이 책에 소개된 연구들 중에는 온라인과 오프라인 행동을 직접 비교하는 것도 있지만 제안의 성격에 그치는 것도 있다. 앞으로 연구 결과가 더욱 축적되어야 보다 명확한 주장이 가능할 것이다. 더나아가 이러한 행동 도구들이 모든 디지털 문제를 해결할 수 있는 것도 아니다. 정보 과부하를 줄이고 더 나은 보험 설계를 선택하도록 화면이 디자인된다 해도 온라인상의 실수를 완벽히 없애거나 화난 우버 고객 모두를 달랠 수는 없다.

기술의 혁신은 우리가 생각하고 살아가는 방법을 근본적으로 돌아볼 소중한 기회를 제공했다. 중대한 군사적 결정이 컴퓨터상에서 내려질 것이라는 상상을 대체 누가 해보았겠는가? 웹 사이트 디자인이 수백만 미국인의 건강보험 문제를 좌지우지하리라는 생각은? 잠들기 전 마지막으로 하는 일, 그리고 아침에 일어나 처음으로 하는 일이 스마트폰을 들여다보는 일이리라는 것은?

0과 1로 이루어진 디지털 세상은 날이 갈수록 우리 삶에 깊숙이 파고드는 중이다. 이 책은 이런 시대의 이점을 활용하도록 도우려 한다. 디지털 혁명의 가능성을 허비하지 않도록 말이다.

이제 시작해보자.

온라인 소비자,
무엇을 사고 무엇을 사지 않는가

1부

소비자는 더 스마트한 의사 결정을 하고 싶다

과도한 정보로 가득한 화면은 인간의 처리 능력을 떨어뜨린다. 도로를 주시하는 운전자가 제대로 대화를 이어가지 못하듯 사람들은 디지털 기기에서 쏟아지는 데이터에 쉽게 압도당한다. 어려운 정보 처리 과업 때문에 '인지적 부담'을 진 소비자들은 평소의 취향과는 관계없이 쉽게 인식되는 음식을 고르는 경향이 있다. 남은 주의력이 별로 없는 탓에 정말 좋아하는 것이 아닌, 단번에 인지 가능한 것을 선택하는 것이다. 의사 결정과정에서 벌어지는 이런 문제를 어떻게 해결해야 할까?

21세기적 삶을 사는
소비자의 딜레마

인터넷이 등장하기 전인 1990년대 초로 가보자. 한 사람이 휴가를 맞아 클리블랜드에 호텔 방을 하나 예약하려고 한다. 예약 방법은 여러 가지가 있다.

주로 거래하는 여행사가 있다면 거기로 전화를 걸어 원하는 조건, 예를 들어 공항에서 가까운 별 세 개짜리 호텔을 예약해달라고 부탁할 수 있다. 여행사 직원은 고객의 희망사항을 받아 적고 서류철을 뒤적인 후 전화기를 들어 호텔에 전화를 할 것이다. 그리고 그 노력의 대가로 호텔에서 10퍼센트의 수수료를 받는다. 혹은 직접 호텔을 예약하는 방법도 있다. 전에 클리블랜드를 가본 적 없다 해도 여행안내서만 있으면 된다. 자료를 통해 호텔 정보를 파악하고 전화번호를 알아내는 것이다.

이제 현재 시점으로 와보자. 인터넷을 통해 호텔 예약이 가능하다(지난 15년 사이에 여행사 직원 수는 55퍼센트 정도 줄어들었다). 우선은 구글Google 검색부터 시작할 것이다. '클리블랜드 공항 근처 호텔'을 검색창에 입력하면 눈 깜짝할 사이 수만 개의 결과가 나열된다. 하지만 화면을 잘 들여다보면 뭔가 이상한 점이 눈에 띌 것이다. 최상단의 검색 결과가 실제 호텔 웹 사이트가 아니라 온라인 여행사들이기 때문이다. 부킹닷컴(Booking.com)이나 호텔스닷컴(Hotels.com) 등 호텔 예약 시장을 지배하는 사이트들이다.

이 사이트들은 호텔을 소유하지도, 운영하지도 않는다. 과거 여행사 직원이 그랬듯 그저 중간 역할을 할 뿐이다. 여러 호텔 웹 사이트에서 사진과 정보를 가져와 고객의 요구에 따라 배열하여 보여주는 일이 고작이다. 위치, 가격, 호텔 등급, 수영장, 공항 무료 셔틀 등 고객이 제시한 조건에 맞춰서 말이다.

■
더 좋은 선택을 하고 싶다

자, 그렇다면 이러한 온라인 여행사들은 수수료를 얼마나 받을까? 온라인 여행사는 기본적으로 고객이 관심 지역의 호텔을 한꺼번에 살펴볼 수 있도록 돕는 정보 제공자일 뿐이다. 호텔 운영자는 토지를 사 건물을 짓고 객실과 설비를 관리하는 대규모 인력을 고용한다. 그러나 온라인 여행사는 그런 비용을 한 푼도 쓰지 않는 대신 디지털 기기에서 이용자의 주의를 끌기 위해 온라인 광고비를 지출한다. 일단 그렇게 주의를 끌어당기고 난 후 이를 다시 호텔 쪽으로 돌리도록 해준다.

이용자의 주의 집중은 얼마 정도의 가치를 가질까? 예약 한 건당 온라인 여행사가 호텔 측으로부터 받는 수수료는 얼마일까? 나는 처음에 많아야 5퍼센트 정도이리라 생각했다. 과거의 여행사 직원들은 고객과 직접 통화하며 접촉했다. 고객의 요구 조건을 알고 그에 맞는 호텔을 찾기 위해 시간을 썼다. 그 업무의 결과로 받는 수수료가 겨우 10퍼센트였다. 하지만 온라인 여행사는 인간적인 접촉을 일체 하지 않으며 오로지 알고리즘에 의존한다. 인간의 노동력을 배제하고 비용을 낮춘 전형적인 온라인 비즈니스이니 가격도 더 합리적으로 바뀌어야 마땅하지 않은가.

그러나 내 생각은 틀렸다. 내 추측보다 무려 다섯 배나 높았으니까. 온라인 여행사의 수수료는 20~30퍼센트 정도이다. 우리가 호텔스닷컴에서 호텔을 예약하면 나흘 중 하루치 방값이 호텔스닷컴 몫이라는 뜻이다. 침대 시트를 갈지도 않고 수영장 물을 데우거나 미니바를 채우지도 않는데 말이다. 호텔의 대출 이자나 직원 임금을 지불하는 것도 아니면서 무려 매출의 4분의 1을 가져가는 것이다.

온라인 여행사는 어떻게 이런 방식으로 수익을 올릴 수 있을까? 어째서 호텔들은 그런 터무니없는 수수료를 지불할까? 호텔 웹 사이트에서도 동일한 방식으로 얼마든지 예약을 받을 수 있을 텐데?

이 질문들에 대한 대답은 21세기 우리 삶의 흥미로운 진실을 드러낸다. 온라인 여행사의 비즈니스 모델이 유효한 까닭은 우리가 종일 들여다보고 있는 물리적 화면의 정보량, 그리고 우리가 정말로 집중할 수 있는 정신적 화면의 정보량, 둘 사이의 불일치에 있다. 터무니없어 보일 만큼 높은 수수료는 사람들이 온라인에서 더 잘 생각하고 선택하도록 돕는 일이 얼마나 큰 가능성을 지니는지 잘 드러낸다. 이 책은 바로 그런 가능성이 오늘날 곳곳에 널려 있음을 강조하고자 한다. 물론 가능성을 잡으려면 먼저 그 가능성을 찾을 줄 알아야 한다.

정보 과잉의 시대,
선택은 점점 어려워진다

인터넷이 우리 손 안에 들어오기 전, 호텔 예약 과정에서 핵심은 유용한 정보를 찾는 것이었다. 그때만 해도 객실 사진은 고사하고 전화번호를 얻는 것조차 쉽지 않았다. 어둠 속 같은 막막한 상태에서 더듬거려야 했기에 흔히 여행사 직원에게 의존하는 방법을 택했던 것이다.

지금은 어떤가? 도리어 정보에 빠져 허우적대고 있다. '클리블랜드 공항 호텔'이라고 구글 검색창에 입력하면 500만 개 이상의 결과가 쏟아져 나온다. 검색 결과 첫 몇 쪽을 살펴봐도 선택의 문제는 여전히 해결되지 않는다. 홀리데이 인Holiday Inn을 고집해야 할까?

조금 더 돈을 내고 쉐라톤Sheraton으로? 명확한 답이 없기에 여러 웹 사이트들을 들락거리며 사진을 비교하고 조건을 검토하는 일이 이어진다. 읽어봐야 할 고객 평가도 무수히 많다. 이 힘겨운 과정을 거치다 보면 저절로 여행사에 의존하던 시절이 그리워진다. 구글에서 쏟아지는 클리블랜드 호텔 정보는 정보 혁명이 낳은 심대한 변화 가운데 작은 예에 불과하다.

　정보화 시대를 이해하는 데 내게 큰 도움을 준 비유를 하나 소개해보겠다. 늘 그렇듯 비유가 완벽하다고는 할 수 없지만 디지털 혁명이 촉발한 변화를 포착하는 데는 도움이 될 것이다. 가령 예전에는 정보의 흐름이 벽 틈새에서 물방울이 똑똑 떨어지는 것과 같았다. 존재하는 정보량이 적은 탓에 대부분의 사람들은 늘 정보에 목말랐다. 주의력attentional capacity(무언가에 관심을 기울이고 집중하는 능력으로서 이 책에서는 '주의력'으로 표현한다-역주)이 남아돌았다. 하지만 구텐베르크Johannes Gutenberg가 등장해 인쇄 문화가 발달하고 20세기 중반에 이르자 정보는 부엌 수도꼭지에서 나오는 물처럼 일정하게 흘렀다.

　컴퓨터는 이 상황을 완전히 바꾸었다. 1980년대부터 정보량은 기하급수적으로 늘기 시작했다. 2010년 한 해 동안 미국 배송업체인 포스탈 서비스Postal Service가 전달한 우편물의 모든 정보를 다 더하면 5페타바이트peta byte(약 500만 기가바이트) 정도이다. 현재 구글은 나른한 오후 시간 동안 그만큼의 데이터를 처리한다(IBM 데이터 전문가의 최근 추산에 따르면 '오늘날 세계에 존재하는 데이터의 90퍼센트가 지난 2년 동안 만들어진 것'이라고 한다). 개인적인 상호작용 면에서도 그렇다. USC 교수 마틴 힐버트Martin Hilbert의 연구에 따르면 전화, 이메일, 문자 등 양방향으로 하루 동안 일어나는 의사소통의 양은 1986년에 신문 두 면 정도였던 반면, 2010년에는 신문 20부 분량으로 늘어났다고 한다. 부엌 수도꼭지가 초고압 소방 호스로 대체되어 우리 면전에 데이터를 뿜어내고 있는 꼴이다.

소방 호스 은유의 핵심은 물의 양이 늘어난다고 해서(소방 호스가 분당 내뿜는 물은 수도꼭지의 125배에 달한다) 우리가 마시는 양이 그만큼 늘어나지 않는다는 데 있다. 얼마만큼의 물이 얼굴에 퍼부어지든 우리가 한번에 꿀꺽 마실 수 있는 양은 늘 똑같다. 인간의 정신도 이런 상황이다. 화면에 나타나는 정보량이 우리가 처리할 수 있는 정보량을 바꾸는 일은 없다. 화면에 떠오른 정보는 거의 언제나 우리 두뇌가 받아들일 수 있는 양을 넘어서기 때문이다. 반면 우리가 처리할 수 있는 정보량은 주의력에 따라 한계가 있다. 우리에게는 한 번에 두세 가지 이상의 정보를 처리할 능력이 없다.

■
정보의 풍요, 주의력의 빈곤

노벨상을 수상한 심리학자 허버트 사이먼Herbert Simon은 이런 측면을 처음으로 이해한 인물 중 한 명이다. 정보화 시대가 막 시작되던 1971년에 사이먼은 정보의 발전이 심리적으로 엄청난 결과를 야기할 거라고 예측하며 이렇게 말했다. "정보가 풍요로워지면 다른 무언가는 빈곤해진다. 즉 그 정보가 소비하는 모든 것이 빈곤해지는 것이다." 사이먼은 정보가 소비하는 것이 바로 '정보 수용자의 주의력'이라고 보았다. 더 나아가 주의력은 상대적으로 비탄력적인 자원이기 때문에 '정보가 풍요로워지는 만큼 주의력은 빈곤해지고' 사람들은 무엇을 인식하고 생각할 것인가에 대해 어려운 선택을 강요당한다고 하였다.

사이먼의 주장은 이후 수많은 논의로 확장되었다('주의력 경제 attention economy'에 대한 논의도 활발하다). 하지만 사이먼의 주장이 컴퓨터가 일반화되기 전에 나왔다는 점을 기억해야 한다. 이메일도, 구글도, 스마트폰도 없던 시절에 정보 과잉을 걱정한 것이다. 다시 말해 당시 사이먼이 말한 '정보의 풍요'란 지금 우리가 보기에 데이터 사막과도 같다. 그런데 오늘날 정보와 주의력의 관계는 그때보다 한층 더 극단화된 상태이다. 과도한 정보가 주의력 결핍을 낳는다는 것은 화면 앞에서 특히 극대화된 인간 행동의 특성이다.

정보화 시대를 사는 우리지만 우리의 정보 처리 능력은 과거 어느 때보다도 뒤떨어져 있다. 이것이 현재 우리가 당면한 역설이다. 주의력은 모두 소진된 상태이다. 다시 한 번 소방 호스 은유를 동원하자면 퍼붓는 물에 흠뻑 젖었으되 갈증은 한층 심한 꼴이다. 주의력 결핍이 집단적인 문제라는 증거가 필요하다면 사람들에게 다음과 같이 간단한 주의력 테스트를 해보라. 온라인에서 이루어지는 사회과학 분야 연구에서는 대상자가 정말로 지시문을 읽고 따르는지 확인하기 위해 이러한 '주의력 필터'를 활용한다(나는 이 필터를 통과하지 못한 대상자의 자료는 분석에서 제외하곤 한다). USC 교수 대니얼 오펜하이머Daniel Oppenheimer와 동료들이 2009년 연구에서 사용한 주의력 필터를 살짝 수정하여 지시문을 만들었다. 다음 지시문을 읽어보라.

여러 현대 이론은 의사 결정이 진공 상태에서 일어나지 않는다는 사실을 인식한다. 개인적인 취향과 지식, 그리고 상황 변수들이 결정 과정에 커다란 영향을 미치기 때문이다. 의사 결정에 대한 연구를 수행하면서 우리는 의사 결정자인 당신과 관련된 요소들을 하나씩 파악하고자 한다. 특히 정말로 시간을 들여 이 지시문을 다 읽었는지 확인하고 싶다. 제대로 읽지 않았다면 우리 질문 중 일부는 분명히 이해되지 않을 것이다. 자, 이 지시문을 다 읽었음을 증명하려면 다음 쪽에 나오는 어떤 질문에도 답변을 하지 말아 달라. 이제 다음 쪽의 질문에 답변을 시작해도 좋다.

외식을 할 때 나는 내 취향을 따르기보다 그 식당만이 내놓는 독특한 음식을 시도하는 편이다.

①그렇다. ②약간 그렇다. ③별로 그렇지 않다. ④그렇지 않다.

이 질문은 앞에서 등장한 지시문에 대한 확인용이다. 답변을 한다면 지시문을 충분히 주의 깊게 읽지 않았다는 의미가 된다.

자, 이 주의력 필터를 통과하지 못하는 사람이 얼마나 되었을 것 같은가? 결과는 실망스러웠다. 오펜하이머와 동료들이 서면으로 주의력 필터를 사용했을 때 총 참가 인원 480명 중 탈락자는 14~28.7퍼센트 정도였다. 그런데 동일한 주의력 필터를 컴퓨터 화면에서 제시하자 총 213명 중 무려 46퍼센트가 탈락했다.

이 결과가 함축하는 바에 대해 잠시 생각해보자. 지금까지 여러분은 온라인, 즉 화면에서 얼마나 많은 설문 조사에 응해왔나? 얼마나 많은 질문에 답했는가? 아마 손에 꼽지 못할 정도일 것이다. 주의력 필터 실험으로 얻은 데이터에 따르면 대부분의 사람들이 질문에 충분히 주의를 기울이지 않은 상태에서 응답하는 것으로 나타났다. 충분히 시간을 들여 문제를 읽지 않은 사람들의 응답은 별 쓸모가 없다.

■
주의력을 통제하는 자가 이익을 얻는다

이제 다시 온라인 여행사의 높은 수수료 문제로 돌아가자. 온라인 여행사들은 우리가 너무 많은 정보와 선택 가능성에 압도되어 버렸음을 안다. 혼란스러운 검색 결과를 하나씩 살펴보거나 호텔 웹 사이트마다 들어가 볼 시간이 없다는 것도 안다. 그리하여 우리가 겪는 문제를 단순화시킨다. 검색 결과의 상단 자리를 사버리는 것이다. 한번 확인해보라. 어느 도시의 호텔을 찾든 결과 화면 상단의 가장 비싼 자리에는 온라인 여행사가 있을 테니까.

부킹닷컴은 구글의 가장 큰 고객 중 하나로 '뉴욕 호텔'이 클릭될 때마다 구글에 7.68달러를 지불한다. 일단 우리가 온라인 여행사를 클릭했다면 그 웹 사이트의 목적은 우리가 가장 중요하게 여기는 조건 한두 개를 바탕으로 선택 가능성을 나열하는 것이다. 간단히 말해 온라인 여행사 사이트는 정보에 압도된 사람들, 소방 호스를 다룰 줄 모르는 사람들, 클리블랜드 근처 호텔에 관한 검색 결과 500만 개를 앞에 두고 어찌 해야 할지 모르는 사람들을 위한 것이다.

여기까지는 아무 문제 없어 보인다. 나 자신도 온라인 여행사를 아주 유용하게 이용하곤 한다. 하지만 어떻게 온라인 여행사들이 나흘 중 하루치 숙박료를 수수료로 가져가는가 하는 수수께끼는 아직 풀리지 않았다. 여기에 답하려면 거시 경제의 기본적인 교훈, 즉 돈은 결핍을 뒤따른다는 점을 기억해야 한다. 다이아몬드가 금보다 귀한 이유, 금이 석영보다 귀한 이유가 거기 있다. 어떤 자원이든 수요가 공급을 넘어서면 가격이 오른다. 플루토늄이든 원유든 똑같다. 부는 결핍에서 만들어진다. 최고의 부자는 처음으로 결핍을 알아차린 사람이다.

21세기를 사는 우리에게 결핍된 것은 무엇인가? 클리블랜드의 호텔 방이 아니다. 그 호텔 방들에 대한 정보도 아니다. 너무 많은 가능성으로 인한 심각한 주의력 결핍이 문제이다. 허버트 사이먼의 예언대로 말이다. 온라인 여행사는 우리가 바로 그 결핍을 해결하도록 도와줌으로써 엄청난 성공을 거두었다.

그리하여 인터콘티넨탈InterContinental Hotels이나 힐튼Hilton 같은 대규모 호텔 체인들이 정보화 시대에 곤란한 처지에 빠지고 말았다. 부킹닷컴 같은 온라인 여행사들이 엄청난 돈을 벌어들인다. 온라인 여행사의 서비스가 매출의 25퍼센트를 가져갈 수준이 아니라는 것을 잘 알기에 호텔들은 변화를 시도하고 있다. 소비자가 호텔 사이트에서 직접 방을 예약하도록 하며, 이 경우 대폭 할인해주는 제도가 대표적인 사례이다.

그럼에도 사람들은 여전히 온라인 여행사에 의존하고 있다. 2013년 말, 온라인 여행사의 호텔 예약 시장 점유율은 급격히 증가해 호텔 웹 사이트 예약의 2.5배에 이르렀다. 이와 같은 추세가 이어진다면 가까운 미래에 온라인 여행사의 수수료가 50퍼센트를 넘어선다 해도 놀랄 것이 없다. 호텔 객실료의 절반 이상을 디지털 중개인이 가져간다는 것은 고객의 주의력을 사로잡는 일이 실제로 잠자리를 제공하는 일보다 더욱 가치 있다는 의미이다. 이 사례가 주는 교훈은 간단하다. 인간의 주의력은 21세기의 원유이다. 주의력을 통제할 수 있다면 그로부터 얼마든지 이익을 챙길 수 있다.

의사 결정을
양자택일로 한정하는 이유

　몇 달 전 나는 우연히 멋진 아이디어를 떠올렸다. 그야말로 멋진 아이디어, 지난 몇 달을 통틀어 내 머리에서 나온 최고의 아이디어였다. 여기서 그 아이디어가 무엇이었는지는 전혀 중요하지 않다. 이후 어떤 일이 일어났는지를 주목해야 한다.

　아이디어가 떠오른 그날 나는 뉴욕에서 회의를 마치고 호텔로 돌아가는 중이었다. 예전부터 헤아릴 수 없이 여러 번 다닌 길이었다. 어떻게 지하철역으로 들어가 어디서 열차를 기다리고 어디서 내려야 할지 훤히 알고 있었다. 그런데 그날 오후 나는 어처구니없는 실수를 저질렀다. 막 떠오른 멋진 아이디어에 정신이 팔린 채 아이폰에 이런저런 메모를 하느라 지하철 반대편 방향으로 들어가버린 것이다(뉴욕 시의 지하철역 상당수가 열차 방향에 따라 지상 출입구가 달라진다). 분명 시내로 들어가야 했는데 정신을 차려 보니 어느새 외곽 쪽 방향에 서 있었다. 나는 살짝 당황한 채 지상으로 나와 다른 출입구로 들어갔다.

여기까지는 나쁘지 않았다. 그런데 나는 또다시 같은 실수를 저질러 역시 외곽 쪽 플랫폼으로 들어가버리고 말았다. 새로운 아이디어에 정신이 팔린 나머지 한 번 사면 될 지하철 표를 세 개나 사야 했다. 절대 기분 좋은 일은 아니었다.

이는 평범한 인지 실패의 사례이다. 우리가 하루에도 몇 번씩 겪는 일이기도 하다. 중요한 문제에 대해 생각하느라 사소한 실수를 저지르는 것이다. 예컨대 우리는 점심 메뉴 생각에 골몰하다 이메일을 엉뚱하게 읽는다. 스마트폰에 주의를 집중하며 걷다가 벽에 부딪치거나 횡단보도에서 빨간불에 건너가기도 하고 엉뚱한 지하철에 올라타기도 한다. 우리의 사고 능력은 한정되어 있어 모든 일에 주의를 기울일 수 없다. 그러다 정작 세상의 중요한 측면을 놓쳐버리는 일이 비일비재하다.

이러한 정신 능력의 제약을 처음 다룬 심리학자 중 한 명이 조지 밀러Geroge Miller이다. 1956년 MIT의 전파 공학 연구소 회의에서 논문을 발표하며 밀러는 인간 두뇌가 단기 기억력에 의해 크게 제약을 받는 한정적 기계라고 하였다. 이후 출판된 논문 제목은 〈마법의 수 7, 플러스마이너스 2 The Magical Number Seven, Plus or Minus Two〉였다. 인간은 정보를 동시에 일곱 개(±2)까지 기억할 수 있다는 의미였다. 우리 실생활 속의 중요한 수, 차량 번호판이나 전화번호 등이 모두 일곱 자리 안팎인 이유가 여기에 있다. 이보다 길어지면 기억할 수 없기 때문이다.

밀러의 짧은 논문은 인간의 머릿속 정보 처리 과정에서 벌어지는 병목 현상을 명확히 드러냈다. 세월이 흐르면서 과학자들은 그 현상을 더 생생히 측정해냈고 우리 머릿속 컴퓨터의 능력이 실제로 한정되어 있다는 사실을 여러 측면으로 밝혀주었다. 나는 멋진 아이디어에 골몰하는 와중에 스마트폰으로 메모를 하고 복잡한 지하철도 제대로 탈 수 있기를 바라지만 그러지 못한다. 또다시 한 번 타는 지하철 표를 세 개씩이나 사면서 시간과 돈을 낭비하기 싫다면 내 한계를 인식하고 내 주의력이 생각보다 한정된 자원임을 알아야 한다. 앞으로 보게 되겠지만 이러한 정신적 한계는 자동차 운전부터 환자 간호에 이르기까지 온갖 활동에서 중요한 의미를 지닌다.

■
마법의 숫자에 대한 진실

심리학 교수 메레디스 데인먼Meredyth Daneman과 퍼트리샤 카펜터Patricia Carpenter가 1980년 논문에서 발표한 '읽기 폭 과업reading span task'이라는 연습을 해보자. 아래에 있는 문장들을 큰 소리로 읽어라. 그러면서 매 문장 마지막 단어들을 기억해보라. 기억을 돕기 위해 마지막 단어를 진하게 처리해두었다.

- 크게 뜬 그의 눈에 떠오른 것은 승리감이 아닌 **공포**
- 미시건 거리를 따라 올라간 택시 앞에 펼쳐진 멋진 **호수**
- 위대한 일은 충동이 아닌 작은 노력의 **결합**
- 마음을 훈련하는 한 방법은 아이디어를 명확히 하는 **습관**
- 계속 악보를 보고 연습하다 보면 능숙해지는 것이 **예술**
- 부모를 놀라게 한 아들의 문신 위치는 오른쪽 **어깨**
- 유명한 지휘자를 단번에 몰락시킨 것은 **추문**

다 읽었는가? 그럼 다음 쪽으로 가보자.

앞에서 읽으면서 기억한 마지막 단어를 순서대로 종이에 써보라. 결과가 어떤가? 꽤 어려운 테스트였을 것이다. 밀러는 우리의 단기 기억 용량이 일곱 개 정도라고 했지만 위의 테스트 결과를 보면 그보다 훨씬 적게 나타난다. 기존 연구들을 보아도 큰 소리로 읽은 문장들 가운데 마지막 단어 서너 개를 기억하는 것이 고작이라고 한다.

읽기 폭 과업에서만 그런 것도 아니다. 우리가 집중할 수 있는 정보량, 즉 '워킹 메모리working memory'를 측정하는 새로운 심리학 방법들이 고안되면서 밀러가 말한 마법의 수는 너무 낙관적이라는 것이 드러났다. 심리학자 넬슨 코완Nelson Cowan이 발표한 일련의 논문들에 따르면 실제 마법의 수는 네 개(±1)라고 한다. 또한 워킹 메모리 테스트를 해보면 글자, 단어, 숫자, 색깔 등 무엇이든 이 수를 넘어섰을 때 우리가 핵심 정보를 놓치기 시작하는 것으로 나타났다.

다소 우울한 발견이다. 우리는 인간이 대단한 존재라고, 인간의 두뇌는 온 우주에서 가장 멋진 기계라고 상상하길 좋아하니까. 하지만 우리의 정보 처리 능력을 파고들기 시작하면 한계가 뚜렷하게 드러나기 시작한다. 정보가 넘쳐나는 세상에 살고 있지만 우리 머리가 처리할 수 있는 정보는 얼마 되지 않기에 우리는 늘 무엇에 주의력을 기울일지 선택해야 한다. 화면에 얼마나 많은 데이터가 있는지는 중요하지 않다. 기껏해야 네 개 정도를 볼 수 있을 뿐이니 나머지는 잡음이고 낭비되는 픽셀에 불과하다.

마법의 수가 작다는 사실은 사람들의 선택에 크나큰 영향을 미친다. 다음 실험을 보자. 당신은 실험실에 앉아 있다. 과학자가 들어와 인간 기억력에 대한 연구를 한다고 말한다(실제로는 제한된 정신 능력mental bandwidth에 관한 연구이다). 과학자는 일곱 자리 수를 기억하라고 한 뒤 복도를 지나 두 번째 방으로 가서 기억력 테스트를 받으라고 한다. 다만, 가는 길에 간식이 놓여 있다. 달지만 건강에 나쁜 초콜릿 케이크와 신선한 과일 샐러드 중 하나를 골라야 한다. 당신이라면 무엇을 고르겠는가?

이제 실험을 바꿔보자. 앞 실험과의 차이는 일곱 자리 대신 두 자리 수를 기억하는 것이다. 훨씬 쉬운 과업이다. 복도로 나가 케이크와 과일 중 하나를 고르는 것은 동일하다. 몇 자리 수를 외우는가가 간식 선택에 영향을 미치리라는 생각은 아마 들지 않을 것이다. 하지만 결과는 그렇게 나타났다. 두 실험의 참여자들은 뚜렷이 차이를 보였다. 일곱 자리 수를 외우려 애쓴 사람들 중 63퍼센트가 케이크를 선택했지만, 두 자리 수를 외운 사람들 중에서는 41퍼센트만이 케이크를 골랐다. 또한 충동성을 측정했을 때 높은 점수를 받은 사람들에게서 이 차이가 더 두드러졌다. 일곱 자리 수에서 84퍼센트, 두 자리 수에서 38퍼센트였다.

참가자들은 어째서 이렇게 다른 행동을 보인 것일까? 소비자의 인지 행동을 연구하는 알렉산더 페도리킨Alexander Fedorikhin 교수와 함께 이 실험을 설계한 스탠포드대학 바바 쉬브Baba Shiv 교수에 따르면 일곱 자리 무작위 수를 기억하기란 아주 힘든 일이라고 한다. 그리하여 우리의 단기 기억력을 극단까지 끌어올리다 보니 케이크를 거부할 만큼의 정신적 자원이 남지 않는다. 결국 다이어트나 건강식을 고려하는 대신 케이크의 달콤함과 즉각적인 만족만 생각하게 된다. 바로 이것이 정보가 너무 많아 주의력이 결핍될 때 일어나는 일이다. 우리는 당장 눈앞의 일에만 주의를 기울이는 것이다.

■ 결정할 것은 이미 너무 많다

이는 비단 식단이나 체중 관리 문제에만 국한되지 않는다. 2013년 〈사이언스Science〉 지에 실린 연구를 보자. 경제학자 아난디 마니Anandi Mani와 하버드대 경제학과 교수 센딜 물라이나단Sendhil Mullainathan, 심리학자 엘다 샤피어Eldar Shafir와 자잉 자오Jiaying Zhao로 구성된 공동 연구팀은 인지 자원 부족이 빈곤층에게 부적절한 의사 결정을 하도록 이끈다고 밝혔다

실제로 사회경제적 지위가 낮은 사람들이 약 복용을 제대로 하지 않고 약속 시간을 지키지 않으며 업무 집중력이 떨어지고 재무 계획을 세우지 못한다는 연구가 많다. 이전에는 주로 '교육 부족'이 이런 현상의 원인으로 꼽혔다. 가난한 이들은 몰라서 못한다는 것이다. 하지만 이 연구를 진행한 심리학자들은 빈곤에 할당된 '정신 과정mental process(정보를 처리하는 심리적 과정)'에 초점을 맞추었다. 빈곤은 그 자체로 정신을 소비하는 조건이고 돈 걱정에 정신이 분산되도록 하여 장기적인 계획 수립에 필요한 주의력을 줄여버린다는 것이다. 이들은 '빈곤한 이들이 경제력뿐 아니라 지적 자원의 부족

까지 극복해야 한다는 뜻이다'라면서 빈곤의 인지적 영향이 하룻밤을 꼬박 새운 상태, 혹은 IQ 수치에서 13을 뺀 것에 해당한다고 보았다.

이러한 인지적 결핍은 심각한 결과를 초래한다. 예를 들어 저소득층은 은퇴 연금 가입률이 낮아 대다수가 퇴직 후 경제력이 부족한 상태에 놓인다. 저축 부족이 낮은 소득에서 기인한다고 보는 이들도 있지만 실제로 저축 프로그램에 강제로 가입된 저소득층은 해지할 자유가 있음에도 은퇴까지 저축을 유지하는 것으로 나타났다. 결국 오로지 돈이 문제가 아닌 것이다. 미래를 계획하는 데 집중하기 위한 정신 능력을 찾아내는 것이 중요하다.

주의력이 한정된 두뇌가 미치는 영향은 빈곤층에 그치지 않는다. 미국 대통령조차도 이 문제에 관심을 기울인다. 최근 〈배니티 패어 Vanity Fair〉지와 인터뷰하면서 오바마 대통령은 회색이나 푸른색 양복만 입는다고 털어놓았다. 이유가 뭐냐고? 의사 결정을 양자택일로 한정하려 한다는 것이다. "무엇을 먹을지 혹은 입을지에 대해서까지 고민하고 싶지 않습니다. 결정해야 할 것이 이미 너무 많기 때문입니다." 옷차림과 음식에 주어진 선택 가능성을 의도적으로 줄임으로써 대통령은 보다 중요한 국가 현안에 기울여야 할 주의력을 유지하는 셈이다.

여기서 다시 디지털 세계로 돌아가보자. 다섯 손가락보다도 적은 마법의 수를 지닌 취약한 정보 처리 능력을 감안할 때 정보가 넘쳐나는 현재 상황이 우리에게 얼마나 부정적으로 작용하게 될지는 당연히 우려할 만하다. 외워야 할 것이 몇 개 늘어난다고 해서 단번에 초콜릿 케이크를 선택해버리는 상황이니 늘 새로운 이메일과 문자와 하이퍼링크가 가득한 화면은 어떤 영향을 미치겠는가. 심지어 런던 그레셤칼리지의 심리학자 글렌 윌슨Glenn Wilson은 메일함에 안 읽은 메일이 하나 있는 것만으로도 집중력이 분산되어 IQ가 10점 정도 낮아진다는 점을 발견하였다.

우리 머릿속의 정보 처리 과정에 병목 현상이 존재한다면 현재의 온라인 환경, 즉 무수한 선택 가능성과 수백 개의 단어가 채워진 전형적인 웹 사이트들을 어떻게 해야 좋을까? 이 인공 환경은 우리가 살아남도록 진화해온 세상이 아니다. 기술은 우리의 약점을 여실히 드러내고 있다. 온라인 여행사가 비즈니스 모델이 된 이유도 바로 거기 있다.

화면에 드러나는 정보량과 우리가 실제로 처리할 수 있는 정보량이 일치하지 않는다는 근본적인 문제는 점점 더 심각해지는 중이다.

온라인 소비자,
무엇을 사고 무엇을 사지 않는가

모든 것이 중요하다는 것은
아무것도 중요하지 않다는 것이다

미 퇴역군인 관리국은 전자의료기록을 초기에 도입하였다. 퇴역군인 관리국에 속한 병원이 워낙 많은 탓에 관리 시스템이 절실한 상황이었다. 전자의료기록 시스템에는 매년 800만 명이 넘는 환자를 치료하는 1700개 이상의 기관이 포함된다. 또한 의사는 환자가 다른 지역에서 받았던 진료 기록을 쉽게 살펴볼 수 있다. 이 시스템을 개발하는 데 수십조 달러가 들었지만 덕분에 진료가 개선되고 투약 등의 의료 실수가 방지될 것으로 기대되었다. 지속적인 시스템 개선 및 보완을 거쳐 퇴역군인 관리국은 환자에게서 비정상적인 검사 결과가 보이면 자동으로 의사에게 전달하는 '의료 경보 체제' 시스템도 새롭게 구축했다. 의사가 미처 챙기지 못해, 혹은 결과지가 차트에 잘 정리되지 못해 놓치는 경우를 방지하기 위해서였다.

이렇게 의료 기록을 디지털화하는 것은 대단히 멋진 일처럼, 온라인 세상이 우리의 정신력을 분산시키는 대가로 안겨주는 보상처럼 보였다. 퇴역군인 담당 의사들이 여전히 너무 많은 환자를 맡고 있다는 것이 여러 감사 보고에서 지적되었고 따라서 새로운 시스템은 진료 과정의 효율성을 높여줄 것이라 여겨졌다.

하지만 최근 연구에 따르면 의료 경보 체제에도 불구하고 여전히 검사 결과가 누락되는 것으로 밝혀졌다. 왜일까? 너무 '많기' 때문이다. 하딥 싱Hardeep Singh이라는 의사가 상세히 분석한 결과, 퇴역군인 관리국의 1차 진료를 담당하는 의사는 매일 60건이 넘는 의료 경보를 수신하며, 그중 86.9퍼센트의 의사들이 이를 과도하다고 인식했다. 거의 70퍼센트에 달하는 의사들이 '효과적으로 처리 가능한 수준을 넘어서는 양의 의료 경보를 수신한다'고 털어놓았다는 점은 더욱 우려스럽다.

이런 정보 과잉 사태는 현실적인 문제로 연결된다. 의사들 중 3분의 1가량이 검사 결과를 놓치는 바람에 진료가 늦어진다고 인정했다. 게다가 싱과 동료들이 진행한 또 다른 연구에서는 '외래 환자에게서 나타난 비정상 검사 결과의 8퍼센트는 30일 이내에 추가 조치가 이루어지지 않는다'고 밝혀졌다. 의사 지시로 검사를 진행한 후 비정상적인 결과가 나타나도 그중 상당수가 재검토되지 못하고 방치된다는 뜻이다.

퇴역군인 관리국 의사들에게 닥친 상황은 우리에게도 시사하는 바가 크다. 정보량이 그저 주의력 결핍을 불러올 뿐 아니라 어느 수준을 넘어서면 그 어떤 주의도 기울이기 어려운 상태로 이어진다는 것이다.

미국 국립보건원 클레먼트 맥도널드Clement McDonald 박사가 싱의 연구와 관련해 말했듯이, '모든 것이 중요하다면 결국 아무것도 중요하지 않'게 되어버리는 셈이다. 그리고 바로 여기서 기술로 인한 문제가 등장한다. 워킹 메모리에 주어진 마법의 수는 언제나 작았다. 그런데 21세기에 들어와 한층 더 작아지는 듯하다. 소방 호스 은유를 다시 떠올려보자. 분당 950리터의 물이 얼굴에 쏟아진다면 수도꼭지에 입을 댈 때보다도 오히려 마시는 양은 더 적을 것이다. 풍요는 저주가 되어버린다.

이러한 상쇄 관계를 비유로는 이해하기 쉽다. 하지만 우리 정신에도 마찬가지 현상이 나타나며 정보량이 늘어나면 정보 처리량 또한 줄어들게 된다는 점은 깨닫기 어렵다. 이는 운전하면서 멀티태스킹을 시도할 때 가장 잘 드러난다. 고속도로를 달리며 문자 메시지를 보내려면 시야가 스마트폰 화면과 도로로 분산된다. 핸즈프리 전화 통화라면 괜찮지 않을까? 손과 시선은 여전히 운전에 집중하고 있으니 말이다. 하지만 간단한 전화 통화라도 도로 위에서의 집중력을 급격히 떨어뜨린다는 결과가 있다.

유타대학교의 인지심리학자 데이비드 스트레이어David Strayer와 동료들이 진행한 연구에서 전화 통화를 하던 피험자들은 '운전 중 벌어지는 상황의 최대 50퍼센트를 인식하지 못했으며 보행자와 빨간불 역시 무시했다'고 한다. 정지선에서 정지하지 않을 가능성도 열배나 높아졌다. 또한 스트레이어와 동료들의 다른 연구에서도 전화통화를 하는 사람들은 혈중 알코올 농도가 기준치 상한선에 달한 사람들보다도 운전 중 반응이 오히려 더 늦은 것으로 나타났다.

　이러한 정신적 결함이 나타나는 이유는 무엇일까? 과학자들은 이 현상을 두뇌 속 정보의 흐름이 처리 능력을 넘어설 때 일어나는 '부주의맹inattentive blindness'이라고 설명한다. 운전자들의 감각 세계가 좁아지고 갑자기 사각지대가 나타난다는 것이다. 신호를 보지 못한 것이 아니라 거기 주의를 기울이지 않은 탓에 빨간불에도 주행하고 만다. 주의력이 소진되면 아무리 습관화된 행동이라도 극도로 위험해진다. 그때의 우리 정신은 새로운 구동 시스템을 돌리느라 허덕대는 낡은 컴퓨터와 다름없다.

■ 21세기의 소방 호스에서 물을 쉽게 마시는 방법

　부주의맹이라는 개념은 온라인 세상에서 분명한 의미를 지닌다. 과도한 정보로 가득한 화면은 우리의 처리 능력을 떨어뜨린다. 도로를 주시하는 운전자가 제대로 대화를 이어가지 못하듯 사람들은 디지털 기기에서 쏟아지는 데이터에 쉽게 압도당한다. 캘리포니아 공과대학의 신경경제학자들이 진행한 최신 연구를 보면 어려운 위킹 메모리 과업을 부여받아 '인지적 부담'을 진 소비자들은 평소의 취향과는 관계없이 쉽게 인식되는 음식을 고르는 경향이 있었다. 남은 주의력이 별로 없는 탓에 정말 좋아하는 것이 아닌, 단번에 인지 가능한 것을 선택했던 것이다. 의사 결정과정에서 벌어지는 이런 문제를 어떻게 해결해야 할까?

앞서 빈곤의 인지적 효과를 연구한 아난디 마니와 동료들은 정책 입안자들이 빈곤층에게 '인지적 부담을 부과하지 않아야' 한다고 주장한다. 우리는 주의력이 갈수록 부족해지고 있음을, 그리하여 세금 서류 작성 등 썩 복잡해 보이지 않는 과업만으로도 정신력이 고갈될 수 있음을 분명히 알아야 한다. 정부는 가능한 한 정보를 단순하게 제시하고 대안의 수를 줄여야 한다. 150개가 넘는 보험 설계를 늘어놓는 대신 스마트한 선별 체계를 갖추고 기입 양식에서 써넣어야 할 항목을 최소화하며 제출 기한을 상기시켜야 한다. 마니와 동료들은 '정책 입안자들은 빈곤층에 금전적 세금을 부과하지 않듯 인지적 부담까지 부과하지 않도록 주의를 기울여야 한다'고 밝혔다.

나는 이 모든 문제의 해결책을 제시한다거나 이 만성적 문제를 단숨에 바로잡을 비책을 갖고 있지는 않다. 하지만 21세기의 소방 호스에서 사람들이 물을 조금 더 쉽게 마실 수 있도록 도울 몇 가지 방법은 제시할 수 있다.

정보 압축이 그중 하나이다. 앞서 마법의 수를 발견했던 조지 밀러는 인간의 정신이 '주의력 범위attention bandwidth'를 확장하는 능력을 발휘할 수 있다고 하였다. 비록 한 번에 몇 비트의 정보에만 주의를 기울일 수 있지만 그 비트들을 연결 혹은 결합할 능력 또한 있다는 것이다. 예를 들어 우리 딸 마야는 내 아이패드를 갖고 놀길 좋아하면서도 네 자리 숫자로 된 비밀번호는 외우지 못했다. 결국 우리는 마야의 이름 네 글자에 해당하는 숫자판 6292로 비밀번호를 바꿔 문제를 해결했다. 이 비밀번호는 아이가 이미 아는 자기 이름을 따라간 것이므로 추가 정보 없이도 기억이 가능하다.

밀러는 이러한 정보 연결 및 결합 능력이 경험의 산물이라고 했지만 적절히 화면을 설계함으로써 이 학습 과정의 속도를 높일 수 있다. 정보 압축 방법 등 지름길을 알려준다면 정보의 연결 및 결합이 촉진되고 한정된 주의력으로 인한 문제에 덜 취약해지는 것이다. 상황 전달에 도움이 되는 시각 자료를 제시한다거나(사진 한 장이 천 마디 말보다 더 가치 있을 때가 있다), 무수한 선택 가능성을 고정된 카테고리로 나누는 단순한 방법도 있다.

우리는 정보를 적극적으로 추려낼 수 있어야 한다. 온라인 여행사들의 기본적인 운영 개념 중 하나는 화면에 나타나는 호텔 정보의 양을 통제하는 것이다. 따라서 너무 많은 대안에 소비자들이 압도되지 않도록 단순한 카테고리와 커다란 구매 버튼을 통해 의사결정 과정 내내 친절히 안내한다. 또한 관련된 모든 정보를 말해주는 대신 소비자가 가장 중시하는 기준(위치, 가격 등)을 골라내도록 하여 선택 가능성을 선별해준다.

아직도 호텔 웹 사이트들은 이 점을 깨닫지 못했다. 유명 호텔 체인들은 여전히 사이트에 정보를 더 채워넣고 덧붙이는 방법으로 온라인 고객을 끌어들이려 한다. 내가 개인적으로 좋아하는 런던의 코린티아 호텔 웹 사이트를 보자. 여기서는 방 넓이부터 커피 머신 유무까지 관련된 모든 정보를 제공한다. 가까운 관광명소를 소개하는 동영상들도 중요한 부분을 차지한다. 모두 훌륭한 내용이지만 새로운 정보가 추가될 때마다 잠재 고객의 주의력이 떨어진다는 대가를 치러야 한다(나는 코린티아 호텔의 모바일 버전을 더 좋아한다. 호텔의 전화번호를 찾거나 예약하기가 훨씬 간편하기 때문이다). 정보에 압도된 소비자들은 당연히 온라인 여행사의 도움을 받는 쪽으로 선택하게 된다. 주의력이 결핍된 우리의 상황을 고려해 설계된 웹 사이트로 말이다.

화면의 심리학을
이해하는 것이 관건이다

지금까지 가장 중요한 교훈은 무엇인가. 바로 우리의 주의력을 실제 자원처럼 다뤄야 한다는 것이다. 20세기에는 부동산이나 유전을 소유한 사람이 부자가 되었다. 하지만 21세기에는 주의력을 통제하는 사람이 부유해질 것이다. 내가 이 책을 쓰고 있는 2014년 말, 애플Apple이 엑슨 모빌Exxon Mobil을 제치고 세계에서 가장 가치가 큰 회사가 된 것도 이 때문이다(마이크로소프트Microsoft와 구글이 뒤를 잇고 있다). 온라인 여행사 익스피디아Expedia가 인터콘티넨탈 호텔 그룹보다 수십억 달러 비싼 회사인 것도 마찬가지 이유이다.

주의력을 실제 자원처럼 다루면 어떤 일이 일어날까? 주의력의 가치를 더 명백히 알 수 있다. 인터넷은 이미 주의력의 가치를 분명히 보여주고 있다. 구글은 대상 선별 공략 광고를 봐주는 대가로 이용장에게 무료 이메일을 제공한다. 아마존Amazon도 프로모션을 살펴본다는 조건하에 전자책 기기 킨들Kindle을 고객에게 할인가로 판매한다. 이는 모두 일종의 상호 교환 작용이다. 우리의 워킹 메모리 및 안구 운동을 내주고 대가를 얻는 것이다.

나는 단순한 광고를 넘어서 보다 중요한 목적에 우리의 주의력을 사용하는 방법을 찾고 싶다. 최근 이루어지는 임상 실험을 한 예로 들 수 있다. UCLA의 연구진이 여성들에게 동작 추적 및 건강 관련 질문 기능이 있는 스마트폰을 나눠주었다. 결과는 고무적이었다. 스마트폰을 받은 여성들은 혈압, 콜레스테롤, 스트레스 및 불안 지수가 현저히 감소했다. 더 건강한 식습관과 운동 습관을 갖게 되는 경우도 있었다.

이런 시도는 충분히 확장해볼 만하다. 약간의 주의력을 받아내는 대가로 무료 스마트폰을 나눠주는 것이다. 그 주의력은 사용자가 더 건강한 생활을 하도록, 혹은 위험한 행동을 하지 않도록 돕는다. 아주 작은 행동 변화라도 일으켜야 한다는 것이 핵심이다. 미국의 모든 근로자가 새 스마트폰을 구입하려면 대략 750억 달러가 든다. 근로자가 1억 5000만 명, 고급 스마트폰이 500달러라고 보았을 때의 금액이다.

반면 최근 〈내과학 회보Annals of Internal Medicine〉에 발표된 논문에 따르면 처방된 약을 제대로 복용하지 않은 환자들이 사회에 발생시키는 비용이 매년 1000억에서 2890억 달러 정도라고 한다(만성 질환 처방약의 거의 50퍼센트가 제대로 복용되지 않는 것으로 추산된다). 비만은 보건 관리 비용에 또다시 1900억 달러를 더한다. 음주 운전은 1140억 달러, 흡연은 2900억 달러이다. 스마트폰에 나타나는 메시지 몇 개가 니코틴 중독을 치료하거나 다이어트를 성공으로 이끈다고 말하려는 것은 아니다. 하지만 기술은 어느 정도 효과를 나타낼 수 있고 이로써 값비싼 사회적 비용을 조금이나마 낮출 수 있을 것이다.

하나같이 참으로 값비싼 문제들 아닌가. 그만큼 가까운 미래에 고용주와 보험 회사들이 모든 직원과 고객에게 공짜 스마트폰 및 디지털 기기를 나눠주고 대신 더 건강한 삶을 위한 메시지를 수신하도록 할 가능성은 충분하다. 그때가 되면 의사들의 업무 중 하나가 '앱 진료'를 맡는 것일지도 모른다. 어떤 앱 혹은 디지털 도구가 각 환자의 건강에 도움이 될지 골라주는 일 말이다. 제대로 동기 부여만 된다면 스마트폰을 비롯해 여러 디지털 기기들은 얼마든지 더 나은 삶의 촉매제가 될 수 있다. 나라면 다이어트를 제대로 하는 대가로 잔소리 많은 공짜 전화기를 받을 용의가 충분하다.

■
소비자 행동을 변화시키는 단순한 방법

더 나아가 나는 주의력을 진짜 자원처럼 다루는 일이 중요한 부수적 혜택도 준다고 믿는다. 인간 행동을 어떻게 개선할지 방법을 배운다는 점이 그것이다. 당장 지금도 똑똑한 기업들은 'A/B 테스트'라는 과정을 통해 그것을 배우는 중이다. A/B 테스트는 웹 사용자들을 대상으로 이루어지는 통제 실험으로, A 혹은 B의 서로 다른 조건을 대규모 사람들에게 제시하는 것이다. 사용자들의 행동이 측정되면 디자이너가 두 조건의 영향력을 비교할 수 있다. 구글은 2011년에만 검색 엔진을 통해 7000건 이상의 A/B 테스트를 진행했으며, 〈와이어드Wired〉 지에 따르면 그 실험 대상이 되지 않고 구글 서비스를 이용한 사람은 아무도 없다고 한다.

이런 실험을 통해 얻은 지식은 무척 귀중하다. 온라인 여행사의 웹 디자인 역시 끊임없는 A/B 테스트를 통해서 다듬어진다. 때때로 이 테스트는 중대한 깨달음을 주기도 한다. 그로 인한 변화가 상대적으로 무척 단순하다 해도 말이다. 예를 들어 몇몇 온라인 여행사에 소비자 행동에 가장 큰 차이를 낳은 개선 사항이 무엇이냐고 물었더니 가격 표기 숫자 크기를 키웠다든지 글자의 색깔을 달리했다는 등 한결같이 단순한 대답이 나왔다. 작은 변화가 우리 생각과 선택에 커다란 영향을 미칠 수 있는 것이다.

이제 더 광범위한 기관과 조직들이 A/B 테스트 게임에 뛰어들어야 할 때이다. 익스피디어가 글자 크기 효과를 테스트하거나 아마존이 웹 사이트 구성을 살짝 바꾸는 것처럼 우리 건강을 증진하거나 절약을 유도하는 방향의 앱 실험이 이루어져야 한다. 사람들이 좀 더 나은 의사 결정을 하도록 돕고 싶다면 화면의 심리학을 이해해야 한다. 정보는 너무 많고 집중 가능한 워킹 메모리는 너무 적은 이 시대에 사람들이 어떻게 선택을 하는지 알아야 한다. 이런 실용적인 지식을 얻기 위해서는 실험이 필요하다. 수많은 A/B 테스트가 이뤄져야 한다. 희소성을 지닌 귀중한 정신적 자원의 영향력을 극대화하는 방법을 알아내기 위해서라면 단 몇 초 동안 주의력을 기울인 대가로 얼마든지 스마트폰을 무료로 줄 수 있다.

희소성을 겁낼 이유는 없다. 희소성이 진보의 필연적인 부산물이라는 점은 경제학의 기본 명제이다. 애덤 스미스Adam Smith가《국부론The Wealth of Nations》에서 지적했듯 자연 상태에서 야만인과 동물들의 요구는 충족될지 모르지만 인류는 계속 진보를 추구하고 이로 인해 부족 상태가 반복된다. 애덤 스미스가 말한 희소성은 산업 혁명기에 더 많은 석탄과 목재, 토지가 필요했듯 일종의 물질적 자원에 해당되었다. 하지만 정보화 시대에 가장 희소한 것은 심리적 자원, 새로 넘쳐나게 된 정보 때문에 부족해진 바로 그 자원이다. 오늘날 우리는 이 변화를 두려워하는 대신 이용할 방법을 찾아야 한다.

이제부터 본격적인 이야기를 시작해보자. 이 책에는 맞춤형 개인화부터 선택지 과잉에 이르기까지 다양한 주제가 등장하지만 이를 관통하는 개념 중 하나가 주의력이다. 우선 수많은 디지털 기기의 화면 앞에서 사고가 가속화되는 현상을 살피고(우리는 몇 분의 1초만에 웹 사이트와 앱을 평가하고 있다), 그다음으로 정신의 속도를 늦추는, 그리하여 더 많은 정보를 기억하고 더 나은 의사 결정을 하도록 만드는 도구들을 알아보겠다. 또한 미처 인식하지 못할 정도로 신속히 이루어지는 판단에 대한 이야기로부터 출발해 서둘러 가던

길을 잠시 멈추고 인생에서 가장 중요한 문제를 돌아보게끔 설계된 도구 이야기로 끝을 맺고자 한다. 이것이 빠름에서 느림으로, 문제에서 해결로 나아가는 우리의 방주이다.

디지털 설계자에게 던지는 질문

물리적 화면과 정신적 화면 사이의 불일치가 해소되기는커녕 날로 심해지는 추세다. 디지털 설계자라면 다음 질문을 스스로에게 던지면서 미처 깨닫지 못한 채 사용자들을 정보로 압도해버리지 않았는지 확인해볼 필요가 있다.

1. 웹 사이트를 디자인할 때 주의력 한계에 대해 생각해보았나? 마법의 수가 4 이하인데 대부분의 웹 사이트가 열 개 이상의 선택 가능성을 제공하는 이유는 무엇일까? 예를 들어 아마존은 27인치 모니터 안에 60개의 상품 이미지를 담는다. 거대한 영화 스크린이라면 많은 정보를 넣을 수도 있겠지만 우리의 정신적 화면은 훨씬 작고 한계가 뚜렷하다는 점을 기억해야 한다.

2. 이용자의 주의력이 처한 환경의 변수를 고려했는가? 여러 과업을 동시에 해야 한다면 정신적 화면이 줄어든다. 예를 들어보자. 내비게이션 GPS 화면에 떠오르는 정보량은 운전 속도에 맞춰 조정되어야 한다. 빨간불에 걸려 멈춰서면 모든 관련 정보가 제공되지만 고속도로를 달리는 중이라면 출구 표시만 나오도록 하는 것이다.

3. 정보 압축 방법을 시도해보았는가? 가능하다면 글자보다는 시각적 이미지를 활용하는 것이 언제나 더 바람직하다.

4. 주의력 자극 방법은 고려했는가? 6부에서 다루겠지만 맞춤형 동영상이 표준화된 텍스트 형태보다 이용자의 주의력을 더 강하게 끌어당긴다.

5. '화이트보드 연습'을 해보는 건 어떨까? 사용자를 압도하는 복잡한 웹 사이트를 작정하고 만드는 사람은 없다. 다만 시간이 흐르면서 새로운 특징, 링크, 멀티미디어 효과가 하나둘 추가로 덧붙는 것이 문제다. 이런 추가 정보는 서서히 덧붙기 때문에 문제로 인식하지 못하고 지나치기 쉽다. 따라서 오직 핵심 정보에만 초점을 맞추는 새로운 사이트를 화이트보드에 디자인하는 연습을 때때로 해보면 좋다. 최고의 웹 사이트는 구글 홈페이지처럼 핵심 외에는 몽땅 빼내버린 것이다.

2부

화면 속 세상을
지배하는 것

웹 사이트의 디자인 요소가 유용성이나 신뢰도 등 더 중요한 측면에 영향을 미친다는 점을 기억하라. 수백만 명의 소비자들은 그렇게 인식하고 있으며, 이런 엄청난 결과를 볼 때 온라인상의 미학에 대한 접근 방식을 재고할 필요성은 충분하다. 화면의 시대에 아름다움은 표면적인 것에 그치지 않는다. 디지털 세상은 우리가 스스로를 위해 만들어가는 시각적 환경이다. 그곳이 얼마나 안전하고 아름다운 곳인지는 아무리 점검해도 지나치지 않다.

화면 앞에서
생각의 속도는 더 빨라진다

이 장을 시작하기에 앞서 한 가지 실험에 참여해주길 바란다. 웹 사이트로 가서 간단한 테스트에 참여하면 된다. 세 개의 정지 화면이 차례대로 나올 것이다. 그리고 한 화면이 지나간 후 시각적 호감도를 1점부터 9점 사이에서 선택해 평가하면 끝이다. 대체 어떻게 평가를 하라는 건지 어리둥절할지도 모른다. 그래도 평가 점수를 선택해주길 바란다. 어차피 구체적으로 설명할 수 없는 인지 차원의 의견을 구하는 것이니 상관없다. 이상하게 들리겠지만 그냥 진행하면 된다. 웹 사이트 주소는 www.digitai.org/#lab이다. 'Visual Appeal: Exercise Number1'을 누르면 곧바로 시작된다.

해보았는가? 당신 역시 대부분의 사람들과 비슷하다면 첫 번째 정지 화면에서는 아무것도 알아보지 못했을 것이다. 이 화면은 50밀리초(ms, 1밀리초는 1000분의 1초) 동안 나타났다 사라지는데 이는 인간이 인식하기에는 너무 빠른 속도이다. 가령 눈을 한 번 깜박이는 데 필요한 시간이 300~400밀리초이다. 이어지는 두 번째 정지 화면은 약간 더 길다. 500밀리초, 즉 0.5초 동안 나타났다 사라진다. 여전히 영문을 모른다 해도 대체적인 모습을 보기에는 충분한 시간이다. 마지막으로는 5초 동안 정지 화면을 보여줄 것이다. 이는 세부적인 내용까지도 살펴볼 만한 시간이다.

자, 이제부터가 흥미로운 지점이다. 당신이 대부분의 사람들과 비슷하다면 세 개 모두에 비슷한 점수를 부여했을 것이다. 다시 말해 50밀리초짜리든 5000밀리초짜리든 본 것에 대한 의견은 동일하다. 이게 얼마나 이상한 일인지 생각해보자. 우리는 미적 판단이 의식적인 평가에 기반한다고 믿는다. 그러니 의견을 갖기 전에 먼저 대상을 봐야 한다고 여긴다.

하지만 벤구리온대학의 노엄 트락틴스키Noam Tractinsky 교수와 칼튼대학의 지트 린가드Gitte Lindgaard 교수에 따르면 짧은 순간 본 후의 평가와 훨씬 긴 시간 본 후의 평가 사이에 대단히 높은 상관관계가 존재한다고 한다(초기 평가 점수를 유지하려는 경향을 방지하기 위해 일부 연구에서는 각 정지 화면의 순서를 무작위 배치했다). 간단히 바꿔 말하면 우리가 웹 사이트의 시각적 호감도를 매우 짧은 시간 동안 평가한다는 의미이다. 더 나아가 그 평가는 더 오랜 시간이 주어진다

해도 변하지 않는다. 결국 우리는 자신이 무엇을 보는지 미처 깨닫기도 전에 그게 좋은지 싫은지를 결정하는 것이다.

한편으로 이는 이미 알려진 사실이다. 학자들은 인간이 세상을 인식할 때 무의식적인 정보 처리 과정과 첫인상에 의존한다는 점을 오래전부터 알고 있었다(무의식과 의식 사이에는 아주 미세한 경계선이 있다. 수많은 변수들에 따라 그 경계선이 결정된다). 널리 인용되는 한 연구에 따르면 피험자들은 낯선 사람의 얼굴을 본 지 100밀리초 만에 성격적인 특성(믿을 만한지, 공격적인지 등)에 대해 굳은 믿음을 갖게 된다고 한다. 또한 '잠재의식 효과subliminal priming'를 여러 상황에서 확인한 연구도 있다. 알아차리지도 못한 채 특정 이미지를 본 피험자들에게서 생각과 행동의 변화가 나타난 것이다(예를 들어 애플 로고를 아주 짧은 순간 본 사람들의 경우 작업 성과의 창조성이 개선되었다).

우리는 스스로를 이성적인 동물로 여기며, 자신이 무엇을 왜 좋아하는지 다 알고 있다고 여기곤 한다. 하지만 몇십 년에 걸친 심리학 연구들은 우리의 선택, 행동, 믿음 중 상당수가 미처 인식하기도 전에 처리된다는 점을 분명히 보여준다.

■
선택은 미처 인식하기도 전에 끝난다

위와 같은 사실에 덧붙여 나는 디지털 시대의 화면이 인간의 이런 성향을 한층 더 강화시킨다고 가정한다. 디지털 세계에서 행동

온라인 소비자,
무엇을 사고 무엇을 사지 않는가

할 때 두뇌가 순식간에 내리는 무의식적인 판단이 더더욱 큰 영향력을 발휘한다는 것이다. 온라인 세계는 시각적 자극이 두드러진 공간이고 우리는 보다 본능적인 사고에 쉽게 종속된다. 우리를 이렇게 만드는 것은 화면 자체가 아니다. 화면 속 세상이 우리를 첫인상에 따라 행동하기 쉽도록 만든다.

아직은 가설일 뿐이다. 듀크대학교의 저명한 심리학자이자 내 친구인 존 페인John Payne에게 이 생각을 털어놓았을 때 그는 정확한 대답을 했다. "옳은 판단이야. 그게 정말이라는 걸 보여주는 연구물이 단 한 편이라도 있으면 좋겠는데."

하지만 그런 연구물은 단 한 편도 없다. 현재까지는 그렇다. 지금 나와 존은 할리우드 유니버설 스튜디오에서 모은 피험자 360명을 대상으로 파일럿 프로젝트를 진행하면서 연구를 절반쯤 진행한 참이다. 우리는 디지털 기술이 사람들의 생각에 어떤 영향을 미치는지, 특히 사고를 요하는 복잡한 주제에 있어서 어떻게 작용하는지 알아보는 중이다. 피험자들은 무작위로 나뉘어 아이폰, 컴퓨터, 혹은 서면으로 질문에 응답하였다. 우리가 던진 질문 중 하나는 다음과 같다.

당신 예금의 이자는 연 1퍼센트고 물가는 연 2퍼센트 상승합니다. 1년이 지났을 때 당신은 어떻게 될까요?

A. 계좌에 있는 돈으로 지금보다 더 많은 것을 살 수 있다.

B. 계좌에 있는 돈으로 지금과 동일한 것을 살 수 있다.

C. 계좌에 있는 돈으로 지금보다 더 적은 것을 살 수 있다.

정답은 C이다. 물가 상승률이 이자율을 넘어서기 때문이다. 결국 계좌에 돈을 넣어두면 도리어 돈이 줄어드는 셈이어서 구매력 또한 줄어든다. 화면 앞에서 이 질문에 답한 피험자들의 정답률은 유의미하게 낮았다. 아이폰에서 정답을 맞힌 사람은 45퍼센트인 반면, 서면 질문지에서 정답을 맞힌 사람은 57퍼센트에 이르렀다. 다른 금융 문제에서도 마찬가지여서 서면 응답자들은 아이폰이나 컴퓨터 응답자에 비해 언제나 정답률이 높았다. 다시 밝히지만 아직은 잠정적인 결과이다. 하지만 사람들이 생각하는 속도가 화면 앞에서 더 빨라지고 그리하여 본능적인 반응과 첫인상에 의존하는 경향이 높아진다는 내 가설에는 부합한다.

실험만이 유일한 입증 방법은 아니다. 화면이 우리 사고방식을 바꾸고 보다 충동적으로 반응하게 만든다는 사실의 간접적 증거는 이미 충분하다. 온라인 세상이 점점 빨라지고 있다는 흔한 불만도 그중 하나이다. 우리는 이메일이라는 족쇄를 차고 있고(이메일을 받으면 당장 답장을 보내야 하는 세상이다) 이 사이트에서 저 사이트로, 이 트윗에서 저 트윗으로 부산하게 움직인다. 웹 사이트 분석 전문가들도 온라인 세상이 점점 빨라진다는 데 동의한다.

콘텐츠 제공자들에게 웹 사용자 습성을 알려주는 기업인 차트빗 Chartbeat의 CEO 토니 헤일Tony Haile은 온라인상에서의 클릭이 그리 오래 유지되지 않는다는 점을 발견했다. 웹 사이트에서 안내문을

온라인 소비자,
무엇을 사고 무엇을 사지 않는가

클릭한 방문자 중 55퍼센트는 15초가 지나기 전에 이동한 것이다. 일반적인 방문자들이 주의 깊게 내용을 살피고 평가하기보다는 첫인상을 바탕으로 계속 머물지 떠나버릴지 신속히 판단한다는 뜻이다. 사진이라면 오래 보더라도 첫 판단이 바뀌지 않을 테니 별문제 없지만 텍스트가 많은 사이트라면 다르다. 글로 쓰인 정보를 처리할 시간이 확보되지 못하기 때문이다. 결국 우리는 속도를 위해 깊이를 희생해버리는 셈이다.

■
순간적인 판단의 기준은 무엇인가

  텍스트를 읽는 것만이 문제는 아니다. 성공적인 데이트 앱 틴더 Tinder의 경우를 보자. 운영 방식은 간단하다. 사용자는 가입하면서 기존의 페이스북Facebook 계정을 링크한다(이는 사용자의 신원 확인 수단이기도 하다). 앱은 사용자의 지리적 위치와 사회 관계망을 바탕으로 데이트 상대를 추천한다. 새로운 상대가 추천되면 화면에 사진이 떠오르고 간략한 신상 정보가 나온다.

  자, 이제부터가 틴더의 성공 비결이다. 추천받은 상대를 본 사용자는 화면을 왼쪽(마음에 들지 않을 경우)으로 밀거나 오른쪽(마음에 들 경우)으로 밀게 된다. 두 사람이 모두 화면을 오른쪽으로 밀었을 때 채팅이 시작된다. 말할 것도 없이 이런 방식은 신속한 판단을 부추긴다. 틴더 앱 사용자는 평균 1분 동안 열 명 이상의 낯선 상대에 대해 평가를 내린다(스피드 데이트 이벤트에서 한 상대와 3~8분 정도를 보내도록 하는 것과는 참으로 다르다). 그리하여 틴더에서는 매일 사람들이 12억 번가량 화면을 왼쪽 오른쪽으로 밀고 있다. 이 앱은 신속하게 첫인상을 결정한 후 그 결과를 바탕으로 운영된다. 몇백 밀리초 동안 상대에 대한 마음의 결정을 해야 하는 마당에 상대의 취미나 좋아하는 노래를 알아볼 짬이 있겠는가? 그저 화면을 밀어버리고 말 뿐이다.

화면 앞, 특히나 모바일 화면 앞에서 생각하는 속도가 한층 빨라지는 현상은 소비자들에게 제시되는 상품 가격에 이미 반영되고 있다. 노스이스턴대학의 연구자들이 최근 실시한 연구를 보면 대규모 판매업자들은 소비자가 데스크톱 컴퓨터로 쇼핑하는지 스마트폰으로 쇼핑하는지에 따라 가격과 제품 구성을 바꾼다고 한다. 예를 들어 가정용 건축자재 회사 홈데포Home Depot는 모바일 고객들에게 훨씬 비싼 가격의 제품들을 내놓는다. 데스크톱 컴퓨터에서 검색되는 제품의 평균 가격은 120달러지만 모바일 기기에서는 230달러로 높아진다. 이런 전략은 아마도 모바일 고객들의 충동성을 반영한 것이리라. 가격 비교 쇼핑을 위해서는 스마트폰이 썩 유용하지 못한 셈이다.

틴더에서 데이트 상대를 고르든, 〈뉴욕타임스The New York Times〉지에서 기사를 고르든, 홈데코 홈페이지에서 잔디깎기를 구입하든 온라인 의사 결정은 신속하게 이루어지며 바로 여기서 문제가 대두된다. 첫인상이 온라인상의 판단을 크게 좌우한다면 그 첫인상의 기저에는 무엇이 있을까? 어떤 변수가 부지불식간에 이뤄지는 신속한 의사 결정에 영향을 미칠까? 조금만 생각해보면 답이 나온다. 바로 '아름다움'이다. 50밀리초 동안 웹 사이트를 판단할 때 우리는 그 겉모습에 대해 평가한다. 틴더에서 낯선 상대의 얼굴을 보고 화면을 밀어내는 것과 똑같다.

온라인 평가를 연구하는 컴퓨터 과학자들은 순간적인 판단이 본능적으로 감지하는 아름다움에 달려 있다고 말한다. 다시 말해 우리는 겉모습이 주는 느낌에 따라 반응한다는 것이다. 그 느낌은 설명하기가 쉽지 않다. 의식 바깥에서 이루어진 판단이기 때문이다. 무엇을 '아름답게', 미적으로 즐겁게 느끼는지 사람들한테 물어보아야 소용없다. 어떻게 대답해야 할지 아무도 모를 테니 말이다. 아름다움은 완전한 수수께끼로 남아 있다.

다행히 굳이 묻지 않고도 알아낼 방법이 몇 가지 있다. 사람들이 무엇을 보고 좋아하는지 알아낼 방법 말이다.

사람들이 많이 모이는 웹 사이트의 비밀

몇 년 전 미시건대학의 컴퓨터 과학자 캐서린 라이네케Katharina Reinecke는 우리가 온라인상에서 첫인상을 어떻게 인식하는지 규명하고자 했다. 그 시작은 1초도 안 되는 짧은 시간 동안 사람들이 무엇을 알아차릴 수 있는지 밝히는 것이었다. 문헌 조사 결과, 라이네케는 아름다움의 결정적 요소가 '색깔'과 '시각적 복잡성'이라고 결론지었다. 오래지 않아 라이네케는 이 두 가지 시각적 변수를 기준으로 웹 사이트들을 자동 평가하는 알고리즘을 개발해냈다. 이 알고리즘은 사람들이 어떤 웹 사이트를 제대로 살펴보기도 전에 덜컥 좋아하게 될지 예측할 수 있도록 해줄 터였다.

라이네케는 우선 색깔부터 다루었다. 색깔이 웹 사이트에 대한 우리 반응에 큰 영향을 미쳐 이동과 구매 결정을 좌우한다는 연구는 이미 많이 나와 있었다. 가령 경제학과 교수인 나오미 맨델Naomi Mandel과 에릭 존슨은 공동 연구에서 피험자에게 자동차 판매 사이트를 보여주고 원하는 것을 고르도록 했다. 웹 사이트는 빨간색과 오렌지색 배경인 것과 초록색 배경에 달러 기호가 떠다니는 것으로 나뉘었다(후자는 피험자들이 돈 생각을 하도록 만든 것이었다). 예상대로 초록색 배경을 본 피험자의 31퍼센트가 저렴한 차를 선택했다. 색깔과 달러 기호가 가격에 집중하도록 유도했기 때문이다. 대부분의 피험자들은 배경 색깔이 결정에 영향을 미쳤다고 여기지 않았지만 맨델과 존슨의 생각은 달랐다.

대부분의 웹 사이트들은 물론 이보다 훨씬 더 교묘하다. 밝은 초록색 배경이나 달러 기호를 사용해 돈을 떠올리도록 유도하는 일은 없다. 그럼에도 라이네케는 색깔의 강도와 범위가 여전히 웹 사이트에 대한 우리 견해에 영향을 미칠 것으로 보았다. 색깔의 강도를 측정하기 위해 라이네케는 우선 화면 위의 유색 픽셀 수를 살폈다. 색깔의 범위는 HTML 4.01(인터넷에서 하이퍼텍스트를 표현하는 언어 체계로, 웹 브라우저 제작에 필요한 구조를 제공한다) 규격에 포함된 16개 표준화 색상과 가까운 픽셀의 비율을 분석함으로써 측정했다. 이러한 방법으로 색상의 익숙함 정도 역시 평가가 가능했다. HTML에 맞는 픽셀의 비율이 낮다면 평범하지 않은 색이 많이 사용되었다는 의미가 된다. 또한 라이네케는 웹 사이트에서 보게 되는 색깔들이 매우 다양하다고 밝혔다. 검은 바탕에 선명한 색깔들이 강렬하게 대조되는 경우가 있는가 하면, 하얀색이 대부분이고 다른 색깔이 살짝 섞이는 경우도 있다는 것이다.

■ 보기 싫은 화면을 참아 넘기기엔 인생이 너무 짧다

라이네케와 동료들은 색깔뿐 아니라 시각적 복잡성도 살폈다. 이는 정보의 양, 그리고 정보가 제시되는 방식을 측정해서 나오는 미적 변수이다. 예를 들어 비대칭성이 높다면, 다시 말해 공간 속 균형을 깨면서 두드러지는 텍스트가 많다면 우리는 더 복잡하다고 느낀다. 이를 파악하기 위해 라이네케는 각 텍스트와 이미지 영역을 공간 기반으로 자동 분석하는 기법을 사용했다(제목, 부제, 본문은 각각 다른 텍스트로 계산된다). 이러한 공간 기반 분석이 완벽하다면 웹 사이트는 일련의 '콘텐츠 지역들'로 나뉘고 그 비대칭성과 밀집도를 계산하는 알고리즘이 나올 수 있다.

라이네케와 동료들은 분석 대상으로 다양한 분야의 웹 사이트 450개를 선정하였다. 웨비 상Webby Awards(미국의 국제 디지털 예술 및 과학 아카데미에서 주관하며, 분야별로 세계 최고의 웹 사이트에 수여하는 상) 후보에 올랐던 20개 웹 사이트도 여기 포함되었다. 첫인상 측정이 목적이므로 가급적 피험자들이 처음 보는 웹 사이트들을 선정하기 위해서였다. 실험 참여를 자원한 242명은 온라인을 통해 30개 웹 사이트를 평가하였다. 450개 웹 사이트 중 무작위로 선정된 30

개가 각각 500밀리초 동안 제시되었고 1~9점 사이로 시각적 호감도를 평가하도록 했다. 이어 다시 그 30개 웹 사이트가 무작위로 순서가 바뀐 채 다시 한 번 제시되고 재차 평가를 받았다(두 차례의 평가 점수는 94퍼센트가 일치한 것으로 보아, 시각적 호감도는 신뢰 가능한 변수임을 알 수 있다). 각 사이트가 얻은 평균 점수는 알고리즘으로 시각적 매력을 예측한 점수와 비교되었다.

결과는 의미심장했다. 라이네케의 알고리즘 모델은 웹 사이트의 시각적 호감도, 즉 아름다움을 48퍼센트가량 설명해냈다. 다시 말해 바로 색깔과 복잡성이 웹 사이트에 대한 우리의 즉각적 반응에 절반 가까이 영향을 미친 것이다. 이로써 라이네케는 '디자이너들이 중시하는 콘텐츠나 이미지 같은 것이 실상 전혀 중요하지 않다'라는 결론을 내렸다. 웨비 상 후보 웹 사이트들이 무작위로 선정된 웹 사이트보다 호감도 면에서 더 높은 평가를 받지 못한 이유도 이런 잘못된 믿음 때문일 수 있다. 디자이너들은 상대적으로 덜 중요한 요소에 초점을 맞추었고 결과적으로 썩 매력적이지 않은 웹 사이트를 만들어낸 셈이었다.

이 모델이 어떻게 작동하는지 이해를 돕기 위해 짧은 연습을 하나 해보자. 앞서 등장했던 www.digitai.org/#lab에 접속하여, 이번에는 'Visual Appeal: Exercise Number2'를 누르고 들어가보자. 다섯 개의 웹 사이트가 각각 500밀리초 동안 등장할 것이다. 각각을 본 후 1~9점 척도로 시각적 호감도를 평가하면 된다.

해보았는가? 웹 사이트들은 호감도가 점차 증가하는 순서로 배치되어 있다. 즉, 첫 번째 웹 사이트가 가장 호감도가 낮은 유형이다. 라이네케의 테스트에서 첫 번째 웹 사이트는 9점 중 2점 미만이라는 점수를 받았다. 마지막은 가장 호감 가는 유형으로 평균 7점을 기록했다. 웹 사이트를 제대로 살펴볼 시간은 없었을 테고 텍스트도 읽지 못했을 테지만 당신 역시 뒤쪽으로 갈수록 웹 사이트 디자인이 좋다는 생각은 분명 했을 것이다.

당신은 왜 그렇게 생각했을까? 어째서 사람들은 마지막 웹 사이트가 첫 번째보다 세 배나 더 좋다고 판단한 것일까? 라이네케의 연구에 따르면 가장 유의미한 변수는 웹 사이트의 시각적 복잡성이다(복잡성의 영향력은 색깔보다 몇 배나 더 높다). 복잡성이 높을 경우, 즉 텍스트와 링크가 많아 복잡도가 높은 웹 사이트는 시각적 호감도와 상당히 부정적인 상관관계를 갖는다는 것이 라이네케 연구의 결과였다. 그렇다고 간단할수록 좋아한다는 의미는 아니다. 너무 단순한 웹 사이트 역시 낮은 점수를 받았다.

결국 웹 사이트의 복잡성에 대한 평가에는 비대칭성이 존재한다. 너무 단순하면 '약간' 덜 아름답고 너무 복잡하면 '매우' 덜 아름다운 셈이다. 복잡성이 9점 척도에서 4.2점 정도인 웹 사이트들이 그보다 더 복잡한 웹 사이트들에 비해 거의 두 배가량 높은 호감도 점수를 받은 것을 보면 복잡성과 아름다움 사이에는 적절한 수준이 존재하는 듯하다.

■ 호감도를 최적화하는 노하우

아름다움에 대한 우리의 즉각적 판단을 분석한 라이네케는 자기 모델의 한계 또한 밝히고 싶어 했다. 그리하여 모델이 설명하지 못하는 것에 대해 생각하기 시작했다. 또한 모든 사람이 같은 대상을 보고도 매력적으로 느끼지 않는다는 사실에 주목했다. 색깔과 복잡성만을 변수로 한 라이네케의 단순한 모델에서도 연령, 교육 수준 등의 인구학적 변수가 매력도 평가와 상관관계를 보였던 것이다.

예를 들어 교육 수준은 색깔의 선호도와 통계적으로 유의미한 관계를 나타냈다. 대학원 이상 학력자의 경우 사용된 색깔의 종류가 적은 웹 사이트를 좋아하는 식이었다(흥미롭게도 고졸 학력인 사람들도 색깔이 너무 많지 않은 것을 선호했다). 이런 차이는 타고난 배경과 연령에 따라 사람들이 서로 다른 웹 사이트를 좋아할 수 있음을 시사한다. 결국 아름다움은 보는 사람에 따라 달라지는 것이다.

개인차를 더 잘 파악하기 위해 라이네케는 하버드대학의 컴퓨터 공학과 교수 크르지스토프 가조스Krzysztof Gajos와 함께 4만 명에 이르는 참여자들로부터 430개 웹 사이트에 대한 240만 개의 평가 결과를 수집했다(전 세계 사람들이 접속해 온라인 실험에 참여할 수 있도록 하는 웹 사이트 LabintheWild.org를 제작한 덕분이었다). 각 웹 사이트는 과거 실험과 마찬가지로 500밀리초 동안 제시되었고 참여자들은 9점 기준으로 매력도를 평가했다.

실험 결과는 라이네케의 추측을 확인해주었다. 인구학적 요소가 미적 선호도와 밀접히 관련되어 있었던 것이다. 그리하여 기본적인 인구학적 정보만으로도 아름다움 평가 모델의 예측 가능성을 크게 높일 수 있었다. 우선 연령부터 살펴보자. 40세가 넘은 사람들은 시각적으로 더 복잡한 웹 사이트를 크게 선호했다. 20세 미만인 사람들과 비교하면 복잡한 사이트의 매력도를 60퍼센트나 더 높게 평가하는 등 그 차이가 뚜렷하게 나타나기도 했다. 가장 어린 집단의 경우 강렬한 색깔과 큰 이미지가 사용된 사이트를 선호하는 반면, 나이 많은 집단일수록 텍스트가 많되 색깔은 덜 강렬한 사이트를 선호했다.

성별에 있어서는 색깔 선호도가 달랐다. 남자들은 채도가 5.8 정도 되었을 때 가장 매력적이라고 보았지만 여자들은 6.3 정도에 가장 높은 점수를 주었다. 또한 남자들은 회색이나 흰 바탕에 기본 색을 사용한 웹 사이트를 좋아한 반면, 여자들은 비슷한 색깔들이 파스텔 톤으로 사용된 웹 사이트를 선호했다.

마지막으로 국적도 웹 사이트 매력도 평가와 밀접히 관련되었다. 멕시코나 칠레 사람들은 러시아 사람들에 비해 복잡한 웹 사이트를 두 배 가까이 선호했고 말레이시아 사람들은 핀란드나 독일 사람들보다 색깔이 다채로운 웹 사이트에 높은 점수를 주었다(색깔과 복잡성 수준에서 미국인들은 중간 정도에 위치했다). 이런 문화적 선호도 차이는 지리적으로도 추정 가능했다. 서로 근접해 있는 나라일수록 선호도 역시 비슷한 경향을 보였던 것이다. 예를 들어 마케도니아, 세르비아, 보스니아는 모두 색채가 화려한 웹 사이트를 높이

평가했고, 핀란드와 러시아는 시각적 복잡성이 가장 낮은 웹 사이트를 선호했다.

연구자들은 이 결과를 통해 이주 등으로 문화적 가치가 계속 교류되는 국가들 사이에서는 웹 사이트에 대한 선호도가 공유된다는 가능성을 제기하였다. 한편, 라이네케는 도시 지역과 농촌 지역을 비교 분석하는 식으로 연구 범위를 확장해나가는 중이다. 초기 데이터에서는 대도시 거주자들이 색깔이 적고 더 깔끔한 식의 '모던한 웹 사이트 디자인'을 선호하는 것으로 나타났다.

논문 말미에서 라이네케와 가조스는 연구의 시사점을 이렇게 정리했다. 첫인상에 대한 양적 모델을 바탕으로 디자이너들이 웹 사이트의 매력도를 극대화할 가능성이 열렸다는 것이다. 시행착오를 반복하거나 자신의 미적 감각에 따르는 대신 이제 디자이너들은 라이네케의 알고리즘을 활용해 사전에 웹 사이트 선호도를 예측할 수 있게 되었다. 인구학적 요인이 어째서 웹 사이트 선호도에 영향을 미치는지는 아직 분명치 않지만(라이네케는 연령으로 인한 차이는 익숙함에서 비롯된다고 여겼다. 즉, 나이 든 사람들은 텍스트가 많은 문서에 익숙하기 때문에 텍스트 비율이 높은 웹 사이트를 선호한다고 추정했다) 그 영향력 자체는 분명하다. 화면의 아름다움은 더 이상 블랙박스가 아니다. 사람들이 웹 사이트에서 무엇을 아름답다고 보는지에 대한 일차적인 판단이 선 것이다.

나는 이 연구가 중요한 의미를 갖는다고 본다. 온라인상의 첫인상이라는 무의식적 선호는 이후 웹 사이트가 실제 모습으로 다가

오는 과정을 결정한다. 결국 인구학적 변수를 바탕으로 호감도를 최적화함으로써 최고의 웹 사이트나 앱 디자인이 나올 수 있다. 이를테면 폴란드의 중장년층을 공략하는 상황일 경우 색상 종류를 최소화하고 텍스트와 링크를 넉넉히 넣어야 한다. 태국 청년층이 대상이라면 밝은 색과 이미지가 많을수록 좋을 것이다(태국 남자들은 밝은 분홍색과 초록색을 좋아했다). 라이네케는 몇몇 회사들이 이미 그 지식을 활용하기 시작했다면서 맥도날드McDonald's의 중국어 사이트는 정보로 가득하지만(중국인들은 시각적 복잡성이 높은 것을 선호한다), 독일어 사이트는 아주 단순하다는 점을 지적했다.

아직까지 이런 조정은 수동으로 이루어지고 있지만 미래에는 인터넷 사용자 자신이 '선호도 알고리즘'을 사용해 직접 웹 사이트의 모습을 최적화하는 상황이 올지 모른다. 유튜브Youtube가 내 선호도에 따라 동영상을 추천하고 넷플릭스Netflix가 이전 검색 기록을 바탕으로 영화를 제시하듯, 인터넷 브라우저가 자동적으로 웹 사이트를 새로 포맷해주는 것이다. 보기 싫은 화면을 참아 넘기기에 인생은 너무 짧다. 곧 이야기하겠지만 보기 싫은 화면에는 또 다른 역효과도 따라온다.

'아름다운' 웹 사이트를
더 신뢰한다

몇 년 전 마이애미대학의 클라우디아 타운센드Claudia Town-send와 UCLA 앤더슨경영대학의 수전 슈Suzanne Shu가 투자 결정과 미적 효과에 대한 간단한 연구를 진행했다. 그들은 255명의 학생들에게 기업의 연례 보고서를 보내면서 한 집단은 고해상도 이미지와 세련된 디자인으로 편집된 보기 좋은 보고서를, 다른 집단은 평범한 디자인으로 작성된 보고서를 받아 보게 했다. 예비 조사에서 보기 좋은 보고서는 평범한 보고서에 비해 '전체적인 모습/디자인' 영역에서 예외 없이 높은 점수를 받았다. 사실 두 보고서의 내용은 동일했음에도 말이다.

보고서를 살펴본 학생들은 또한 그 기업의 최소 적정 주가를 예측했다. 다시 말해 연례 보고서 내용을 바탕으로 기업의 가치를 평가하도록 한 것이다. 투자자가 정말 이성적인 존재라면 보고서의 겉모습은 중요하지 않아야 한다. 핵심은 내용일 테니 말이다. 하지만 타운센드와 슈의 연구에서 보기 좋은 보고서를 받은 학생들은 기업의 평균 주가를 327.01달러로 예측한 반면, 평범한 보고서를 받은 학생들은 겨우 162.41달러라고 답했다. 무려 두 배 가까이 차이가 난 것이다! 후속 연구에서도 타운센드와 슈는 미학적 요소가 전문 투자가들에게 똑같이 영향을 미친다는 점을 발견했다. 기업 연례 보고서의 디자인이 우리의 가치 인식 과정에 유의미한 영향을 미쳤던 것이다.

■ 웹 사이트 몰입의 결정적 요소

타운센드와 슈는 서면 보고서를 대상으로 했지만 웹 사이트 역시 마찬가지다. 웹 사이트의 시각적 호감도는 겉모습과 전혀 무관한 다른 모든 측면에 상당한 영향을 미쳤다. 스위스 학자들이 2010년에 진행한 연구를 보면 미적 요소는 '유용성'에 대한 인식을 크게 좌우했다. 외관이 아름다운 휴대전화일수록 더 기능적으로 보인 것이다. 실제로는 그보다 덜 아름다운 휴대전화의 기능과 전혀 다른 점이 없었는데도 말이다. 그러고 보면 애플 사가 운영 체계와 기기의 외관에 그토록 집착하는 이유가 여기 있는지도 모른다.

과거 연구자들은 '유용성'이 '웹 사이트 몰입'의 결정적 요소라고, 즉 유용한 특징으로 가득한 웹 사이트가 사랑을 받는다고 가정했다. 그러나 최근의 연구들을 보면 유용성에 대한 인식은, 최소한 부분적으로는, 순간적인 미적 반응에 좌우되는 것으로 나타난다. 모더니즘에서의 디자인은 본래 '형태가 기능을 따른다'는 신념을 가졌다. 건축물이나 사물의 겉모습은 의도된 기능에 맞춰 결정되어야 한다는 것이었다. 하지만 오늘날 이런 생각은 거꾸로 뒤집어야 할지도 모른다. 적어도 디자인 평가에 있어서는 기능이 형태를 따르고 있다.

이는 유용성만의 문제가 아니다. 미적 요소가 신뢰도에 영향을 미친다는 연구도 나오고 있다. 보기 좋은 웹 사이트를 더 믿을 만하다고 느낀다니 논리적인 이유가 전혀 없어 보인다고? 하지만 어차피 인간의 마음은 비논리적인 것들로 가득하다. 웹 사이트의 겉모습이 신뢰도 평가와 강한 상관관계를 보인다는 연구 결과가 나왔고 이 현상은 '후광 효과halo effect'라 불리고 있다. 지트 린가드가 이끄는 연구진은 2011년 50밀리초 동안 피험자들에게 스크린샷을 보여주는 실험을 했다. 대상을 정확히 인식하기에 너무 짧은 시간이었지만 이때 형성된 첫인상이 이후 웹 사이트에 대한 신뢰도를 결정했다. 어떤 웹 사이트가 시각적으로 호감이 가면 신뢰할 만하다고 생각해버린다는 것이다.

라이네케의 최근 실험 역시 이와 관련된다. 그는 실험자들에게 열 개 정도의 웹 사이트를 각각 500밀리초 동안 보여주고 신뢰도가 어느 정도인지 답하게 했다. 예상대로 신뢰도의 수준은 시각적 매력도와 밀접한 상관관계를 보였다. 더욱 흥미로운 결과는 우리의 신뢰 본능이 웹 사이트의 실제 신뢰도, 웹 보안 회사인 WOTWeb of Trust가 사용자 평가와 기타 측정 기준을 바탕으로 제시하는 수치와는 통계적으로 거의 관련이 없었다는 것이다. 겉보기가 그럴싸한 웹 사이트를 더 신뢰할 이유가 없는데도 우리는 그렇게 행동하고 마는 셈이다.

■
금융 기관들이 웹 사이트 디자인에 주목해야 하는 이유

디지털 세계에서 신뢰의 문제는 금융과 관련된 의사 결정을 내릴 때 한층 더 중요하다. 여러 조사 결과 금융 기관을 매우 신뢰한다고 밝힌 미국인은 전체의 11퍼센트에 불과했다(반면 '전혀 신뢰하지 않는다'는 응답은 40퍼센트에 달했다). 여기에는 나름의 근거가 있다. 스탠퍼드대학의 사회학자 린지 오언스Lindsay Owens에 따르면 은행에 대한 신뢰도는 월가에서 매도프Madoff 사건과 같은 대형 스캔들이 터지고 나면 크게 하락하는 경향을 보인다고 한다. 이렇게 불신이 큰 이들은 은행 계좌를 아예 만들지 않는 경우가 많다.

최근 미 연방예금보험공사FDIC의 보고에 따르면, 미국의 13개 가구 중 한 가구(전체 미국인의 8퍼센트)에 은행 계좌가 없고, 20퍼센트가량은 자발적으로 은행 거래를 중단하는 '언더뱅크드underbanked' 유형이다. 이런 가구들은 입출금이나 저축 계좌가 없거나 거의 사용하지 않으며, 대신 수표나 대부업체를 활용하면서 높은 수수료와 이자를 부담한다. 예를 들어 일반적인 대부업체는 100달러를 14일 동안 빌려주면서 이자를 15달러 받는데, 이는 연 이자율 391퍼센트에 해당한다. 그럼에도 수많은 이들이 은행 계좌를 거부하는 이유는 여러 가지가 있지만 금융 기관에 대한 불신이 가장 핵심이다. 은행에 가느니 차라리 구두 상자 안에 현금을 보관하겠다는 것이다.

웹 사이트의 외관을 바꾼다고 모든 문제가 해결되지는 않는다. 하지만 후광 효과와 관련된 연구에서 드러나듯 온라인상에서 미학적 측면의 개선은 여러모로 도움이 된다. 그럼에도 오늘날 금융 기관의 웹 사이트들은 문제를 한층 악화시키고 있는 듯하다.

미국의 대형 금융 기업 뱅크오브아메리카Bank of America의 홈페이지를 잠깐 살펴보자. 랭킹 사이트 알렉사닷컴(Alexa.com)에 따르면 미국 내 방문자 총합 순위 33위로 뉴욕타임스 바로 다음을 차지하는 곳이다. 라이네케의 도움을 받아 나는 뱅크오브아메리카 웹 사이트를 나름대로 분석해보았다. 그리고 이 은행이 웹 전략을, 최소한 온라인상에서의 미학적 측면에서 만큼은 다시 검토해야 한다는 결론에 이르렀다.

무엇보다 이 사이트의 '평균 채도'는 4.09로 최적 수준인 6.10과는 한참 거리가 멀다. 어느 인구학적 집단에게든 지나치게 단조롭다고 여겨질 정도이다(핀란드, 폴란드, 러시아를 비롯한 몇몇 유럽 국가 사람들만이 이런 단조로움을 좋아한다. 그러나 뱅크오브아메리카 웹 사이트는 이들을 대상으로 삼고 있지 않다). 채도에는 특히 여성들이 민감

한데 여성은 은행이 적극 공략하는 대상 고객이기도 하다.

뱅크오브아메리카 웹 사이트의 문제는 이것만이 아니다. 시각적 복잡성 또한 높다. 라이네케 알고리즘에 의하면 복잡성 지수가 4.80으로 적정 수준인 4.23보다 0.5 이상 높다. 이런 복잡성은 여러 면에서 나타나는데 링크 개수도 그중 하나이다. 라이네케 연구에서 가장 많은 링크 개수는 14개였다. 뱅크오브아메리카의 홈페이지에는 링크가 몇 개일 것 같은가? 자그마치 68개이다(스크롤을 내리기 전까지만 세었을 때 그렇다). 보기 좋은 웹 사이트들은 텍스트 그룹의 수를 줄이려는 경향이 있다. 그러나 뱅크오브아메리카는 서로 다른 폰트, 크기, 색깔의 글씨들로 뒤덮여 있는 데다 비대칭을 이룬 텍스트 블록이 15개나 된다.

마지막으로 라이네케 연구에서 다뤄지는 메뉴 바를 보자. 메뉴 바는 방문자가 빠르게 사이트 안을 탐색해볼 수 있도록 명료해야 한다. 하지만 뱅크오브아메리카 웹 사이트의 메뉴 바는 반대로 난해함의 대표 주자가 될 법하다. 서로 다른 크기로 완벽하게 분리된 메뉴 바가 세 개씩이나 되기 때문이다. 자, 위와 같은 미학적 문제가 신뢰감을 떨어뜨려 사람들이 은행 거래를 꺼리는 데 기여하게 될까?

문제는 이것이 뱅크오브아메리카만의 문제가 아니라, 보편적인 상황이라는 데 있다(2016년 현재 이 웹 사이트의 디자인은 상당 부분 수정된 상태이다). 라이네케의 연구 결과 일반적인 웹 사이트 중 상당수가 뱅크오브아메리카처럼 채도가 낮고 너무 복잡했다. 웹 사이

온라인 소비자,
무엇을 사고 무엇을 사지 않는가

트 수백 개를 대상으로 한 연구 결과, 평균 채도는 5.17(적정 수준은 6.10), 평균 복잡성은 4.80(적정 수준은 4.23)이었다. 이들은 방문자들이 쉽게 페이지를 탐색할 수 있도록 색깔을 활용하는 대신 여전히 많은 단어에 의존하고 있었다. 사람들이 온라인 정보에 접근하는 속도를 고려할 때 이런 방만한 텍스트는 결국 방문자를 혼란에 빠뜨리고 만다. 찬찬히 읽고 살펴볼 시간이 없기 때문이다.

이들 웹 사이트의 결함이 오로지 미학적 매력의 문제라면 그나마 괜찮다. 하지만 웹 사이트의 디자인 요소가 유용성이나 신뢰도 등 더 중요한 측면에 영향을 미친다는 점을 기억해야 한다. 이러한 상관관계는 이성적이지 않지만 어쨌든 수백만 명의 소비자들은 그렇게 인식하고 있다. 이 엄청난 결과를 볼 때 온라인상의 미학에 대한 접근 방식을 재고할 필요성은 충분하다(웹 사이트 디자인 개선에 들어가는 비용은 상대적으로 비싸지도 않다). 화면의 시대에 아름다움은 표면적인 것에 그치지 않는다.

당신은 왜 갑자기
커피가 마시고 싶어졌는지 모른다

앞으로는 웹 사이트의 '아름다움'이라는 요소가 보다 진지하게 논의되길 바란다. '측정 불가능한 것은 관리 불가능하다'는 말이 있다. 이제 아름다움에 대한 측정이 조금 쉬워졌으므로(라이네케 알고리즘은 자동으로 웹 사이트를 스캔해 점수를 내준다) 겉모습이 절대 사소한 문제가 아니라는 생각이 공유되면 좋겠다. 보기 좋은 웹 사이트가 더 유용하고 신뢰할 만하다고 여겨진다는 점을 볼 때 아름다움은 사소하기는커녕 소비자와의 상호작용에서 중요한 모든 측면과 긴밀히 연결되어 있다. 형태는 여러 기능을 갖는다.

하지만 위험한 측면들 역시 고려해야 한다. 아름다움이 잠재의식에 작용한다는 점은 우리를 마음 깊숙이 불안하게 만든다. 우리는 자신이 의식적으로 행동한다고 생각하기 때문이다. 따라서 찰나의 인식에 의존해 아름다움을 판단해버리는 식으로 통제가 불가능한 상황은 무척 공포스럽게 다가올 수밖에 없다. 더욱이 화면에 의존하는 시대에는 선호에 대한 무의식적인 판단이 한층 더 중요해진다. 우리는 이유도 설명하지 못하면서 무언가를 좋아하거나 싫어하게 된다.

무의식의 영향력을 이용할 수 있다면 디지털 세상의 새로운 가능성이 활짝 열릴 것이다. 미국연방통신위원회FCC가 텔레비전의 잠재의식 광고를 '공익에 반하는' 것으로 보아 FCC 허가 대상 방송들에 이를 금지하긴 했지만 인터넷에서는 아직 그런 규제가 없다. 온라인 화면이 잠재의식에 메시지를 전달하는 데 이상적 통로임에도 불구하고 그렇다. 50밀리초의 사진 한 장으로도 우리의 후속 행동이 달라진다는 연구 결과 역시 꾸준히 나오고 있다.

듀크대학교의 린윤 양Linyun Yang 박사와 동료들이 진행한 연구에서는 브랜드나 제품을 보기 어렵게 만드는 방법을 통해 소비자의 구매욕을 높일 수 있다는 사실이 밝혀졌다. 일련의 실험에서 이들은 BBC의 〈플래닛 어스Planet Earth〉 프로그램 중간에 마운틴듀 Mountain Dew 음료 광고를 집어넣었다. 평균 속도인 30초짜리를 시청한 집단도 있었고 열 배 빨리 돌아가는 속도로 단 3초 동안 시청한 집단도 있었다.

이들은 광고 속도를 조절한 것뿐 아니라 다른 두 가지 광고를 마운틴듀 음료 광고와 짝을 이뤄 차례로 내보냈다. 절반의 피험자들은 지프차인 허머Hummer 광고를 보았고 나머지 절반은 혼다Honda의 소형차 광고를 보았다(혼다보다 허머가 마운틴듀 브랜드와 이미지가 잘 맞는 차량이었다). 자, 결과가 어떻게 나왔을 것 같은가? 순식간에 지나가는 마운틴듀 광고를 본 사람들에게서 구매 욕구가 크게 나타났다. 이는 특히 뒤에 혼다 광고가 이어지는 경우에 그러했다.

마음 불편한 결과가 아닐 수 없다. 눈에 덜 띄는 자극이 실제로는 더 큰 영향력을 발휘한다는 점 때문에 그렇다. 우리는 왜 갑자기 마운틴듀가 마시고 싶어졌는지 모르는 것이다. 광고 때문이라면서 음료에 대한 욕구를 무시해버릴 수도 없다. 광고를 보았다는 사실 자체를 기억하지 못하니 말이다.

이런 기법이 가까운 미래에 얼마나 많이 사용될지 걱정스럽다. 스팸 이메일이 우리 무의식을 공략하고 유튜브에서 나오는 10초짜리 동영상 광고가 잠재의식을 자극할 것이다. 그런 기법이 정확히 얼마나 효과적인지는 알 수 없으나 누군가 시도하리라는 점은 분명하다.

■
무의식을 가장 효과적으로 활용하는 방법

내 우려는 비즈니스 세계까지 확장된다. 기업 경영자가 고객의 미적 기호에 맞춰 아름다운 웹 사이트를 만들기로 했다고 하자. 앞서 소개한 연구 결과를 보자면 현명한 투자 결정이다. 그런데 동종

업계에 비양심적인 경쟁자가 존재한다. 경쟁자는 당신처럼 멋진 웹 사이트를 만드는 것보다는 잠재의식 공략 메시지를 넣는 편이 더 저렴하고 효과적이라고 판단할지 모른다. 이쪽이 정말로 더 저렴 하고 더 효과적일 수 있다. 결국 고객이 미처 알아채지 못할 정도로 순식간에 메시지를 노출시키는 심리적 전략을 사용한 쪽이 덜 아 름다운 웹 사이트의 덜 우수한 제품 쪽으로 고객을 끌어당길지도 모른다.

잠재의식 기법은 점점 도를 더하게 될 수도 있다. 최근 나는 투자 자를 모으기 위한 스타트업 기업 설명회에 참석했다. 투자 제품은 섹스 이모티콘이었다. 미소나 찡그린 표정 등으로 감정 상태를 묘 사하는 기존의 이모티콘들과 달리 이 기업은 다양한 성교 자세를 이모티콘으로 디자인한 것이었다.

나는 투자를 거부했지만 이를 계기로 생각해볼 기회를 얻었다. 섹스 이모티콘은 사람들이 노골적으로 보이지 않지만 실은 무척 노골적인 문자를 보내도록 한다. 이런 이모티콘은 우리가 늪으로 빠져드는 첫걸음인지도 모른다. 예컨대 몇 년 안에 잠재의식에 작 용하는 문자 앱이 누구나 쓸 정도로 널리 퍼질 수 있다. 처음에는 친구들에게 보내는 문자 속에 '전화해줘'라는 메시지나 은밀한 사 진을 30~50밀리초 정도 슬쩍 끼워넣는 식으로 짓궂은 장난처럼 여 겨질 것이다.

재미있어 보이는가? 하지만 정말로 사람들이 이를 널리 활용하게 된다면 어떻게 될까? 잠재의식 공략 이미지를 통해 무의식적으로 행동을 조정하는 방법이 알려진다면? 심리학자인 키스 스타노비치 Keith Stanovich와 리처드 웨스트Richard West는 우리 정신을 '시스템 1'과 '시스템 2'라는 두 가지 모드로 구분한다. 시스템 1은 감정이나 본능에 따라 신속하고 자동적으로 움직인다. 우리가 인식조차 못하는 단서에 의존하는 것이다. 반면 시스템 2는 성찰적이고 조심스러우며 의식적으로 주의를 기울이는 정보에 기반을 둔다. 내 걱정은 잠재의식을 공략하는 이미지들이 우리 정신의 균형을 깨뜨리고 시스템 1에 힘을 실어줄 수 있다는 데 있다. 그러면 우리는 자극에 보다더 의존하게 된다.

더 큰 문제는 시스템 1이 무엇에 자극받게 되는지 불확실하다는 점이다. 잠재의식을 공략하는 자극은 시스템 2로는 파악할 수 없기 때문이다. 결국 과도한 감정 상태의 원인이 무엇인지 성찰할 기회도 없이 우리는 자극을 받고 동기를 부여받는다. 식료품 구입부터 데이트 상대 선택에 이르기까지 오늘날 우리가 온라인 화면 앞에서 내리는 의사 결정 과정을 보면 그런 상황이 얼마나 중대한 결과를 낳을지는 분명하다. 잠재의식을 공략한 이미지가 효과 면에서 뚜렷한 한계를 가진다 해도 그 사회적 파급력은 디지털 세계에서 여전히 강력하게 나타날 것이다.

물론 이는 최악의 경우를 그려본 것이다. 정말 그렇게 될지는 아직 알 수 없다. 하지만 정부와 규제 기관들은 그 가능성을 충분히 우려하고 21세기의 잠재의식 공략 이미지를 어떻게 다뤄야 할지 고민해야 한다.

디지털 세상은 우리가 스스로를 위해 만들어가는 시각적 환경이다. 그곳이 얼마나 안전하고 아름다운 곳인지는 아무리 점검해도 지나치지 않다.

디지털 설계자에게 던지는 질문

오랫동안 아름다움은 그저 표면적인 관심사일 뿐이라고 여겨졌다. 이는 분명 잘못된 생각이다. 최신 연구들은 웹 사이트의 시각적 호감도가 유용성이나 신뢰성 같은 보다 중요한 요소와 깊이 관련된다는 점을 보여주고 있다. 웹 사이트 디자인을 최고로 만들고 싶다면 스스로에게 다음 질문들을 던져보자.

1. 당신의 웹 사이트를 아주 짧은 시간 동안 고객에게 노출시키고 평가를 받아보았는가? 실제 방문자들에게 깊은 인상을 남길 수 있는 시간은 단 50밀리초뿐이다.

2. 후광 효과에 대해 고려했는가? 웹 사이트의 유용성과 신뢰성을 높이는 최고의 방법은 보기 좋은 디자인이다.

3. 시각적 복잡성이 높을 때 나타나는 비대칭성을 염두에 두었는가? 가능하다면 단순하게 만드는 것이 언제나 더 낫다.

4. 당신의 웹 사이트 방문자가 누구인가? 누구보다 그 방문자의 눈에 아름답게 보여야 한다는 점을 기억하라. 디자인과 관련하여 인구학적 요소들도 상당히 영향을 미친다. 웹 사이트와 앱을 사용자에 따라 맞춤형으로 바꿔야 할 시점인지도 검토해볼 필요가 있다.

3부

사게 하는 화면,
사지 않게 하는 화면

선택적 집중, 즉 우리가 화면에서 무엇에 집중하는가는 온라인 심리학의 핵심 주제이다. 물론 인간의 주의력에는 헤아릴 수 없이 많은 변수가 개입한다. 하지만 주의력에 가장 강력하게 작용하는 것 중 하나는 의외로 무척 단순하다. 바로 화면 위의 위치이다. 화면에는 사각지대가 존재하고 그 사각지대에 고릴라 사진을 두어도 대부분이 인식하지 못하고 넘어간다. 화면 위의 위치는 의사 결정 과정에서도 마찬가지로 중요하다. 선택지에 대한 평가는 우리 눈이 하는 일이기 때문이다.

사람들은 암묵적 규칙에 따라 선택한다

'배틀쉽'이라는 게임을 해본 적 있는가? 이 게임에서는 가로세로 열 칸짜리 격자 위에 함대를 배치하고 적들의 배가 어디 있을지를 추측해 격자 위에서 공격 지점을 잡아야 한다. 목표는 적군 함대를 전멸시키는 것이다. 승패는 대부분 운에 따른다. 따라서 최선의 전략은 행운을 잡는 것이다. 이 게임은 1차 세계 대전 당시의 해전을 연상시킨다. 연합 해군 함대는 거대한 포를 보유했지만 정보가 부족했다. 수중 음파 탐지 기술은 함포 기술에 비해 한참 뒤떨어졌고 함대의 배들은 목표 지점을 모른 채 자칫 아군을 향해 포를 발사할 수도 있는 상황이었다.

자, 이제 우리도 비슷한 게임을 해보자. 게임 속에서는 한 함대가 배 다섯 척으로 구성되지만 나는 열 척을 숨겨두려고 한다. 당신은 그 열 척을 공격해야 한다. 모두 다섯 번의 기회를 주겠다. 다음 격자 위에 당신이 공격할 지점 다섯 곳을 표시해보라.

다 했는가? 그럼 이 쪽을 넘겨 내가 배 열 척을 어디에 숨겨두었는지 확인해볼 차례다.

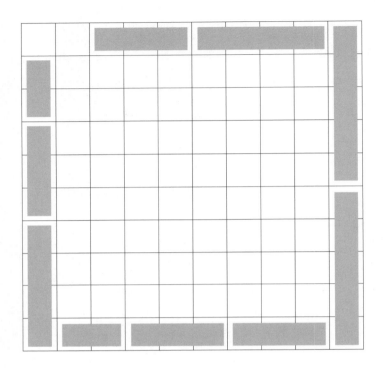

　수학적 확률에 따르면 당신이 내 배 중 최소 한 척을 맞출 확률은 88.1퍼센트이다. 하지만 아마 맞추지 못했을 것이다. 이유는 간단하다. 우리는 무작위로 함대의 위치를 추측하지 않기 때문이다. 나는 당신의 마음을 읽을 줄 모르지만 당신이 내 함대를 어디서 찾으려 했는지 학문적으로 추론해볼 수 있다. 이스라엘의 심리학자 루마 포크Ruma Falk와 동료들이 축적한 자료에 따르면 배틀쉽 게임의 탐색자들은 예측 가능한 유형을 따른다고 한다. 이 장에서 우리는 그 유형이 무엇인지, 또한 어째서 동일한 유형이 디지털 세상 속 인간의 행동을 결정하는 데 그토록 중요한 역할을 맡는지 확인하려 한다.

배틀쉽 게임에서 승리의 비결은 함대를 숨길 때 핵심 지점, 즉 적이 가장 먼저 찾으러 나설 위치를 피하는 것이다. 학자들에 따르면 가로세로 다섯 칸짜리 배틀쉽 격자에서 다른 무작위 지점보다 세 배나 높은 확률로 선택되는 곳이 중앙 상단의 좌측 부분이라고 한다. 그 다음으로 자주 선택되는 지점들은 모두 가운데에 몰려 있다. 반면 가장자리는 가장 덜 선택되는 지역으로 무작위 확률의 절반에 불과하다. 따라서 내 전함들을 숨기기에 가장 좋은 장소는 바깥쪽이다. 가장자리에 함대를 배치함으로써 나는 한가운데 배치했을 때보다 공격당할 확률을 6분의 1로 줄일 수 있다.

■
중심부 편향이 알려주는 것들

'중심부 편향middle bias'이라고 하는 이런 관찰 유형은 기본적인 차원에서 우리 시각 체계에 자리 잡고 있다. 이는 시각과 밀접하게 관련된 모든 행동에 큰 영향을 미친다. 하루 종일 CT나 MRI 같은 의료 장비의 화면을 들여다보는 방사선 전문의를 생각해보자. 수년간 전문적인 훈련을 거치면서 화면 곳곳을 살피도록 숙달되었음에도, 이들 역시 배틀쉽 격자 위에서 배를 찾는 게이머와 마찬가지로 화면 중심부에 더 집중한다고 한다.

2013년, 하버드의대 트래프턴 드루Trafton Drew와 동료들은 숙련된 방사선 전문의 23명을 대상으로 실험을 진행했다. 실제 환자의 CT

사진들을 살펴보고 폐암의 표지자인 폐 결절을 찾아내도록 한 것이다. 그런데 이때 CT 사진 중 하나의 우측 상단에 작은 고릴라 사진이 끼워 넣어져 있었다. 고릴라는 폐 결정에 비해 45배나 더 컸지만 피험자인 방사선 전문의들 중 83퍼센트가 고릴라 사진을 알아채지 못했다. 우측 상단을 살피는 데 쓴 평균 시간은 겨우 250밀리초에 불과했기 때문이다.

군사 면에서는 어떨까. 위성 사진을 살피는 CIA 분석관이나 생중계 동영상을 살피는 드론 조종자들 역시 화면 가장자리에는 확실히 주의를 덜 기울인다(이들의 관심은 화면 한중간에 집중된다). 화면 가장자리에 중요한 정보가 있다면 미처 못 보고 넘어갈 가능성이 큰 것이다. 정보기관에서는 관찰자를 추가로 배치하여 이 문제를 해결하려 한다. 이미지를 네 개로 분할해 네 사람이 하나씩 맡아 테러리스트나 밀수, 불법 행위를 감시하는 것이다. 이것도 불충분하다면 더 많은 사람을 동원한다. 들여다보는 눈이 많을수록 추적이 잘된다고 믿기 때문이다.

하지만 이는 위험한 가정이다. 이미지를 분할해 각각 다른 분석관에게 맡기면 더 많은 가장자리가 생겨난다. 분할된 사진 하나하나에 시선이 닿지 않는 가장자리가 있기 때문이다. 결과적으로 전체 사각지대는 오히려 더 커진다. 효과적인 해결책은 이미지들을 조금씩 겹치도록 해 분할하는 것이다. 그러면 한 이미지에서 가장자리였던 부분이 다음 이미지에서는 가운데 지점이 된다. 각 이미지의 가장자리 부분이 누군가에게는 핵심 지점이 되도록 만들어주는 것이다.

중심부 편향은 인간의 시각적 인식 습관에서 기인하지만 우리의 선택에도 영향을 미친다. 시각이 닿는 영역의 한가운데 있는 선택지를 고르는 경향이 두드러지는 것이다. 배틀쉽 게임에서도 그렇고 쇼핑에서도 그렇다. UC샌디에이고의 심리학자 니콜라스 크리스텐펠트Nicholas Christenfeld는 쇼핑객들이 슈퍼마켓 진열대에서 어떻게 상품을 고르는지 조사했다. 실제 고객들을 관찰하자 비슷한 상품이 네 줄로 배열되어 있을 때 71퍼센트의 사람들이 중간 두 줄에서 상품을 골랐다. 이는 무작위 선택과 비교해 21퍼센트 높은 수치였다.

또한 크리스텐펠트는 화장실에서도 비슷한 현상을 발견했다. 공중 화장실의 네 개 칸에서 각각 소모되는 화장지 양을 조사하니 가운데 두 칸에서 양쪽 끝의 두 칸에 비해 약 50퍼센트 더 많은 화장지가 소모되었다. 이 발견을 토대로 크리스텐펠트는 이런 결론을 내렸다. '상당히 많은 수의 사람들이 암묵적인 규칙에 따라 선택을 한다. 그 선택에 객관적인 근거는 존재하지 않는다. 이 조사에서 얻은 데이터는 대부분의 사람들이 그 규칙을 따르며 더 나아가 그 규칙이 널리 공유된다는 점을 보여준다.'

이러한 중심부 편향은 디지털 세상과 어떤 관련이 있을까? 중심부 편향 자체는 새로운 개념이 아니지만 화면의 시대에 그 중요성은 한층 커진다는 점이 지적되었다(물론 오프라인과 온라인에서 중심부 편향이 미치는 영향을 직접 비교한 연구가 더 많이 필요한 상황이다). 이유는 명쾌하다. 화면은 고도로 시각적인 매체이기 때문이다. 휴대폰, 태블릿, 컴퓨터는 모두 시각을 바탕으로 한다. 고작 몇 인치 너비 안에 나열된 픽셀들이 깜박이면서 세상의 한 장면을 잡아내고 우리의 관심을 끌어당긴다(후각이나 청각 등 다른 감각은 거의 무시된다). 그 결과 온라인 기술은 우리의 시각적 습관이 미치는 영향력을 증폭시킨다. 최소한 무엇을 알아차리고 선택할지 결정하는 부분에서는 그렇다. 중심부는 늘 귀중한 위치였고 수많은 업체가 슈퍼마켓 진열대의 중심부를 차지하기 위해 추가 비용을 낸다. 하지만 거의 전적으로 시각에 의존하는 디지털 세상에서 핵심 지점의 의미는 한층 더 커지고 있다.

배틀쉽 게임에서 나는 당신이 내 함대를 찾지 않을 곳을 추측함으로써 이겼다. 온라인 세상에서도 마찬가지 게임이 벌어지고 있다. 다만 당신이 어디를 보지 않을지가 아니라 어디를 볼지 파악한다는 점이 다를 뿐이다.

처음 바라본 것, 가장 오래 보는 것, 최종 선택되는 것

선택적 집중, 즉 우리가 화면에서 무엇에 집중하는가는 온라인 심리학의 핵심 주제이다. 1부에서 살펴봤듯 디지털 세계의 정보 과잉 사태는 주의력 결핍을 낳았고 사람들의 주의력을 원하는 정보 쪽으로 끌어오는 것이 가치 있는 기술이 된 상황이다. 이제 미래는 주의력을 움직이는 사람의 것이 된다.

물론 인간의 주의력에는 헤아릴 수 없이 많은 변수가 개입한다. 글자 크기, 색깔 다양성 등등. 그 변수를 상세히 밝히기 위해 A/B 테스트가 계속 진행 중이다. 하지만 주의력에 가장 강력하게 작용하는 요소 중 하나는 의외로 무척 단순하다. 바로 화면 위의 위치이다. 화면에는 사각지대가 존재하고 그 사각지대에 고릴라 사진을 두어도 대부분이 인식하지 못하고 넘어간다는 점을 앞에서 언급했다. 화면 위의 위치는 의사 결정 과정에서도 마찬가지로 중요하다. 선택지에 대한 평가는 우리 눈이 즉각적으로 내리기 때문이다.

소비자 행동과 마케팅을 연구하는 엘레나 류츠카야Elena Reutskaja와 동료들은 최근 한 가지 실험을 진행했다. 이들은 눈동자의 움직임을 따라가는 안구 추적 장치를 사용해 피험자의 시선이 멈추는 곳을 모니터했다. 피험자는 캘리포니아공과대학생 42명으로 이들은 컴퓨터 화면 앞에 앉아 감자 칩과 초콜릿 바 등 다양한 간식거리 중에서 무엇을 가장 좋아하느냐는 질문에 응답했다. 이후에는 화면에서 사진을 보면서 가장 먹고 싶은 간식 한 가지를 선택했다.

피험자들이 화면을 살피면서 좋아하는 간식을 찾는 동안 학자들은 안구의 움직임과 시선을 추적했다. 곧 일관된 유형이 나타났다. 학생들은 화면에서 특정 지점에 있는 간식에 제일 먼저 눈길을 주었고 가장 자주 바라보았다. 어느 지점일 것 같은가? 이는 화면에 나타난 간식 개수에 따라 달랐다. 가령 네 가지 간식이 가로세로 두 개의 행렬로 제시되었을 때는 좌측 상단에 전체 시간의 50퍼센트 이상 시선이 머물렀다(물론 피험자들이 오른쪽에서 왼쪽으로 글을 써나가는 히브리어나 아랍어 문화권 출신이라면 결과가 달라졌을 수 있다).

선택 가능성이 늘어나면서 새로운 유형이 드러났다. 간식이 아홉 개 주어졌을 때 중심부에 제일 먼저 시선이 멈추는 경우가 99퍼센트였다. 16개로 늘어나자 시선의 97퍼센트가 중심부에 있는 네 가지 중 하나로 가장 먼저 향했다. 또한 처음으로 시선이 간 지점에 지속적으로 시선이 머물렀다. 사람들이 처음 보는 지점은 결국 가장 오래 보는 지점으로 남았다.

이러한 시선의 움직임은 피험자들이 간식을 선택할 때 큰 영향을 미쳤다. 연구자들은 이를 '디스플레이가 낳은 의사 결정 편향성'이라고 정의했다. 미리 피험자들의 선호에 대해 조사한 상황이었으므로 화면 배치가 최종 선택에 어떤 영향을 주었는지 비교할 수 있었다. 가령 간식이 아홉 개 있을 경우, 애초의 선호와 상관없이 가운데 있는 간식을 최종 선택할 가능성이 60퍼센트 더 높았다.

이것이 무엇을 뜻하는지 잠시 생각해보자. 특정 제품을 더 많이 팔고 싶은 판매업자는 그저 그 제품을 화면 한가운데 가져오는 것만으로도 매출을 급격히 올릴 수 있다. 실제로 연구자들이 건강에 나쁜 정크푸드 간식을 화면의 가장 좋은 자리에 두었을 때 학생들이 더 나은 대안을 선택하는 경우는 30퍼센트에 불과했다. 피험자가 선호하는 간식이 가운데 위치할 경우 91퍼센트가 효율적 선택, 즉 가장 먹고 싶은 간식을 선택하는 최선의 결정을 내렸다. 디지털 세계에서 화면 배치는 이토록 중요한 변수인 것이다.

■
시각적 인식 습관은 선택에 영향을 미친다

화면 배치의 막강한 영향력은 그 근원에 대한 궁금증을 불러일으킨다. 대체 어째서 우리는 화면 중심부에 시선이 끌릴까? 중심부가 더 매력적이라고 느끼도록 타고난 걸까? 중심부가 핵심 지점이 되고 주변부가 사각지대가 되는 이유는 무엇일까?

그 답을 우리는 아직 알지 못한다. 심리학자 피터 에이튼Peter Ayton 은 이러한 시각적 편향이 무리 가장자리에 있으면 포식자의 공격에 노출된다는 원시로부터의 공포심에 기인한다고 추측한다(실제로 무리 가장자리의 가젤이 사자에 잡아먹힐 위험이 가장 크다). 그 결과 우리 마음은 화장실 칸이든 간식이든 무조건 가장자리를 피하는 쪽으로 결정한다는 것이다. 그럴듯하지만 에이튼 자신도 언급하듯 이에 대한 증거는 거의 없다.

하지만 기존의 연구에서 실마리를 찾을 수 있다. 예를 들어 류츠 카야와 동료들은 피험자들에게 아홉 개 혹은 16개의 선택지를 줌으로써 간접적으로 중심부 편향을 실험했다. 화면 배치 효과가 중심부 편향을 주로 나타낸다면 16개 선택지보다 아홉 개 선택지의 경우, 즉 중심부가 보다 명확히 드러나는 경우 중심부를 선택하는 경향이 두드러질 것이다. 실제로 그런 경향이 나타나긴 했지만 그리 크지 않았다. 가운데 지점에 먼저 시선을 줄 확률은 16개 선택지의 경우 97퍼센트, 아홉 개 선택지의 경우 99퍼센트였다.

이 결과는 하나의 화면 위에 핵심 지점과 사각지대가 모두 존재한다는 것, 그리고 가장자리를 회피하고 중심 지점에 끌리는 경향이 동시에 나타난다는 것으로 정리할 수 있다. 중심부가 없을 때조차도 중심부 편향이 존재하는 이유, 중심부가 있으면 이런 편향이 한층 강해지는 이유가 여기 있다.

더 큰 교훈은 화면이라는 이 새로운 세상에서 시각 체계의 무의식적 선호도가 현실 속 우리의 선호도를 결정하는 데 한층 크게 작용한다는 점이다. 앞서 살펴본 것처럼 화면 위치 효과가 그 강력한 예시이다. 그 밖에도 시각적 인식 습관이 선택에 영향을 미친 사례들이 있다. 캘리포니아공과대학의 밀리카 밀로사블레비치Milica Milosavljevic가 이끄는 연구 팀은 '시각적 현저성visual prominence', 즉 눈에 띄는 정도가 살짝만 바뀌어도 선택 결과가 크게 달라진다는 점을 발견했다.

이들은 대학생들에게 간식을 제시하는 실험을 진행했다. 대학생들은 컴퓨터 화면에 떠오른 간식 15개의 이미지에 각각 1~15점을 부여하며 평가했다. 이때 선택지에서 시각적 현저성은 다음 두 가지 방법으로 조정되었다. 첫째, 간식 중 한 가지의 밝기를 선택적으로 증가시키거나 감소시켰다. 예를 들어 다른 간식은 모두 어두운 반면 초콜릿만 밝게 빛나도록 처리했다. 둘째, 간식이 노출되는 시간을 70밀리초에서 500밀리초까지 다양하게 조절했다.

이런 조작은 선택 과정에 큰 영향을 미쳤다. 특히 처음부터 특정 간식을 극단적으로 선호하는 경향을 보이지 않았던 피험자들에게 그러했다(땅콩이 딱 질색이라면 스니커즈 초코바 로고를 아무리 밝게 보여주어도 선택할 생각이 들지 않을 것이다). 시각적 현저성의 변화 때문에 실험 전에 이야기했던 것과 다른 선택을 하는 경우가 절반에 육박했다는 점이 가장 충격적인 결과였다. 감자 칩보다 도리토스를 더 좋아하는 경우, 감자 칩 봉지를 조금 더 눈에 띄게 만드는 것만으로도 기존의 선호를 뒤집을 가능성이 충분하다는 것이다. 간식을 고르면서 동시에 간단한 수학 문제를 풀도록 하여 '인지적 부하'를 준 경우 그 효과가 한층 컸다. 이렇듯 멀티태스킹에 의해 주의력이 분산되는 상황은 온라인에서 흔히 벌어진다. 쇼핑을 하는 와중에 페이스북을 살피고 메신저에 답변을 하는 상황이니 말이다. 시각적 인식의 편향성은 그만큼 커질 것이다.

마음이 편치 않은 결과이다. 우리는 자기 선택이 의식적으로 욕구를 반영한 결과라고 믿고 싶어 하니 말이다. 우리는 자신이 가장 먹고 싶은 간식을 고른다고 생각한다. 하지만 실험 결과는 우리의 선택이 화면의 특정 지점에 있는 특정 제품에 쏠리는 안구의 인식 습관 때문이라고 알려준다. 때로는 시각적 현저성이 개인의 선호보다 더욱 중요한 것이다.

어째서 시각적 현저성이 화면에서 그토록 큰 문제가 되는가? 디지털 세상의 빠른 속도 때문일 것이다. 안구 추적 데이터에 따르면 우리의 시선은 화면에 서로 다른 간식 이미지가 떠오른 지 350밀리초 만에 최초로 고정된다. 시각적 체계는 우리가 선택지를 한번 훑어볼 틈도 없이, 아니 그보다 한참 전에 이미 결정을 내려버린다는 뜻이다. 시각이 마음보다 앞서 결정을 내리는 것이다.

2부에서 보았듯 이런 과정은 온라인 세계에서 한층 빨리 일어난다. 화면 앞에서 우리는 더없이 신속한 속도로 선택을 내린다. 더 많은 시간이 주어지고 선택지에 대해 더 오래 고민할 기회를 얻는다면 시각적 편향의 효과는 줄어들 수도 있다. 하지만 화면은 그렇게 신중한 사고를 요구하는 법이 없다. 오히려 더 짧은 시간 동안 더 많은 선택을 하도록 우리를 밀어붙인다. 그리하여 처음 바라본 것이 결국 선택되는 일이 많아진다.

"내 취향이 아닌데
왜 샀을까?"

이 책을 읽는 당신의 눈은 단어를 차례로 읽어가면서 예측 가능한 움직임을 보인다. 눈으로 읽는 과정이 물 흐르듯 연속적으로 느껴진다면 그건 착각이다. 실제로 안구는 글자에서 글자로 건너뛰며 책장 한 쪽을 스쳐간다. 도약 안구 운동이라 불리는 이런 움직임은 안구에 붙은 작은 근육들이 통제한다. 어디를 보고 어디를 그만 볼지 응시하는 경우 안구의 움직임이 의식적으로 통제되는 반면, 도약 안구 운동은 거의 무의식적으로 이뤄진다. 우리는 자신이 무엇을 읽는지는 알지 몰라도 어떻게 읽는지는 전혀 모른다.

간단한 테스트를 하나 해보겠다. 다음 문장을 보고 알파벳 f가 몇 개 나오는지 헤아려보라.

Finished files are the result of years of scientific study combined with the experience of years.

자, 몇 개인가? 가장 흔한 대답은 세 개다. 하지만 정답은 여섯 개다. 당신 역시 세 개라 답했다면 아마도 전치사 of에 있는 f를 빼먹었을 것이다. 영문법에 숙련된 이들의 경우, and, if, the, of 등의 문법적 단어를 빼고 읽기 때문이다. 영어 문장을 읽을 때 관사나 전치사, 접속사는 65퍼센트 정도 건너뛴다는 연구도 있다. 그러니 위 문장에서 f를 제대로 세지 못했다 해도 이상한 일은 전혀 아니다.

안구가 무작위로 움직이지 않는다는 사실은 화면 위에서 정보를 배치할 때 중요한 시사점을 준다. 안구는 모든 픽셀에 동일한 시간을 쓰지 않기 때문이다. 안구는 날아올랐다가 내려앉는 일련의 동작을 반복하며 이는 사전에 충분히 예측할 수 있다. 최초로 시선이 고정되는 위치를 통해 화면에서 우리 눈을 가장 강력하게 사로잡는 부분이 어딘지를 알 수 있듯, 그 다음으로 이어지는 안구의 움직임 역시 일정한 경향과 규칙을 따른다. 이것이 우리가 정보를 찾아가는 방식이다.

아주 사소해 보이는 웹 사이트 디자인 변수에 대해 의사 결정을 내리는 상황을 한번 살펴보자. 방문자에게 선택지를 세로로 제시할지 가로로 제시할지가 문제이다. 나는 〈포춘Fortune〉지에 선정된

100개 기업과 이런 디자인 변수에 대해 이야기를 나누며, '당신의 웹 사이트를 지금과 같이 만든 이유는 무엇입니까?'라고 물었다. 이 질문에 돌아온 대답은 놀랍게도 모두 동일했다. '모르겠다'는 것이었다. 웹 사이트는 그렇게 만들어진다. 기업들은 선택지를 가로로 둘지 세로로 둘지에 거의 신경 쓰지 않는다. 그건 중요한 문제가 아니라고, 레이아웃이 고객의 선택에 영향을 미치지는 않는다고 보기 때문이다.

하지만 이는 잘못된 판단이다. 1977년에 이루어진 고전적인 연구에서 심리학자인 제임스 베트먼James Bettman과 프라딥 카커Pradeep Kakkar는 주부 150명에게 아침식사용 시리얼 11종 중 하나를 선택하게 했다. 11종은 가격, 중량 등 13가지 특성에서 서로 달랐다. 한 주부 집단에게는 선택지가 브랜드별로 제시되었다. 가장 먼저 회사를 고르고 이어 다른 특성을 고려하는 식이었다. 다른 집단은 특성별로 시리얼을 고르고 다음으로 브랜드를 선택하도록 했다.

선택지의 레이아웃을 달리하여 배치했을 때 주부들의 행동에도 큰 차이가 생겼다. 특성에 따라 상품이 제시된 경우에는 특성을 기준으로, 브랜드별로 제시된 경우에는 다시 이를 기준으로 탐색했다. 전통적인 소비자 선택 이론에서는 소비자가 이용 가능하게끔 정보를 만드는 데 초점을 맞추지만, 베트먼과 카커는 소비자에게 제공되는 정보의 형태 역시 중요하다는 점을 지적했다. '정보를 획득하는 과정에서 사용되는 전략은 정보가 제시되는 방식에 큰 영향을 받는다. 소비자들은 눈앞에 주어진 형태에 따라 정보를 처리

한다'는 것이 이 연구의 결론이었다.

■ 안구 운동 편향을 고려하라

웹 사이트 디자인에 대한 이러한 고민은 화면의 시대에 이르러 더욱 중요해지고 있다. 산타클라라대학의 서배너 웨이 쉬Savannah Wei Shi가 진행한 새로운 안구 추적 연구 내용을 살펴보자. 레이아웃의 중요성에 대한 이전의 연구 결과가 확인되었고 이에 더해 화면을 볼 때 안구 운동에서 나타나는 일련의 시각적 편향성 또한 발견되었다.

이들 시각적 운동 편향 중에서 가장 중요한 것은 한쪽 끝에서 반대쪽 끝으로 수평 이동하는 강력한 성향이다(학자들은 이것이 망막의 감각 자질에 기반한 성향이라고 본다). 그 결과 우리 눈에는 수평으로 제시된 정보들이 더욱 두드러지게 인식된다.

이를 실제로 확인하기 위해 웨이 쉬와 동료들은 델Dell 컴퓨터 웹 사이트를 활용하여 실험을 했다. 수년 동안 이 웹 사이트는 서로 다른 컴퓨터 모델을 수직 나열하고 각 모델의 특징을 수평 칸에 제시하는 디자인을 유지해왔다(일반적으로 데스크톱 컴퓨터에는 가격, 프로세서, 모니터, 운영 체계, 보증 조건 등 12가지 특징이 들어간다). 피험자 한 집단은 기존 레이아웃의 웹 사이트에서 컴퓨터를 선택했고, 다른 집단은 수평으로 모델들이 제시된 웹 사이트를 보며 선택했다.

예상대로 정보가 제시되는 형태에 따라 피험자들의 정보 처리 방식도 달라졌다. 모델을 수평으로 제시한 경우 피험자들은 특징에 관심을 덜 보이고 제품 자체를 살피는 데 더 많은 시간을 썼다. 반면 특징을 수평으로 배치한 경우 피험자들은 가격이나 성능 같은 개개 특징을 모델별로 비교했다. 최종 선택 결과는 시각적 집중 능력과 긴밀한 상관관계를 보여 어떤 특징이나 모델에 시선이 오래 머물수록 그 제품이 선택될 확률이 높았다. 가격을 살펴보는 데 오랜 시간을 보낸 피험자일 경우에는 가격에 보다 민감했다. 좀 더 값비싼 모델에 시선이 오래 머문 때에는 반대 현상이 나타났다. 안구가 먼저 선택을 해버리는 셈이었다.

화면을 디자인할 때 이런 안구 운동의 편향성을 고려한다면 사람들이 필요한 정보에 주의를 기울이도록 도울 수 있다. 안구가 주로 움직이는 수평 경로에 보다 중요한 정보를 배치하면 미처 보지 못하고 넘어갈 확률이 낮아진다. 통행량이 많은 거리에 자리 잡은 상점에 더 많은 손님이 몰리듯 안구 운동이 극대화되는 지점의 정보가 주의력을 더 많이 끌어당기는 것이다.

우리는 안구 운동 편향이 어떻게 우리의 사고 과정을 결정하는지 이제야 겨우 조금씩 이해하기 시작한 단계이다. 그럼에도 시각적인 인식 습관이 전혀 무작위가 아니라는 점은 신중하게 고려되어야 한다. 디스플레이의 동일성이란 환상에 불과하다. 디지털 부동산에서는 똑같은 면적이라도 각각 가치가 다르다. 우리가 제대로 깨닫지 못하는 이런 인식 습관이 우리의 생각과 선택을 결정한다. 화면의 시대에 시각적 행동은 그 어느 때보다도 중요하다.

디지털 설계자에게 던지는 질문

디지털 시대에는 시각적 편향의 중요성이 확장된다. 이러한 인식 습관을 고려하지 않는다면 당신이 제공하는 정보의 영향력을 대폭 높일 기회를 놓쳐버리는 셈이다. 물론 사람들이 그 정보를 보도록 만드는 것은 가능하다. 그러나 사람들이 이미 보고 있는 위치에 당신의 정보가 위치하도록 하는 편이 더 나을 것이다.

핵심 지점에 자리 잡을 기회를 극대화하고 사각지대에서 외면당할 위험을 최소화하기 위해 다음 질문에 답해보자.

1. 중심부 편향을 고려했는가? 슈퍼마켓 진열대에서는 가운데 놓인 상품이 선택될 확률이 훨씬 높다. 화면에서도 위치가 선택을 좌우한다. 이를테면 그저 화면 중심부에 있다는 이유만으로 평소에는 좋아하지 않던 간식을 최종 선택하는 사람들이 많다.

2. 상단 좌측 편향을 고려했는가? 중심부 선택이 불가능한 경우, 예를 들어 가로세로 두 개 행렬인 경우 우리 눈은 상단 좌측으로 향하는 경향이 있다.

3. 디스플레이 편향에서 문화적 차이가 반영될 가능성을 고려했는가? 내 모국어는 오른쪽에서 왼쪽으로 읽고 쓰는 히브리어이다. 이런 언어를 쓰는 사람들은 상단 좌측이 아니라 상단 우측으로 시선이 향할 가능성이 높다.

4. 사각지대를 고려했는가? 화면에는 핵심 지점도 있지만 반대로 우리 눈이 제대로 살피지 않는 곳도 있다. 배틀쉽 게임에서 화면 가장자리에 배를 숨기는 것은 그곳이 중간에 비해 선택될 확률이 6분의 1에 불과하기 때문이다. 당신이 판매업자라면 중간 이윤이 높은 상품을 가장자리에 두는 실수를 저지르지 말라.

5. 시각적 편향이 화면 앞에서 강화될 가능성을 고려했는가? CT 사진을 검토하던 방사선 전문의들 대부분이 화면 한구석의 고릴라 사진을 보지 못하고 넘어갔다는 연구가 있다. 예전처럼 화면이 아닌 필름으로 보는 상황이었다면 아마 놓치지 않

았을 것이다. 물론 이와 관련해서는 후속 연구가 필요한 상황이다.

6. 줌인이 도리어 사각지대를 만든다는 점을 고려했는가? 테러리스트를 찾는 정보 기관 분석관들은 줌인을 좋아하지만 이렇게 하면 이미지의 많은 부분이 가장자리로 밀려나 사각지대가 되어버린다. 중요한 정보를 놓치지 않으려면 이미지를 어떻게 분할할지 신중히 고민해야 한다.

7. 수평 편향을 고려했는가? 우리 각막은 세상을 수평적으로 인식하도록 설정되어 있다. 그 결과 가로로 제시되는 정보가 세로로 제시되는 정보에 비해 훨씬 더 중요하게 의사 결정 과정에 반영된다.

8. 의사 결정의 속도를 고려했는가? 더 빨리 찾고 더 빨리 선택할수록, 또한 더 많은 일을 동시에 할수록 안구 운동의 시각적 편향성은 더욱 커진다.

4부

새로운
거울의 탄생

피드백이 무조건 많을수록 좋다면, 우리 자신에 대해 모든 것을 알려주는 스마트 센서가 정말로 모든 질병을 치료해준다면 이상적이리라. 하지만 현실은 그렇지 않다. 화면이라는 디지털 시대의 거울이 모든 것을 해결하지는 못한다. 피드백이 너무 많은 경우 피드백이 아예 없는 것보다 더 나쁠 수도 있다. 새로운 디지털 정보 제공은 변화의 첫걸음에 불과하다. 사용자들이 어떻게 반응할 것인지 파악하는 일이 훨씬 더 중요하다.

화면을 통해
삶의 피드백을 얻는 세상

몇 년 전 나는 나이키Nike 퓨얼 밴드Fuel Band를 구입했다. 신체 활동량을 실시간 기록하는 고무 팔찌 말이다. 사실 시계를 사고 싶었고 염두에 둔 제품도 있었지만 퓨얼 밴드가 더 세련되어 보일 거라고 생각했다. 검은 밴드와 작은 LED 등 세세한 디자인도 마음에 들었다. 물론 몸매 관리에도 도움이 될 것 같았다. 이건 롤렉스에는 절대 없는 기능이었다.

하지만 결과적으로 볼 때 퓨얼 밴드는 퍽 실망스러웠다. 여전히 외관은 멋지다고 생각하지만 시계 이외의 다른 용도로 사용하는 경우는 거의 없다. 몸무게 감량이나 걷기 운동에도 별 도움이 되지 않는다. 내가 퓨얼 밴드의 조언을 무시하는 데 익숙해졌기 때문이다. 결국 퓨얼 밴드는 배터리가 들어가는 장신구 이상의 의미를 지니지 못하는 처지다.

게다가 퓨얼 밴드에는 기술적인 한계가 있다. 팔 운동만을 모니터해 신체 활동을 측정하기 때문에 유모차 끌기나 요가 같은 경우에는 거의 인식되지 못한다(칫솔질이 팔굽혀펴기보다 열량 소모 점수를 더 많이 받을 정도이다). 배터리가 금방 닳아버리는 것도 골칫거리이다. 하루도 못 가고 멈춰버리는 일이 허다하다.

물론 이는 앞으로 해결 가능한 문제들이다. 디지털 장비는 날로 진화하고 있다. 1세대 애플 워치Apple Watch는 내 퓨얼 밴드에 비해 훨씬 개선되었다. 다음 세대의 애플 워치는 한층 더 좋아질 것이다(예를 들어 애플 워치는 GPS를 활용해 걸음 수로 측정되지 않는 사이클링 같은 활동을 기록할 수 있다). 언젠가는 매일 충전할 필요 없는 웨어러블 컴퓨터를 우리 모두 장착할지도 모른다.

하지만 이러한 장비의 가장 큰 문제는 기술적인 것이 아니다. 최소한 전통적인 의미에서의 기술, 즉 리튬 이온이나 모션 센서 따위는 중요하지는 않다. 이들 장비의 가장 큰 한계는 피드백을 주는 방식에 있다. 많은 경우 웨어러블 장비는 피드백 자체로 정보가 충분하고 이런 정보를 제공하는 것만으로 문제가 해결될 것이라 가정한다. 하지만 그렇지 않다. 예를 들어 욕실에 놓인 평범한 체중계 역시 필요한 모든 정보를 제공한다. 저렴하고 믿을 만하며 배터리 문제조차 없는 장비이다. 그러나 체중계가 비만 사태를 해결하지는 못한다.

피드백이란 문제 해결 과정에 들어서는 첫 단계일 뿐이다. 퓨얼밴드와 애플 워치가 더 건강한 삶이라는 목표를 달성하려면 내가 당장 책상에서 일어나 심박동 수를 높이도록 유도하는 피드백을 제공해야 한다. 이러한 웨어러블 장비가 극복해야 할 진정한 도전은 무엇일까? 이들의 기술이 사용자와 상호작용하는 방식, 정보가 지속적으로 제시되는 방법과 관련되어 있다. 이 상호작용이 제대로 관리되지 않는다면 웨어러블 장비는 그저 마이크로칩을 장착한 액세서리에 지나지 않는다. 우리의 손목 위에서 쓸데없이 자리만 차지하는 것이다.

■
어떻게 해야 새로운 거울이 더 좋은 것이 될까

물론 웨어러블 장비는 거대한 흐름의 작은 사례일 뿐이다. 우리는 점점 더 화면과 기계에 의존해 삶에 필요한 피드백을 얻고 있다. 인류 역사상 최초로 우리는 자기 신체와 행동을 상세히 모니터하고 수면 시간부터 섭취 칼로리까지 모든 것을 추적하는 세대이다. 우리는 걸음 수와 심박 수, 소셜미디어 활동과 소비 습관을 추적할 수 있다. 심지어 얼마나 자주 스마트폰을 들여다보는지 알려주는 앱까지 존재한다. 불과 몇 년 전까지만 해도 전문가들이 맡아서 해줘야 했을 일이 이제는 센서 가격 하락 덕분에 얼마든지 자동으로 측정된다. 기술은 전지전능한 힘을 지닌 거울이 되고 있다.

이 새로운 피드백 세상은 한 개인의 영역에만 그치지 않는다. 인터넷 경매 사이트 이베이ebay 판매자들과 숙박 공유 사이트 에어비앤비airbnb 이용자들은 온라인상에 리뷰를 남긴다. 우버 고객과 운전자들, 교수와 학생들도 서로를 평가한다. 전 배우자나 애인까지도 평가 대상이 된다. 2013년 초에 서비스를 시작한 데이트 앱 룰루Lulu는 여성들이 데이트 상대였던 남성에 대해 익명으로 코멘트를 남길 수 있게 했다. 또한 자기가 아는 남자들의 매력이나 기벽을 남기도록 독려했다. #섹스후도망, #마마보이 같은 해시태그가 주종을 이루었다. 룰루는 피드백을 사적인 관계의 영역까지 확대하는 역할을 했다. 해당 남자의 이후 데이트 상대들이 그가 과거에 했던 행동을 미리 알게끔 해준 것이다.

앞으로 이 부에서는 이 새로운 디지털 정보의 영향력을 살펴보려 한다. 새로운 거울들은 우리가 자신과 세상에 대해 생각하는 방식을 어떻게 바꾸고 있을까? 피드백을 받는 것만으로 충분하다고 생각하면 좋겠지만 상황은 그렇지가 않다. 최근 연구들은 디지털 기기들이 제공하는 피드백이 유용하려면 일련의 행동 원칙을 따라 제시되어야 한다고 지적하고 있다. 이제부터 그 원칙들을 검토해보겠다. 화면에서 제공하는 피드백이 체중 감량, 소비 절제, 운동량 증가 등 긍정적인 행동 변화를 이끌어내려면 어떻게 해야 할까? 어떻게 해야 새로운 거울이 우리에게 더 유익한 것이 될까?

좋은 것이 너무 많아지면
어떻게 될까?

몇 년 전, 심리학자인 에이브러햄 클루거Avraham Kluger와 안젤로 드니시Angelo DeNisi는 한 가지 메타 분석 작업을 실시했다. 인간이 목표를 달성하는 과정에서 피드백이 개입하는 정도에 대한 연구물들을 검토하는 작업을 했다. 607종의 실험, 2만 3633개의 실험 관찰 자료가 검토 대상이 되었다. 이들은 전투기 조종사, 읽기를 배우는 어린이, 조립 라인에서 일하는 공장 노동자, 체중 감량을 위해 다이어트 하는 사람 들에 대한 피드백 또한 조사했다.

연구 결과가 어떻게 나왔을까? 평균적으로는 피드백이 목표 달성에 도움이 되었다. 하지만 38퍼센트의 경우에는 오히려 부정적으로 작용했다. 다이어트 하는 사람들은 체중이 늘었고 학생들은 학습에 어려움을 겪었으며 노동자들은 생산성이 떨어졌다. 효과적인 피드백을 제공하기가 얼마나 어려운지 다시금 보여주는 계기였다.

앞으로 살펴보겠지만 디지털 세상에서도 마찬가지 일이 벌어진다. 피드백 가운데 일부는 의욕을 북돋아주는 반면, 다른 일부는 오히려 의욕을 떨어뜨리기도 한다. 디지털 피드백이 주는 효과에 작용하는 변수는 무척 많지만 양이 가장 중요해 보인다. 피드백이 너무 적으면 학습 동기가 떨어진다. 자신이 제대로 하고 있는 것인지, 어떻게 해야 잘하는 것인지 알 수 없으면 나아지기 어렵다. 피드백이 너무 많아도 역시 문제이다. 이 경우 목표에 제대로 집중하기 어렵다. 유용한 정보를 포함해 모든 정보를 무시해버리기 때문이다. 이런 현상을 '뒤집힌 U자 곡선'이라 부른다. 아무리 좋은 것이라도 양이 너무 많아지면 어떻게 되는지를 잘 설명해주는 개념이다. x축의 피드백 양이 늘어날수록 그 피드백의 긍정적인 효과는 급격히 감소한다. 혜택이 비용으로 바뀌고 만다.

바람직한 방향부터 생각해보자. 디지털 피드백이 우리의 행동을 개선하는 경우 말이다. 대부분 이 피드백이 유익한 것은 디지털 세상이 열리면서 전에는 불가능했던 정보가 제공되기 때문이다. 뒤집힌 U자 곡선을 적용해보면 곡선의 왼쪽 끝, 그러니까 피드백이 없어 불만스러운 지점이 곧 과거 상태이다. 그러다가 새로운 정보가 제공되면서 의사 결정도 더 나아지게 된다.

■ 너무 많은 피드백이 야기하는 것

위의 상황을 설명하기 위해 디지털 세상 고유의 피드백이라 할 실시간 금융 정보를 예로 들어보자. 최근 몇 년 전까지만 해도 계좌 상황을 확인하려면 은행에 전화하거나 직접 가야만 했다. 신용카드나 투자 계좌도 마찬가지였다. 우편이나 메일로 월간 보고서를 받기 전, 통장으로 확인해보기 전까지는 자신이 얼마를 저축하거나 소비했는지 알 수 없었다. 하지만 스마트폰과 모바일 컴퓨팅이 등장하면서 모든 것이 바뀌었다. 대형 은행들은 하나같이 앱을 운영해 고객이 언제 어디서든 계좌 내역을 확인하도록 해준다.

이 새로운 형태의 피드백이 지닌 잠재적 시사점을 이해하기 위해 나는 UCLA 박사 과정 학생인 야론 레비Yaron Levi와 함께 '퍼스널 캐피탈Personal Capital'이라는 웹 사이트 사용자들을 조사하기로 했다. 이 사이트는 자신의 모든 계좌 정보를 한곳에서 연결해볼 수 있어 호평받고 있다. 투자 실적이나 소비 행동을 한눈에 볼 수 있게 정리해주는 '대시보드'라는 기능도 큰 인기를 누린다. 대시보드에서는 지출 내역을 항목별로 분류해 알려준다. 또한 언제 어디서나 이런 피드백에 접근이 가능하다. 야론과 나는 이 모든 금융 정보가 소비자의 구매 행동에 어떻게 영향을 미치는지 알고 싶었다.

우리는 퍼스널 캐피털의 모바일 앱이 출시된 직후 다운로드를 받은 사용자 집단에 초점을 맞추었다. 과거에 웹 사이트로 접속한 이력이 있는 대상자들이었으므로 앱 자체가 지출 습관에 미치는 영향을 살펴볼 수 있었다. 이때 우리는 앱 사용자들이 너무 많은 피드백을 받는다는 사실을 발견했다. 웹 사이트 사용자들은 월 평균 2.14회 대시보드를 확인했지만 앱 설치 후에는 12.47회로 크게 증가했다. 앱 설치 이후에도 웹 사이트 방문 횟수는 전과 동일했다. 사용자들에게 앱은 대체가 아닌 추가 기능이었다.

앱을 통한 새로운 피드백은 소비 행동에도 유의미한 영향을 미쳤다. 일반적인 앱 사용자의 경우 월 지출액이 15.7퍼센트 줄었다. 대부분 임의적인 항목, 예를 들어 외식비 같은 부분에서 지출이 감소했다. 이는 모바일로 금융 상황 확인이 가능한 소비자들이 큰 액수의 구매에 앞서 계좌를 점검한다는 최근 정부 조사 결과와도 일치한다. 이렇게 점검한 사람들 중 50퍼센트가 구매를 하지 않기로 결정했다. 즉 금융 관련 정보에 쉽게 접근하여 소비자들이 한 번에 모든 계좌를 확인할 수 있도록 한다면 보다 책임 있는 지출을 유도할 수 있다는 뜻이다.

이를 바탕으로 소비자들이 돈을 덜 지출하고 저축을 늘리도록 돕는 것도 가능하다. 하버드대 경제학자인 제임스 최James Choi가 이끄는 연구진은 미국인들의 저축 행동을 살폈다. 이때 자신의 저축이 너무 적다고 한 응답자 68퍼센트 중에서 401k 기업 연금 납입액을 늘린 사람은 불과 3퍼센트뿐이었다. 또 다른 연구에서는 은퇴 저축에 대한 한 시간짜리 세미나를 진행했고, 참석자들 중 401k 기업 연금에 가입하지 않은 사람 모두가 저축을 시작하겠다고 답했다. 그러나 세미나 후 실제로 연금에 가입한 비율은 14퍼센트에 머물렀다. 신규 가입자들이 6퍼센트 정도를 절약했다고 가정하면 많은 돈과 시간이 투자된 세미나가 전체 참석자들의 평균 저축률을 고작 1퍼센트(14퍼센트×6퍼센트) 늘린 셈이었다. 결국 세미나보다는 앱을 제공하는 편이 나았을 것이다.

제때 꼭 맞는 정보를 제공함으로써 소비를 급격히 낮출 수 있다는 우리의 연구 결과에는 아쉽게도 여러 한계가 있다. 우선 퍼스널 캐피탈 앱 설치 후 넉 달 동안의 데이터를 자료로 삼았으므로 효과가 지속되지 않고 끝나버렸을지도 모른다. 사용자들이 더 이상 계좌 확인을 하지 않고 과거의 소비 습관으로 되돌아갔을 가능성이 있다. 둘째, 퍼스널 캐피탈 사용자들은 상대적으로 젊고 부유하며 최신 기술에 익숙한 사람들이었다. 전체 인구 집단을 대상으로 할 때 어떤 결과가 나타날지는 후속 연구를 통한 확인이 필요하다.

그럼에도 우리 연구는 디지털 피드백의 영향력이 얼마나 클 수 있는지를 잘 보여주었다. 최소한 이러한 피드백이 뒤집힌 U자 곡선상에서 적합한 지점에 제시되는 경우라면 그렇다. 퍼스널 캐피털 앱 자체가 돈을 쓰지 말라든지, 얼마만큼 저축하라든지 하는 구체적인 지시를 하지는 않았지만 소비자들은 거기서 얻은 정보를 바탕으로 자신에게 필요한 행동을 추론해냈다. 가장 필요한 순간, 즉 구매 결정을 내리려는 순간에 필요한 정보를 접한 덕분에 스스로 어떻게 행동해야 할지 알았던 것이다. 때로는 타이밍이 전부이다.

시의적절한 피드백,
더 나은 의사 결정

더 큰 교훈도 있다. 과도한 소비 지출은 종종 자기 통제가 실패한 탓에 발생하는 문제로 정의된다. 소비자들이 구매를 포기하는 의지를 발휘하지 못하기 때문이다. 이러한 문제가 흔히 그렇듯(미국의 비만 문제는 온갖 사회적 노력에도 불구하고 계속 심각해지고 있다) 사람들은 쉬이 희망을 잃고 포기해버린다. 하지만 퍼스널 캐피털 연구는 변화가 가능하다는 점, 앱을 통한 단순한 피드백 제공이 자기 통제 능력을 크게 높일 수 있다는 점을 보여주었다.

피드백이 긍정적인 효과를 발휘한다는 또 다른 사례도 있다. 펜실베이니아대학의 심리학자 필립 테틀록Phillip Tetlock이 진행한 연구이다. 테틀록은 전문가 예측에 대한 연구로 유명해진 학자이다. 그는 수십 년 전 '정치·경제 경향에 대한 조언'을 직업으로 하는 280명 이상의 전문가에 대한 추적 조사를 시작했다. 정치학자, 경제학자, 신문기자, 정보기관 분석관 등이 조사 대상에 포함되었다. 몇 달에 한 번씩 테틀록은 전문가들에게 다양한 미래 사건을 예측하도록 했다. 언제 물가가 상승할지, 다음 대통령 선거에서 누가 당선될지, 퀘벡이 캐나다에서 분리 독립하게 될지 등등. 그리고 약 2만 7500개 예측 질문에 대한 답변들을 정량화하여 분석했다.

데이터 정리가 끝나면서 이들 전문가 답변의 대부분이 무작위 확률에 불과하다는 사실이 드러났다. 예측이 실패한 원인을 간단히 설명하기는 어렵다. 전문가들의 과도한 자신감, 오직 한 가지 미래만 제시하려는 경향 등 여러 인지적 요소가 존재한다. 이들은 모순되는 여러 정황을 고려하는 대신 '변수를 최소화하는 단순한 분석을 선호했다'고 한다. 더 큰 문제는 과거의 예측을 고려하고 실패에서 교훈을 얻으려 하지 않는다는 점이었다. 어떻게 더 잘 예측할 수 있을지를 학습하지 않는 상황에서 예측의 정확성은 한심한 수준으로 떨어질 수밖에 없었다.

■
자신감 과도한 전문가들의 세상에서 거울의 역할

하지만 실망하긴 아직 이르다. 테틀록의 최신 연구에서 제대로 피드백을 받을 경우 예측력이 크게 개선된다는 점이 드러났다. 전

능해질 수는 없지만 최소한 자신이 무엇을 알고 무엇을 모르는지
는 구분 가능해진다는 것이다. 미국 정보고등연구기획청IARPA의 지
원을 받아 장기간 수행된 연구에서 테틀록과 동료들은 몇천 명의
자원 참여자들을 대상으로 피드백을 통해 예측 정확도가 높아질
수 있는지 살폈다(자원 참여의 자격 조건은 학사 학위뿐이었다).

가장 좋은 실적을 보인 참여자들을 선정한 후(이들은 과거 연구 대
상이었던 전문가들과 달리 편견에 덜 사로잡혀 있었다), 테틀록은 이들
에게 시리아 무기 감찰부터 베네수엘라 가스 보조금에 이르기까지
다양한 현안과 관련해 예측을 하도록 했다. 아마추어인 참여자들
은 예측의 성패와 관련해 여러 피드백을 받았고 보편적인 인지 오
류를 피하는 방법도 학습했다. 3년이 지나자 놀라운 결과가 나오기
시작했다. 이들 가운데 소위 전문가들이나 알고리즘이 내놓는 예측
에 비해 35~65퍼센트나 높은 정확성을 보이는 참여자들이 등장한
것이다. 보안 정보에 접근 가능한 CIA 정보 분석관들보다도 적중
률이 더 높을 정도였다.

테틀록의 연구는 효과적인 피드백이 효과적인 사고의 핵심 요소
임을 보여준다. 예측을 잘하려면 '결과와 관련된 학습 구조', 즉 자
기 예측의 정확성에 대해 지속적으로 확인하는 방법이 가장 효과
적이라는 것이다. 테틀록은 전문가 대상 연구와 비교해 아마추어
참여자들의 예측도가 높았던 이유 중 하나로 이들이 시간적으로
가까운 사건을 예측했고 따라서 시의적절한 피드백이 가능했다는
점을 들었다. 디지털 세상에서는 피드백의 구조가 한층 정교화된

다. 예측 결과에 대한 추적은 물론이고 즉각적인 피드백이 가능하므로 학습 잠재력을 극대화시킬 수 있다. 아날로그 세상에서 예측 결과를 지속적으로 추적하지 못하고 따라서 예측이 틀리더라도 개의치 않는 경향이 생겨나는 것과는 퍽 대조적이다.

테틀록은 인간의 예측을 자동적으로 기록하고 추적하는 온라인 시스템 개발을 제안하기도 했다. 예측가들의 정확도를 계속 집계하다 보면 특정 정책을 둘러싸고 논쟁을 벌이는 양측이 각자의 방식으로 접근할 경우 결과를 사전에 정확히 예측할 수 있고, 어떤 조건하에서는 문제가 있음을 인정하는 것도 가능해지기 때문이다.

테틀록에 따르면 이러한 피드백 메커니즘은 공적 토론에서 흔히 벌어지는 '신호 대 잡음비signal to noise ratio(의사소통의 순도를 측정하는 단위로서 유용한 정보인 신호가 잡음의 방해를 받는 것을 가리킨다)' 문제를 개선하고 학술적 논쟁을 정교화하는 등 크나큰 도움을 줄 것이라고 한다. '최소한 우리의 예측과 기대가 얼마나 자주 어긋나는지는 드러나게 된다'는 것이다. 자신감 과도한 전문가들이 가득한 세상에서 새로운 거울은 겸손함을 가르치는 최선의 방법인지도 모른다.

비이성적인 과열은
화면 앞에서 더 빨라진다

무조건 피드백이 많을수록 좋다면, 우리 자신에 대해 모든 것을 알려주는 스마트 센서가 정말로 모든 질병을 치료해준다면 이상적이리라. 하지만 현실은 그렇지 않다. 화면이라는 디지털 시대의 거울이 모든 것을 해결하지는 못한다. 피드백이 너무 많은 경우(사람들을 뒤집힌 U자 곡선의 오른쪽 끝으로 너무 몰아붙이면) 피드백이 아예 없는 것보다 더 나쁠 수도 있다. 디지털 세계에서의 새로운 정보 제공은 변화의 첫걸음에 불과하다. 사용자들이 여기에 어떻게 반응할 것인지 파악하는 일이 훨씬 더 중요하다.

투자 결정과 관련된 피드백을 예로 들어보자. 퍼스널 캐피털의 모바일 앱은 소비자들의 지출을 억제하는 데 도움이 되었지만 투자 관련 피드백은 그렇지 않다. 내가 리처드 탈러와 함께 진행한 연구를 보면, 투자와 관련되어 너무 많은 피드백이 주어질 경우 도리어 '근시안적 손실 회피'라 불리는 오류가 발생했다. 이는 투자자들이 장기 투자 계획을 유지해야 할 때조차도 단기적 손실을 바탕으로 의사 결정을 내리는 상황을 말한다.

S&P 500 지수 투자 실적을 확인한다고 해보자. 하루에 한 번씩 확인한다면 지수가 떨어져 있을 확률이 대략 47퍼센트이다. 한 달에 한 번씩 확인한다면 상황이 약간 더 좋아져 하락해 있을 확률이 41퍼센트로 줄어든다. 1년에 한 번이라면 한층 더 좋다. 10년 단위로 볼 때 7년 정도는 지수가 상승하니 말이다. 10년에 한 번씩 본다면 나쁜 소식을 들을 확률은 겨우 15퍼센트에 그친다.

이런 확률이 왜 중요하냐고? 투자자가 손실을 경험하는 경우(즉 자기가 투자한 돈이 줄어들고 있다는 것을 확인하는 경우) 자칫 성급한 선택을 내릴 수 있기 때문이다. 리처드 탈러와 심리학자 아모스 트베르스키Amos Tversky, 대니얼 카너먼Daniel Kahneman, 앨런 슈워츠Alan Schwartz가 실시한 실험실 연구를 보자. 피험자에게 피드백이 자주 주어질수록 채권형 펀드에 투자할 가능성이 높아졌다. 채권형 펀드는 위험도가 낮지만 수익률 또한 매우 낮다. 게다가 이 연구에서 실적 피드백을 자주 받은 투자자는 최악의 투자 결정을 자주 내렸다. 정보가 많을수록 늘 더 좋은 것은 아닌 셈이다. 전체 수익을 놓고 볼 때 피드백 데이터가 가장 많았던 피험자들의 성과가 가장 낮았다. 손실 회피의 악순환이 나타난 것이다. 잃기 싫은 마음이 결국 더 많이 잃게끔 만든다.

■ 더 스마트하게 위험부담을 감수한다?

다시 디지털 세상으로 돌아와보자. 네트워크 장치가 일반화되면서 앞으로 대부분의 사람들이 더 자주 투자 포트폴리오를 확인하게 될 것이다(아이폰이나 애플 워치에 이미 설치되어 있는 애플 주식 앱은 지우기도 쉽지 않다). 시간이 가면서 과도한 피드백은 우리를 근시안적 손실 회피 성향으로 끌고 갈 가능성이 크다. S&P 500 지수 사례에서 보았듯 더 자주 확인할수록 나쁜 소식을 들을 확률 또한 높아지니 말이다. 그 결과 투자 행동의 시간 간격이 점점 짧아진다.

이는 분명 무서운 일이다. 30년 투자 상품인 401k 기업 연금에 가입했다면 한 20년 동안은 은퇴 계획이 없다는 뜻이고 강박적으로 모니터에 매달려 단기 손실을 확인할 필요가 없다. 그런데 자주 확인하다 보면 투자가 지나치게 보수화된다. 리처드 탈러와 내가 진행한 연구에서 일반적인 투자자는 1년 단위로 해당 투자 상품을 처분해야 한다는 듯 행동했고 그리하여 주식에는 너무 적게, 채권에는 너무 많이 투자하는 경향을 보였다.

하지만 이 연구는 벌써 20년 전의 것이다. 우리는 골드만삭스 Goldman Sachs가 아이폰 앱을 만들기 훨씬 전에, 사람들이 엄지손가락 몇 번 움직여 투자 상품을 사고팔기 훨씬 전에 연구를 수행했다. 나는 투자 피드백이 너무 잦아지면서 우리가 뒤집힌 U자 곡선의 오른쪽 끝에 놓여버린 것은 아닌지 우려하고 있다. 투자 행동의 시간 간격은 한층 짧아지고 투자 실적 또한 점점 나빠지는 것이다. 근시 안적 손실 회피는 온라인 세상에서 한층 증폭되는 행동 원칙일지 모른다. 물론 주식 시장의 미래를 예측하는 것은 내 능력 밖이다. 앞으로 시장에서 어떤 일이 일어날지는 알 수 없다. 하지만 피드백을 넘치도록 많이 받는 투자자들이라면 얼마 지나지 않아 채권 보유조차 꺼릴지 모른다는 걱정이 든다. 채권도 때로는 하락하기 때문이다. 그럼 남은 것은 현금 보유뿐이다.

새로운 디지털 정보는 시장에서 일어나는 버블 현상에 지나치게 민감하게끔 만들어 도리어 투자 결정에 해를 입힐 수도 있다. 인지 신경과학자 베네데토 데 마르티노Benedetto de Martino의 최근 실험을 보자. 그는 실험에서 캘리포니아공과대학 학생들을 대상으로 버블 시장, 즉 자산 가치가 실제보다 훨씬 높아진 상황에 투자하고 싶은지 물었다(주식 가치는 미래 배당금 지불을 바탕으로 했다). 흥미로운 내용은 이제부터이다. 피험자들은 다른 사람들의 행동에 맞춰가려는 성향을 보이며(이는 표준 행동 과업과 두뇌 이미지로 측정되었다) 투기적인 버블 시장에 투자하는 데 동참했다.

연구자들 중 한 명인 콜린 캐머러Colin Camerer는 2013년 어느 인터뷰에서 이렇게 말했다. "일상적인 만남이나 특정 직업군에서는 이런 식의 동조가 개인에게 유익하게 작용합니다. 하지만 가격이 감당 못할 정도로 치솟는 시장에서 사람들은 자신이 그 시장을 파악

온라인 소비자,
무엇을 사고 무엇을 사지 않는가

할 수 있고 제대로 사고팔 수 있다는 착각을 하게 됩니다. 이것이 결국 버블 현상을 만들고 돈을 잃는 결과를 낳습니다."

버블 현상은 눈먼 돈이 만든다는 것이 경제학계의 오랜 가정이지만 투기적 투자에 관련된 정보를 갖지 못한 투자자들 역시 중요한 요인이다. 그리하여 과도한 피드백이 버블 현상을 가속화시킨다는 가능성이 제기되는 것이다. 버지니아공과대학의 테리 로렌츠 Terry Lohrenz, 메가나 바트Meghana Bhatt 및 동료들이 진행한 실험에서도 같은 결과가 나왔다. 피험자들이 공동 투자 게임을 벌이도록 하자 모두들 자연스럽게 서로를 따라 하기 시작한 것이다. 심지어 절벽에서 뛰어내리는 상황이라는 것이 분명해진 시점에도 말이다(연구진은 1986년 니케이 사태 등 실제 역사 속의 버블 현상과 관련된 자료를 사용했다). 비이성적으로 과열되는 성향에는 전염성이 있고 그 전염성은 화면 앞에서 한층 빠른 속도로 확산된다.

버블 현상이 터진 후에도 비슷한 문제가 존재한다. 또다시 심각한 시장 조정 상황이 닥친다고 상상해보자. 수천만 투자자들이 스마트폰이나 태블릿을 통해 자기 돈이 말끔히 증발되는 것을 지켜본다. 그런 상황에서 침착하기란 거의 불가능하다. 장기적 관점에서 수익을 생각하기란 더욱 어렵다. 폭락 상황에서는 일반 투자자들이 피드백을 덜 받는 편이 좋다는 이유가 여기 있다. 충동적인 매도 등 상황에 휩쓸려 나중에 후회하게 될 행동을 벌이기 전에 자제할 수 있기 때문이다.

게다가 디지털 장치는 과도한 피드백이 야기한 그릇된 본능을 한층 쉽게 행동에 옮기도록 한다. 20년 전까지만 해도 매매 주문을 내려면 거래인에게 전화를 해야 했다. 행여나 버블 현상 도중에 부적절한 의사 결정을 내릴 경우 거래인이 설득해 막을 수 있었다. 하지만 이제는 스마트폰을 몇 번 두드리는 것만으로 모든 거래가 이루어진다. 충분히 검토하기도 전에 의사 결정을 내려버리는 일이 비일비재하다.

이상의 투자 실험 두 가지는 디지털 세계의 피드백이 '인간'이라는 맥락 위에 존재한다는 점을 상기시킨다. 추가적인 금융 정보가 아무리 좋은 의도에서 제공되었다 해도 사전에 투자자들의 반응을 반드시 고려해야 한다. 경제학자 마야 샤튼Maya Shaton의 현실 실험 결과를 보자. 2010년 1월 1일 이스라엘 정부는 투자자들에게 제공되는 은퇴 연금 계좌 정보와 관련해 법규를 약간 바꾸었다. 전에는 계좌 수익이 월 단위로 제시되었고, 투자자들은 직전 30일 동안의 자기 투자액 상태를 확인할 수 있었다. 새로운 법규는 1년 이하 기간을 대상으로 수익을 검토하지 못하도록 금지했다. 투자자들이 원하는 경우라면 단기 수익을 알 수 있지만 그 과정이 간단치 않다. 대부분의 사람들은 그런 귀찮음을 감수하지 않는 법이다.

이 법규는 사람들의 투자 의사 결정에 광범위하고 긍정적인 영향을 미쳤다. 샤튼이 모은 데이터에 따르면 각 가정이 받는 피드백 횟수가 줄어들면서 투자 기간이 길어지고 더 나은 투자 결정이 이뤄졌다. 충동적인 거래 횟수가 줄었고(이는 장기 투자에 특히 현명한 접근법이다) 더 스마트하게 위험부담을 감수하는 듯했다.

대중의 기호가 통일되는 것의 문제

금융 이외의 분야에서도 같은 논리가 적용된다. 사회심리학자 솔로몬 애쉬Solomon Asch의 고전적 연구를 보면 우리에게는 남들과 똑같이 하고 싶다는 강력한 성향이 존재하며 이는 남들이 명백히 틀린 경우라 해도 마찬가지라고 한다. 애쉬가 진행한 어느 연구에서 다른 사람들의 오답을 접한 피험자들은 그 답이 틀렸다는 것을 알면서도 그저 대다수 무리에 속하고 싶어 자기가 생각했던 답을 포기했다. 화면 위의 피드백 과잉 현상을 보면서(페이스북 포스팅 하나에 달리는 댓글이 얼마나 많은지 생각해보라) 나는 동조성 또한 화면 앞에서 증폭되어 부정적인 결과를 낳는 또 하나의 심리적 특성이 아닐까 생각하게 된다. 우리가 대중으로부터 받는 영향을 거부하기는 어렵다. 혼자 있을 때조차도 우리는 남들의 의견부터 구하는 습관에서 완전히 벗어나지 못한다.

스위스 연구자들의 최근 연구에서는 소셜미디어상에서 친구들이 주는 피드백의 영향력이 다뤄졌다. 생갈렌대학의 심리학자 크리스찬 힐데브란트Christian Hildebrand는 나이키나 레고 등의 쇼핑 웹 사이트에서 고객들이 구입한 맞춤형 디자인 제품을 페이스북, 트위터Twitter, 인스타그램 등을 통해 공유하도록 한다는 데 주목했다(이렇게 공유하는 고객에게 쿠폰이나 다른 보상이 제공되는 일이 많다). 힐데브란트는 이런 공유가 소비자의 선택이나 만족도에 어떻게 영향을 주는지 궁금했다. 친구나 낯선 이들로부터의 피드백이 구매 만족도를 더 높여주는 것일까? 그보다는 새로 장만한 운동화나 장난감이 주는 만족감이 훨씬 크지 않을까?

그렇지 않았다. 자동차 업체와 공동 진행한 연구에서 힐데브란트는 소셜미디어상의 피드백이 자동차 선택에 영향을 미친다는 점을 발견했다. 남들의 조언을 들은 고객들은 튀지 않는 색의 자동차를 고르는 경향이 있었다. 가령 밝은 노란색 스포츠카 대신 회색 세단을 선택하는 것이다.

이렇게 대중의 기호가 통일되는 것에는 실제로 비용이 따른다. 구매에 대해 친구들로부터 받는 피드백은 몇 개 안 되더라도 그 영향력이 엄청날 수 있다. 힐데브란트는 두 번째 실험에서 피험자들이 온라인에서 직접 보석을 디자인하고 결과물을 남들과 공유하도록 했다. 1000명 이상의 여성 피험자들이 귀걸이 한 쌍을 만들었고 모르는 이들로부터 피드백을 받았다. 많은 여성들은 피드백을 받은 대로 디자인을 수정하는 경향을 보였다. 그런데 이렇게 수정된 디자인은 결국 본인에게 만족스럽지 않은 결과물이 되었다.

후속 연구에서 피험자들은 직접 만들었던 귀걸이를 되팔라는 제안을 받았다. 피드백을 받았던 여성들은 그렇지 않았던 경우에 비해 실제로 귀걸이를 착용한 비율이 절반 정도였고, 귀걸이 값도 피드백을 받지 않은 경우의 절반 수준인 14스위스프랑(약 1만 5000원)을 요구했다. 힐데브란트와 동료들은 이 결과에 대해 '피드백이 창조성을 손상시키고 개성을 잃게 하며 고객 만족도를 줄인다는 점을 보여준다'라고 썼다.

이런 연구 결과에도 불구하고 여전히 많은 기업들은 고객이 소셜 미디어를 통해 구매 사실을 공유하도록 유도한다. 이때 문제는 공유받은 사람들이 내가 구매한 물건에 대해 자기 생각을 전달한다는 데 있다. 이런 피드백은 우리를 더 똑똑하게 만들지도, 더 좋은 의사 결정을 내리도록 도와주지도 못한다. 이미 구매한 물건에 불만만 갖게 할 뿐이다. 모든 벽에 거울이 필요한 것은 아니다.

화면의 익명성이
불러오는 것들

학자들이 두려워하는 전화가 있다. 바로 학술지 편집자가 논문 심사를 부탁하는 전화이다. 학문 발전을 위해 동료의 평가가 꼭 필요한 것은 분명하지만 평가자 입장에서는 막상 심사하려면 시간이 많이 들고 보수도 없다. 그러나 매번 친분 있는 사람이 직접 전화를 걸어 부탁해왔던 탓에 나는 지금껏 심사를 거절하지 못했다.

최근에는 상황이 많이 달라졌다. 대부분의 학술지가 전화 대신 이메일을 보내 심사 허락을 구한다. 처음에는 이런 시스템이 무척 효율적으로 보였다. 이메일 발송은 전화 통화보다 신속하다. 한 번 써둔 심사 요청 이메일을 반복하여 사용할 수도 있다. 하지만 이메일은 거절당하는 경우가 훨씬 많다. 나만 해도 그렇다. 잘 아는 편집자와 통화하며 심사를 거절하려면 죄책감이 크지만 메일에서 '거절' 버튼을 누르는 것은 감정적으로 훨씬 편하다. 내 문제만도 아니다. 학술지 편집자들과 이야기를 나눠보면 새로운 이메일 시스템이 도입된 후 심사를 거절하는 경우가 급격히 늘었다고 한다. 이는 학문 공동체에 큰 문제가 될 수 있다.

학술지 편집자들은 인간 혹은 화면 가운데 어떤 매체로 요청하느냐에 따라서 완전히 다른 반응을 이끌어낸다는 교훈을 배운 셈이다. 친구가 내게 어떤 책을 읽어보라며 권하면 나는 고맙다고 인사를 한다. 설사 그 책에 별 흥미가 없다 해도 말이다. 하지만 아마존이 책을 권하면 나는 기계 따위가 뭘 아느냐고 투덜거리면서 그 책을 절대 선택하지 않을 것이다. 상대는 상처받을 일 없는 기계일 뿐이니 거리낄 것이 무엇인가. 지인으로부터 저녁식사 초대를 받았을 때는 음식이 마음에 들지 않아도 절대 그렇게 말하지 않는다. 그러나 식당 리뷰 사이트에 들어가면 냉혹한 평가가 가득하다. 평소 참았던 분노를 화면에 다 쏟아내기라도 하는 것처럼 말이다.

이러한 행동 차이는 화면의 본성에 기인한다. 컴퓨터는 사용자로 하여금 익명성을 느끼게 한다. 다른 사람이 제공하는 피드백이라면 신경이 쓰이지만 기계는 다르다. 0과 1로 이루어진 코드로 움직이는 마이크로칩과 전선 덩어리일 뿐이니까. 그 결과 우리는 화면에서 제공받는 피드백에는 관심을 덜 두게 된다. 비인간적인 존재라는 본성이 그 조언을 무시하게 만들어버리는 것이다.

■ 사람은 화면과 소통할 때 더 솔직하다

이런 익명성은 양방향으로 작용한다. 때로는 긍정적이고 때로는 부정적이다. 우선 긍정적인 면부터 살펴보자. 사람들은 사람보다 화면과 상호작용할 때 더욱 솔직하다. 각종 리뷰 사이트의 부정적인 평가도 이를 증명한다. 이런 현상을 '탈脫억제disinhibition 효과'라 부르는데, 기술의 발전으로 한층 촉진되고 있다.

웨스트잉글랜드대학의 심리학자 애덤 조인슨Adam Joinson에 따르면 화면은 타인에게 평가받을 때의 불안감이나 자의식을 없애기 때문에 탈억제를 유발한다고 한다. 그는 소셜미디어상에서 사람들이 일상에 대한 소회나 감상을 솔직하게 털어놓는 것부터 인터넷 포르노에 이르기까지 다양한 온라인 탈억제 사례들을 제시한다. 이를테면 학생들이 글쓰기 과제에 대한 피드백을 받을 때도 비슷한 현상이 나타난다. 컴퓨터의 피드백을 받은 학생들은 교수자의 피드백을 받을 때보다 더 많이 수정하고 고쳐 쓰는 모습을 보인다. 컴퓨터의 비판에는 위협을 느끼거나 모욕감을 느끼지 않으므로 방어 의식 없이 자기 실수를 돌이켜볼 수 있기 때문이다. 이는 퇴고 단계에서 꼭 필요한 과정이다.

무엇보다 의료 현장에서 탈억제 효과의 가장 중요한 성과가 나타난다. '컴퓨터 보조 자기 인터뷰', 즉 컴퓨터 화면으로 건강 상태에 대한 질문에 답하는 경우 사람들은 의사를 직접 만나는 경우에 비해 평소의 건강 문제나 약물 사용 문제를 더 솔직하게 털어놓았다.

성관계 파트너 수를 묻는 질문에 남자들은 더 적게, 여자들은 더 많이 답변하기도 했다. 이는 성관계 파트너 수 진술에서 오래전부터 인식되었던 남녀 차이를 교정하는 기회가 되었다.

미시건대학의 인지심리학자 프레드 콘래드Fred Conrad의 연구도 흥미롭다. 몇 년 전 그는 사람들이 간호사나 의사의 개입 없이 화면 앞에서 음주 습관에 대한 질문을 받을 경우 어떻게 답할지 확인하고자 실험을 진행했다. 그는 아이폰 사용자 600명을 모아 얼마나 자주 폭음을 하는지 질문했다. 한 집단은 사람 목소리를 듣고 답했고 다른 집단은 문자 메시지를 받고 답했다. 그 결과 분명한 차이가 나타났다. 문자로 답변하는 경우 지난 30일 동안 폭음한 적이 있다고 인정한 이들이 30퍼센트 이상 많았다. 의료 전문가에게는 선뜻 하지 않을 이야기를 익명의 기계에게는 털어놓는다는 뜻이다.

이런 결과는 응용할 만한 가치가 크다. 음주 문제를 예로 들어보자. 미국 질병통제센터의 맨디 스테어Mandy Stahre와 동료들이 진행한 연구에 따르면 과도한 음주는 미국 생산 연령 인구의 잠재적 수명을 약 30년 줄이며 사망 원인의 약 10퍼센트를 차지한다고 한다. 비용 문제 역시 엄청나다. 음주로 인해 미국에서 발생하는 비용이 연간 2000억 달러에 달한다는 것이 질병통제센터의 추산이다.

우리 건강을 위협하는 이런 문제를 어떻게 해결해야 할까? 첫 번째 난관은 문제를 지닌 사람이 누구인지 찾아내는 것이다. 듀크대학교의 공공 정책 교수 필립 쿡Philip Cook은 상위 10퍼센트의 애주가들이 한 해 동안의 총 음주량 가운데 절반 이상을 마신다는 점을 지적한다(이렇게 폭음하는 사람들은 한 주에 평균 70잔 이상을 마시는데 이는 매일 포도주 두 병 혹은 맥주 열 캔을 마신다는 뜻이다). 하지만 이런 사람들은 자기가 얼마나 마시는지 솔직하게 털어놓지 않아 예방 조치를 취하기가 무척 어렵다. 그 결과 의사들은 상황이 너무 늦어버린 후, 심각한 피해가 나타난 후에야 개입하는 경우가 대부분이다.

바로 여기서 탈억제 효과가 유용하게 작용할 수 있다. 의사들 대신 컴퓨터가 음주 습관에 대해 질문을 던지도록 하는 것이다(의사들도 이런 방식을 환영한다. 환자들의 사생활 캐묻기가 결코 즐거운 일이 아니기 때문이다). 데이터에 따르면 이런 접근은 한층 솔직한 응답을 이끌어내고 이를 바탕으로 의사들은 의료적 처치를 가장 필요로 하는 환자를 가려낼 수 있다. 음주 문제뿐만이 아니다. 건강을 위협하는 다양한 행동을 밝혀내는 데 컴퓨터와의 질의응답이 유익한 역할을 했다. 예민한 이들에게는 인간과의 직접적인 피드백을 화면과 기계로 대체하는 쪽이 훨씬 도움이 되는 것이다.

■
사람은 화면과 소통할 때 더 무책임하다

디지털 장치가 일으키는 익명성은 우리를 더 솔직하게 만드는 한편, 더 나아가 무책임한 행동에 빠져들도록 한다. 특히 인터넷은 이런 행동의 부작용이 넘쳐나는 공간이다. 블로그 포스팅에 달리는 댓글 중 22퍼센트가 사회적 예의를 지키지 않은 것이라는 연구 결과가 이를 생생히 보여준다. 남들이 지켜보고 있는 상황이라면 절대 하지 않을 행동, 혹은 생판 처음 만나는 사람에게 '바보 멍청이'라고 욕하는 행동을 온라인에서는 서슴없이 하는 것이다.

온라인 세계에서 나타나는 익명성의 부정적인 면을 하나 더 보자. 무례한 댓글보다 한층 더 큰 의미를 지니는 문제이다. 최근 프랜차이즈 식당들은 화면 기반 메뉴를 도입해 종업원 대신 디지털 장비 앞에서 음식을 주문하도록 했다. 2014년, 칠리스Chili's와 애플비스Applebee's라는 프랜차이즈는 매장마다 15만 개에 달하는 주문용 태블릿을 설치했다고 발표했다. 또한 맥도날드는 고객들이 매장 방문 전에 앱으로 미리 주문하는 방식을 도입하기 위해 테스트 중이다. 식당 입장에서 이런 방식은 직원의 생산성을 높이고 판매 과정에서 오류 가능성을 최소화하여 분명히 이익이 된다.

하지만 화면이 중립적인 정보 전달자가 아니라는 점을 기억해야 한다. 화면은 우리가 메시지에 반응하는 방식을 바꾼다. 의도하지도, 예상하지도 못했던 파급 효과가 생겨나는 것이다. 음식 주문만 해도 그렇다. 맥도날드는 고객들이 직원 앞에서나 앱을 통해서나 동일하게 주문할 것으로 가정하고 있다. 하지만 그건 틀린 생각이다. 화면에서 음식을 주문할 때, 즉 인간의 피드백이라는 요소가 빠져버렸을 때 우리의 선택은 분명 달라지기 때문이다.

안타깝게도 그 변화의 방향은 건강에 해로운 쪽에 속한다. 경제학 및 마케팅 교수 애비 골드파브Avi Goldfarb, 라이언 맥데빗Ryan McDevitt, 샘프사 사밀라Sampsa Samila, 브라이언 실버먼Brian Silverman은 대형 프랜차이즈 피자가게에서 지난 4년 동안 이루어진 주문 16만 건을 분석했다. 연구 기간 도중 이 프랜차이즈가 온라인 주문 시스템을 도입했고 연구자들은 신기술 도입이 고객의 주문 방식을 어떻게 바꾸는지 현장에서 확인할 기회를 얻었다. 분석 결과, 온라인 고객들은 더 화려하고 값비싼 피자, 토핑이 33퍼센트 더 올라가고 칼로리는 6퍼센트 더 높은 피자를 주문했다. 예를 들어 페퍼로니 피자를 주문할 때에도 고객들은 베이컨을 네 배 추가하거나 파인애플 등 색다른 토핑을 선택했다(온라인 주문이 이루어지면서 베이컨 매출이 20퍼센트 올라갔다). 이런 색다른 주문은 분명 건강한 식습관과 거리가 있다. 베이컨으로 범벅된 피자가 입에는 잘 맞을지 몰라도 혈관에는 그렇지 않다.

어째서 사람들은 화면 앞에서 주문할 때 덜 건강한 음식을 선택할까? 골드파브와 동료들은 이 현상이 '온라인 탈억제 효과'에서 기인한다고 본다. 남들이 내 주문을 어떻게 볼지 걱정하지 않기 때문에 거리낌 없이 선택한다는 것이다. 학자들이 음식 섭취 상황을 관찰하고 있을 때 피험자들은 더 적은 칼로리를 섭취하고, 남들이 보는 곳에서는 접시에 음식을 자주 남긴다는 연구도 있다. 즉 피드백이 거의 없는 화면 앞, 판단을 내리지 않는 디지털 기기 앞에서 우리는 무책임하게 행동하는 것이다.

음식 주문만 그런 것은 아니다. 최근 몇 년 동안 화면의 익명성은 사람들이 소비하는 문화의 유형까지 바꾸고 있다.《그레이의 50가지 그림자Fifty Shades of Grey》는 에로틱한 로맨스 소설이다. 이 책은

2012년 출간 이후 3년이 채 안 되는 기간 동안 1억 부가 팔리는 기염을 토했다. 가학적 성관계가 묘사된 이 책이 그 정도로 인기를 끈 이유가 무엇일까? 기술이 상당히 큰 역할을 했다. 이 책의 매출이 최고를 기록했을 때 종이책보다 전자책이 여섯 배나 많이 팔렸다고 한다. 이유는 분명하다. 전자책 독자들은 서점 직원의 비웃음도, 낯선 이들 앞에서 책을 꺼내 읽는 부담도 감수할 필요가 없다. 자신이 무엇을 읽는지 아는 존재는 전자책 단말기뿐이기 때문이다.

이 로맨스 소설에 문제가 있다는 말은 결코 아니다. 다만 온라인에서 더 많은 선택이 이루어질수록 인간적인 피드백의 부재가 미칠 영향에 대해 생각할 필요가 있다는 뜻이다. 병원에서 자신의 음주 습관을 솔직하게 털어놓게 된다는 점은 긍정적이다. 하지만 기름진 베이컨으로 범벅된 피자를 먹고 싶다고 인정하게 되는 점은 부정적이다.

뒤집힌 U자 곡선에서
최적의 위치는 어디인가?

이 장을 집필하는 동안 나는 가족과 이스라엘에서 한 달간 머물렀다. 여행하기에 별로 좋은 시기는 아니었다. 도착 직후 가자 지구에서 이스라엘과 하마스의 무력 충돌이 발생했다. 매일 이스라엘로 열 발 이상의 미사일이 날아들었고 이스라엘 전투기들은 미사일 공장과 하마스 군사 지도자들을 공격하기 위해 출동했다. 여름 해안에서 느긋하게 휴가를 즐기려다 공습 사이렌을 듣고 대피소로 뛰어 들어가는 일이 하루가 멀다 하고 반복되었다.

나는 이스라엘에서 성장기를 보냈기 때문에 이런 상황이 낯설지 않았다. 하지만 새로운 기술 덕분에 익숙하던 일들이 무척 색다른 경험으로 바뀌었다(너무 한가한 소리라 생각하는가. 하지만 나는 진심으로 이스라엘과 팔레스타인의 평화를 바라고 기술 발전이 경제에 기여하기를 바라는 사람이다). 무엇보다 가장 큰 변화는 이스라엘 군이 사이렌을 듣지 못하는 이들을 위해 실시간 정보를 제공하는 스마트폰 앱 '적색 경보Red Alert'가 등장한 것이다. 대부분의 경우 이 앱은 사이렌보다 몇 초 앞서 울렸고 사람들이 서둘러 대피할 수 있도록 귀중한 시간을 벌어주었다. 2014년 그 위기의 여름에 이 앱은 100만 회 이상 다운로드되었다. 위험 지역 내에 거주하는 이스라엘 인구가 500만 명 안팎이니 거의 모든 가정에서 이 앱을 사용한다고 봐야 했다.

처음에는 적색 경보 앱이 구식 사이렌보다 훨씬 진보한 방식으로 여겨졌다. 미사일 공격 소식을 조금이라도 더 빨리 아는 건 누구에게나 반가운 일 아닌가? 하지만 시간이 흐르면서 앱이 제공하는 피드백의 효율성에 대해 점점 의문이 생겨났다. 앱이 도리어 스트레스를 한층 악화시킨다는 생각마저 들었다. 밤낮없이 부르르 진동하는 핸드폰을 손에 든 채 나는 아예 처음부터 앱을 다운로드하지 않는 편이 좋았겠다는 생각을 수없이 했다.

■
고품격 디지털 피드백을 위한 일곱 가지 원칙

적색 경보 앱은 새로운 디지털 피드백의 혜택과 피해를 동시에 보여주는 완벽한 사례이다. 생명을 구할 귀중한 몇 초의 여유를 주는 앱이지만 우리에게는 그 정보가 효과적인 동시에 인간 본성에 맞아야 한다는 확신 또한 필요하다. 부적절한 피드백은 픽셀이나 주파수의 낭비에만 그치지 않고 실질적으로 피해를 입힌다.

그렇다면 지금부터 효과적인 디지털 피드백이 되기 위한 일곱 가지 원칙을 살펴보겠다. 이 목록은 물론 후속 연구에 따라 수정 및 보완될 여지가 있다. 몇몇 원칙은 대피소에서 휴대폰을 들여다보면서 미사일이 언제 떨어질지 걱정하던 중에 깨달은 것임을 밝혀둔다.

Dosage(분량): 과도하지 않아야 한다

2014년 7월의 첫 열흘 동안 하마스는 1200기 이상의 미사일을 이스라엘 영공으로 발사했다. 그 대부분이 격추되거나 무인 지역으로 떨어졌다. 하지만 적색 경보 앱은 사용자 위치를 파악하는 기능이 없는 탓에 전국에 경보를 보냈다. 쉴 새 없이 울리는 스마트폰 덕분에 사람들은 집단적으로 불안과 공포에 시달렸다. 앱 사용자 한 명은 어느 신문과의 인터뷰에서 "미사일이 발사될 때마다 휴대폰이 난리를 쳐대니 돌아버릴 지경이더군요. 결국 앱을 삭제했습니다"라고 털어놓았다. 또 다른 사용자는 앱 때문에 공포에 질려 아무것도 할 수 없었다고 했다. "쉴 새 없이 경보가 울렸어요. 솔직히 1분에 한 번씩 전시 상황을 알고 싶지는 않아요."

나도 이런 불만에 공감한다. 그 어떤 미사일 공격도 놓쳐서는 안된다는 생각 때문에 앱 설계자들은 너무 많은 정보를 쏟아붓는 앱을 만들어냈다. 과도한 피드백은 뒤집힌 U자 곡선의 오른쪽으로 사용자를 몰아붙이고 정보는 결국 잡음으로 변질된다. 몇 걸음을 걷든 상관없이 늘 '더 많이 활동하라'고 조언하는 나이키 퓨얼 밴드도 마찬가지이다. 덕분에 나는 귀담아들어야 할 조언조차 몽땅 무시해버리게 되었다. 정보 과잉과 주의력 결핍의 시대에 우리는 무조건 더 많은 피드백이 주어지길, 삶의 모든 면에서 실시간으로 추적되길 원치 않는다. 우리는 효율적으로 정보를 제공하는 화면과 장비를 바란다.

I(대상): 상황에 최적화하라

적색 경보 앱의 사용자들은 미사일 경고 지역을 선택할 수 있다. 예를 들어 텔아비브 내에 거주한다면 인근 지역을 경보 대상 구역으로 설정해둘 수 있다. 하지만 위치 설정이 자동화되지 않는다는 점은 문제이다. 앱이 내 위치를 추적하지 못하기 때문에 내 위치가 바뀔 때마다 앱에 정보를 입력해야 한다. 하루 동안 텔아비브를 떠나 예루살렘에 간다면 직접 설정을 바꿔두지 않는 한 필요한 정보를 받을 수 없다.

이것은 앱의 효용성을 크게 축소한다. 디지털 기기가 제공하는 피드백의 최대 장점은 사용자 정보를 자동 반영해 관련 데이터만 전달하는 편리성이 아닌가(6부에서 이 문제를 좀 더 다룰 것이다). 야후Yahoo 기상 예보부터 내비게이션에 이르기까지 자동으로 사용자 위치를 추적하는 앱은 이미 충분히 넘쳐난다. 적색 경보 앱에도 얼마든지 이런 기능을 추가할 수 있을 것이다. 최고의 피드백은 사용의 편리성에서 비롯된다. 사용자가 자신이 주시당하고 있다는 것조차 잊어버릴 정도로 자연스러운 서비스가 필요하다.

Good(칭찬): 비판이 아닌 격려를 하라

디지털 피드백의 설계자들이 예외 없이 마주치는 흥미로운 문제가 있다. 바로 정보에 귀를 기울이지 않는 사람들의 심리를 다루는 것이다. 건강에 나쁜 음식을 즐겨 먹고 충분히 운동하지 않는 사람들에게 적당히 비판을 가해 상황을 일깨워야 할까? 아니면 방만한 생활을 하든 말든 눈을 감아야 할까? 대체 어느 정도로 솔직해져야 하는 것일까?

이 질문에 명료한 답은 없다. 아직까지는 그렇다. 학술 문헌들은 긍정적인 피드백의 중요성을 강조하는 편이다. 격려를 받아야 자신의 목표 달성 가능성을 믿을 수 있다는 이유 때문이다. 체중 감량이 가능하다고, 더 열심히 운동할 수 있다고, 절약할 방법을 찾을 수 있을 거라고 믿는 일은 중요하다(긍정적인 피드백은 자신감이 충분치 않은 초보자에게 특히 유익하다). 하지만 약간의 부정적인 피드백이 필요하다면, 더구나 이를 피할 수 없다면 제대로 된 방법을 쓰는 것이 중요하다. 특히 인간 마음의 성향과 특징을 반영한 디지털 피드백이여야 효과를 거둘 수 있다.

부정적인 피드백이 유용하려면 사람이 아닌 과업을 대상으로 삼아야 한다. 이 점이 가장 중요하다. 심장 수술의 신기술을 익히는 심장외과 의사 71명을 연구한 결과를 예로 들어보자. 학자들은 의

온라인 소비자,
무엇을 사고 무엇을 사지 않는가

사들이 어쩔 수 없는 실수와 실패에서 어떻게 학습하는지 알고 싶었다. 그 경험이 의사들을 더 나은 의사로 만들어 다음 수술의 성공률을 높일 것인가?

안타깝게도 그렇지 않았다. 실수는 교훈으로 작용하지 못했다. 의사들은 실수에서 배우는 대신 통제할 수 없는 외부 요소를 탓했고 결국 발전하지 못했다. 하지만 동시에 무척 흥미로운 사례도 나타났다. 동료가 새로운 수술에서 실패하는 모습을 지켜본 의사들의 경우, 성공률이 대폭 높아졌던 것이다. 즉 남들의 실수는 교훈으로 받아들이지만 자신의 실수에서는 학습하지 못한 셈이다.

이는 디지털 피드백에도 시사하는 바가 많다. 방어적인 사람들이 실수 이후에 어떻게 행동하는지, 우리가 책임지는 일을 얼마나 두려워하는지 보여주기 때문이다. 부정적인 피드백을 가능한 한 부드럽게, 미래 지향적으로 해야 하는 이유도 여기 있다. 목적은 비난이 아니다. 다음번에 더 잘할 수 있도록 방향을 제시하는 것이다.

적색 경보 앱과 씨름하면서 나도 그런 생각을 했다. 시간이 가면서 나는 점차 그 불빛과 진동을 두려워하게 되었다. 앱은 오로지 나쁜 소식만, 하늘에서 미사일이 떨어진다는 소식만 전해주니 그럴 만했다. 부정적인 피드백과 긍정적인 피드백이 좀 더 균형 있게 존재했다면 훨씬 사용하기 좋았을 것이다.

그렇다면 긍정적인 피드백이 어떻게 가능할까? 공습 사이렌은 언제 대피소에서 나가도 안전한지 알려주지 않는다(미사일 파편은 몇 분 후에야 땅에 떨어질 수도 있다). 내가 앱을 설계한다면 언제 안전한지를 알려주는 기능도 추가할 것이다. 공습 뒤의 이 반가운 소식은 첫째, 대피소에서 너무 일찍 나오지 않도록 도와주고, 둘째, 감정을 정리할 기회를 주어 피드백이 야기한 만성적 불안을 줄이는 역할을 동시에 할 수 있다. 때때로 부정적인 피드백도 필요하다. 하지만 부정적인 피드백만 전달한다면 사람들은 곧 지긋지긋해하며 결국은 무시해버릴 것이다.

Intuitive(직관력): 감정을 건드려라

심리학자 폴 슬로빅Paul Slovic과 동료들은 2002년, 알려진 지 오래된 개념에 새로운 이름을 붙였다. 두뇌는 감정과 결부된 정보에 끌린다는, 좋든 나쁘든 무언가를 느끼게 하는 것에 우리의 주의력이 집중된다는 기존 개념에 '감정 체험affect heuristic'이라는 이름을 붙인 것이다. 이를 피드백과 연결시키면 어떨까? 감정과 결부된 피드백일수록 사용자에게 한층 잘 수용된다는 뜻이 된다(이를 통해 미래의 행동을 바꿀 가능성도 더욱 커진다).

칠리스 식당에서 나오는 양파 튀김 요리를 보자. 총 2710칼로리에 지방 203그램, 나트륨 6360밀리그램을 포함하여 세상에서 가장 건강에 나쁜 요리라 흔히 평가받지만, 메뉴판에 영양 정보를 표기한 후에도 변함없이 인기를 누리고 있다. 어떻게 이런 일이 벌어질까? 어째서 이로울 것 하나 없다는 점을 알면서도 사람들은 계속 양파 튀김을 주문할까?

심리학자 존 페인은 칼로리 등의 영양 정보가 소비자에게 아무런

온라인 소비자,
무엇을 사고 무엇을 사지 않는가

느낌을 전달하지 않기 때문이라고 설명한다. 수치는 감정적 반응과 관련이 없고 그만큼 쉽게 무시되고 만다. 패스트푸드점 메뉴판에 칼로리를 표시해도 별 효과가 없는 이유 역시 마찬가지이다. 하지만 좋거나 나쁘다는 느낌을 전달하기 시작하면 문제가 쉽게 해결된다. 양파 튀김을 먹은 후 그 칼로리를 다 소모하기 위해 아홉 시간을 걸어야 한다는 걸 안다면 주문하고 싶겠는가? 양파 튀김의 지방 함유량이 베이컨 50개와 맞먹는다는 것을 안다면? 아마 십중팔구 다른 메뉴를 선택할 것이다.

디지털 세상에서는 감정 체험이라는 원칙이 새로운 가능성으로 활용될 기회가 열린다. 예를 들어 약 먹을 시간을 알려주는 약병 뚜껑인 글로우캡GlowCap을 보자. 단순해 보이는 이 제품은 의사의 복약 지시를 제대로 따르지 않는 문제를 개선시킨다는 거창한 목표를 지니고 있다. 복약 지시 불이행은 심각한 문제이다. 만성 질환에 처방된 약을 제대로 먹는 환자는 전체의 절반에 불과하고 결국 이로 인한 의료 비용은 급격히 상승하고 있다. 병원 입원 환자의 10퍼센트는 복약 지시를 제대로 따르지 않아 증세가 악화된 경우라는 통계도 있다.

글로우캡의 작동 방식은 이렇다. 환자가 처방을 받으면 인터넷으로 연결된 플라스틱 약병 뚜껑이 자동으로 투약 지시를 내려 받는다. 고혈압 환자가 오전 7시 이후 하루 두 번 약을 먹어야 한다고 하자. 시계가 오전 7시를 가리키면 글로우캡이 오렌지색 불빛을 내기 시작한다. 몇 분 안에 약병이 열리지 않으면 진동한다. 시간이 흐르면서 진동의 강도는 점점 높아진다. 글로우캡은 두 시간 동안 작동하고 끝내 약병이 열리지 않으면 서버에 경보 메시지가 전달된다. 동시에 환자에게 자동으로 알림 이메일과 메시지가 발송된다.

경보 수준이 점점 높아지는 이런 체계는 꽤 효과적으로 보인다. 불빛, 진동, 긴급 문자 연락 등으로 감정적인 부담 수준이 높아지니 환자들이 반응을 보일 수밖에 없다. 비영리 건강 관리 업체 파트너스 헬스케어Partners Health Care와 하버드의대 연구진들이 진행한 실험에서 통제 집단인 고혈압 환자들은 지시받은 대로 복약한 확률이 절반 정도였던 반면, 글로우캡을 사용한 집단은 무려 98퍼센트에 달했다.

적색 경보 앱도 이렇게 경보 수준을 조정하는 방법에서 교훈을 얻을 수 있다. 매번 똑같이 강한 진동을 보내는 대신 미사일 공격의 위험도에 따라 경보 수준의 차이를 두는 것이다. 텔아비브에서는 경보 이후 대비할 수 있는 여유 시간이 90초지만 남쪽 아슈도드에서는 15초뿐일 수도 있다. 어떤 미사일은 정면으로 날아오지만 다른 미사일은 안전거리를 두고 떨어질 수 있다. 이런 변수들을 기준으로 긴급성을 판단해 그에 맞춘 경보를 내보낸다면 효과가 극대화된다. 만약 그렇다면 나도 앱이 발하는 경보 신호를 한층 진지하게 받아들일 것이다.

Timing(타이밍): 타이밍을 맞춰라

디지털 피드백의 디자인과 관련되어 변수가 워낙 많은 탓에 눈에

온라인 소비자,
무엇을 사고 무엇을 사지 않는가

잘 보이지 않는 한 가지 요소를 깜박 잊어버리기 쉽다. 바로 타이밍이다. 우리의 관심을 끌기 위해 경쟁하는 정보는 수없이 많지만 제때 도착하는 피드백만이 제대로 효과를 발휘할 수 있다. '적색 경보'를 예로 들어보자. 이 앱의 핵심은 신속성이다. 반드시 미사일이 떨어지기 전에 경보를 발해야 한다. 그 덕분에 역사상 처음으로 우리는 어떤 상황이 발생하자마자 지체 없이 피드백을 얻을 수 있게 되었다. 월간 거래 상황 보고, 미사일 발사 몇 시간 후의 뉴스 속보 등은 이미 지나간 시절의 이야기이다.

제대로 타이밍을 맞춘 피드백은 엄청난 효과를 발휘한다. 가령 금융을 주제로 하는 교육을 보자. 어떻게 지출하고 투자할 것인지 가르치는 강의는 그 효과가 형편없다. 24시간 집중 교육을 실시한다고 해도 지속적인 행동 변화를 끌어내기는 불가능하다. 반면 소비자가 중요한 의사 결정을 내리려는 순간 전달되는 교육은 대단히 유익하다. 적어도 퍼스널 캐피탈에 대한 현장 연구에서 얻어진 결론은 그렇다.

연방 준비위의 조사를 보면 소비자들은 금융 관련 피드백을 얻기 위해 디지털 장비를 자주 사용하는 것으로 나타났다. 이러한 피드백은 분수 넘치는 구매를 자제하여 스스로 지출을 통제하는 데 도움을 준다. 직관력을 발휘한 퍼스널 캐피탈의 디자인이 충분히 유효하다면 결국 최대의 관건은 타이밍이다. 피드백이 사람들의 행동을 바꿀 수 있는 최적의 타이밍은 그리 긴 시간이 아니다. 가장 필요한 시점에 주어지지 않는다면 피드백은 제대로 작동하지 못한다.

Actionable(실행 가능성): 행동 계획과 결합시켜라

지금까지 적색 경보 앱에 대해 여러 비판을 했다. 하지만 처음 만들어진 앱인 만큼 개선 가능성은 충분하다. 실제로 이스라엘 정부는 최근 미사일 경보뿐 아니라 적의 공격 시 각 개인의 행동 요령까지 제공하는 앱을 개발하고 있다고 밝혔다. 낯선 곳을 걷다가 사이렌 소리를 들었다면 앱을 통해 가장 가까운 대피소가 어디 있는지 알 수 있다.

나는 이러한 변화가 커다란 진보라 생각한다. 피드백은 구체적으로 실행 가능한 지시와 함께 주어질 때 훨씬 효과적이기 때문이다. 노트르담대학의 정치학 교수 데이비드 니커슨David Nickerson이 최근 진행한 연구를 보자. 유권자들에게 전화를 걸어 투표를 독려하는 것은 투표율을 높이는 데 전혀 효과가 없었던 반면, 언제 어디서 투표를 할지 묻는 경우 투표율이 10퍼센트가량 높아졌다. 이 질문이 유권자로 하여금 투표 계획을 수립하도록 유도했기 때문이다(이 효과는 유권자 단독 가구에만 존재했다). 결국 일일이 전화를 거는 수고를 감수한다 해도 그저 독려하는 것만으로는 충분치 않다. 유권자들이 자신이 원하는 결과를 어떻게 얻을 수 있을지 생각하게 만드는 피드백이 중요한 것이다.

디지털 세상에서는 이런 접근이 훨씬 쉬워졌다. 이동 방향을 손으로 가리키거나 한 번에 하나씩 주의를 환기해야 하는 상황은 이미 지나갔다. 알고리즘만 훌륭하다면 A지점에서 B지점으로 이동할 방법을 찾으면서 현재 위치와 원하는 목표 장소가 얼마나 떨어져 있는지 알려줄 수 있다. 긴급한 상황에 가장 가까운 대피소를 안내하는 기능도 가능하다. 휴대전화가 주인의 점심시간이 언제인지 안다면 그동안 투표를 하도록 가장 가까운 장소를 알려줄 수도 있으리라.

Learning(학습): 증거를 수집하라

화면의 시대를 통해 우리는 우리 행동의 영향력을 학습하고 끊임없이 개선해나갈 수 있는, 전례 없이 귀중한 기회를 얻었다. 하지만 이 기회가 곧 성공을 보장하지는 않는다. 그러므로 디지털 피드백은 모두 철저히 연구되어야 한다.

우리는 뒤집힌 U자 곡선에서 최적의 위치가 어딘지 알아내야 한다. 실험을 통해 증거를 수집하며 가장 적절한 피드백의 강도와 유형을 찾아야 한다. 그리하여 이 새로운 거울의 디자인을 발전시켜야 한다. 우리의 피드백에 대한 피드백 또한 필요할 것이다.

디 지 털 설 계 자 에 게 던 지 는 질 문

단어의 첫 글자를 연결하는 것은 훌륭한 기억 압축 방식이다. 간단한 단서로 두 뇌가 복잡한 과정을 떠올리도록 돕는 것이다. 앞서 살펴본 훌륭한 피드백의 일곱 가지 행동 원칙을 머리글자 'DIGITAL' 순서로 정리해보았다.

Dosage(분량) - 과도하지 않아야 한다: 너무 많은 피드백을 주고 있지는 않나? 사용자에게 도리어 소음이 되지 않도록 하라.

I(대상) - 상황에 최적화하라: 사용자의 환경에 맞춤화하기 쉽도록 만들었나? 거 울을 보는 일은 결코 힘들지 않아야 한다.

Good(칭찬) - 비판이 아닌 격려를 하라: 피드백이 너무 부정적이지는 않은가? 만약 그렇다면 긍정적인 제안의 가능성을 찾아보라.

Intuitive(직관력) - 감정을 건드려라: 직관력의 이점을 활용하고 있는가? 사람들 은 감정을 건드리는 정보에 직관적으로 끌리게 되어 있다.

Timing(타이밍) - 타이밍을 맞춰라: 사용자에게 최적의 순간에 피드백을 주고 있 는가?

Actionable(실행 가능성) - 행동 계획과 결합시켜라: 당신의 피드백에 어떻게 반 응해야 하는지 사람들이 알고 있는가? 문제 개선을 위한 구체적인 행동 계획이 제시되어 있는가?

Learning(학습) - 증거를 수집하라: 피드백의 결과를 측정하고 있는가? 사용자의 행동이 개선되었는가? 인간의 행동 변화를 시도할 때 개입되는 불확실성을 과소 평가하지 말라.

온라인 소비자,
무엇을 사고 무엇을 사지 않는가

5부

'바람직한 어려움'의
조건

화면 품질이 크게 개선되었음에도 화면 읽기가 여전히 어려운 이유는 무엇일까? 나는 여전히 화면 품질이 문제라고 본다. 지금은 LCD 화면이 읽기를 너무 쉽게 만들어놓았다. 너무 쉬우면 두뇌가 열심히 움직이지 않는다. 인지적 편리와 바람직한 어려움 사이, 속도에 대한 갈망과 늦춤의 혜택 사이에서 균형을 이루는 것이 중요하다.

화면으로 읽는 것은
왜 여전히 힘들까?

컴퓨터 시대의 여명기였던 1985년, 심리학자 수전 벨모어Susan Belmore는 켄터키대학 학생 20명에게 간단한 실험을 실시했다. 짧은 지문을 여덟 개 읽고 난 뒤 그 내용에 대한 질문에 답하는 실험이었다. 지문 여덟 개 중 네 개는 서면으로(행간 여백은 없고 한 줄에 48글자가 들어가는 흰 종이), 나머지 네 개는 애플Ⅱ 플러스 48k 컴퓨터(당시 애플 사에서 출시한 두 번째 PC)의 화면으로 제시되었다. 벨모어는 화면으로 글을 읽는 것이 읽기 속도와 이해 정도에 영향을 미칠지 알아보고자 했다.

그런데 컴퓨터 기술 신봉자에게 몹시 실망스러운 결과가 나왔다.

분석 결과, 컴퓨터 화면에서 글을 읽는 것은 서면으로 읽는 것과 달랐다. 평균적으로 읽기 시간은 12퍼센트 더 걸렸고 이해 정도는 47퍼센트 뒤떨어졌던 것이다. 다시 말해 화면으로 읽을 때 시간이 더 오래 걸리지만 그렇게 읽은 내용의 대략 절반 정도를 기억하는 데 그친다는 의미이다.

왜 이런 결과가 나타났을까? 벨모어는 피험자들이 화면이나 기계를 사용해본 경험이 부족하다는 점을 이유로 들었다. 화면으로 텍스트를 읽는 데 익숙하지 않아 방해를 받았고 따라서 집중하지 못했다는 것이다. 즉, 지문의 내용에 대해 생각하는 대신 빛이 점멸하는 모니터와 픽셀로 이루어진 글씨체에 집중했기 때문이다.

이후 몇 년 동안 심리학자들은 서면 읽기와 화면 읽기의 차이를 밝히려는 연구를 지속했다. 1980년대 중반 IBM의 J.D. 굴드J.D. Gould와 동료들이 진행한 치밀한 연구도 그중 하나였다. 이들은 벨모어의 연구를 재현하면서 가능한 원인들을 하나씩 점검했다. 그리고 화면에서 읽기가 더디고 비효율적인 원인은 사소한 시각적 요소들 때문이고 이는 낮은 해상도에 기인한다는 점을 밝혀냈다. 심리학자 앤드류 딜런Andrew Dillon은 1992년에 굴드의 연구와 관련해 이렇게 저술하기도 했다. '핵심적인 이유는 독자에게 보이는 이미지의 품질이다. 화면 품질이 충분히 개선되지 않는 한 서면 읽기와 화면 읽기의 차이는 지속될 것이다.'

이상의 연구에서는 컴퓨터 자체가 문제는 아니라고 본다. 디스플레이의 품질이 문제라는 것이다. 서면으로 읽을 때의 결과가 더 좋은 이유는 컴퓨터 화면이 아직 서면의 품질을 따라잡지 못한 탓으로 여겨졌다. 굴드는 화면이 서면만큼의 명료성을 확보할 수 있다면 읽기 이해도의 격차는 사라질 것임을 입증하기도 하였다.

■ 원인은 예상 밖의 것이다

컴퓨터 화면의 품질은 몹시 빠른 속도로 개선되고 있다. 단순한 모노크롬 디스플레이 대신 1680만 개 색깔을 표현하는 화면이 등장했다. 최신 아이맥iMac 데스크톱은 애플 매킨토시에 비해 픽셀 수가 80배나 더 많다(1984년 최고 사양 모니터는 17만 5000픽셀이었지만 현재의 모니터는 1500만 픽셀 수준이다). 디자이너들은 LCD와 e잉크e-ink 디스플레이를 위한 맞춤형 폰트를 개발하는 작업까지 하고 있다. 예를 들어 아마존은 전자책 단말기인 킨들의 폰트가 픽셀 수준에서 수작업으로 정교화된 것이라 자랑한다. 기업들이 이런 노력을 기울이는 이유는 분명하다. 눈으로 보기에 편하지 않으면 사람들이 금방 시선을 돌려버리기 때문이다.

이런 개선이 이루어졌으니 지금쯤은 디지털상에서의 읽기가 서면을 따라잡지 않았을까? 해상도가 대폭 증가해 화면으로 읽기는 한층 쉬워졌을 테니 말이다. DPI(인치당 도트 수)를 기준으로 할 때 최신 아이폰iPhone(아이폰6 플러스의 경우 401DPI)의 해상도는 최고 품질로 인쇄된 책(300DPI)보다 오히려 더 높게 나타난다. 읽기 이해도가 시각적 용이성에 따른 문제일 뿐이라면 우리는 이 '슈퍼 화면'에서 그 무엇보다도 뛰어난 읽기 능력을 발휘해야 마땅하다.

하지만 그런 일은 일어나지 않았다. 화면 품질이 극적으로 개선되면서 읽기 이해도 역시 상승하는 결과로 연결되지 못한 것이다. 오히려 그 반대 현상이 나타나는 듯하다. 노르웨이 국립 읽기 교육과 연구 센터National Center for Reading Education and Research의 심리학자 안네 망엔Anne Mangen의 2013년 실험을 보자. 노르웨이의 표준화 시험 체계를 서면이 아닌 컴퓨터로 바꾸려는 계획과 관련해 이루어진 이 실험은 화면으로 읽기에 관한 이전의 연구를 재현하고 있다. 망엔과 연구 팀은 10학년 학생 72명을 두 집단으로 나누어 한 집단은 14포인트 타임즈 뉴 로먼 폰트로 인쇄된 서면으로 읽게 하고, 다른 집단은 같은 지문을 1280×1024 해상도의 15인치 LCD 모니터에서 PDF 파일로 읽도록 했다. 읽기를 마친 후 학생들은 이해도를 측정하기 위한 질문지에 응답하였다.

실험 결과 학생들은 지문의 종류나 내용과 무관하게 컴퓨터로 읽을 때 항상 이해도가 떨어졌다. 망엔은 '서술 내용과 설명 글을 화면으로 읽으면 서면으로 읽을 때보다 항상 이해도가 떨어진다'는 결론을 내렸다. 그리고 그 이유를 화면상에 '시공간과 관련된 표지'가 부족한 탓으로 추측했다. 이해력 테스트에서의 작은 차이는 또한 결과적으로 큰 차이를 낳았다. 예를 들어 SAT의 읽기 문제를 화면으로 푸는 바람에 두세 개 실수를 저지른 학생은 언어 영역의 총점이 확 낮아졌다. 표준화 시험을 컴퓨터 화면 방식으로 변경한다면 학생들의 수행도가 떨어지는 것을 감안해 점수 부여를 달리할 필요성이 생기는 것이다(현재 ACT는 디지털 방식을 시험하고 있으며 SAT는 2016년에 디지털 방식을 도입했다).

　　LCD 디스플레이의 시대가 왔음에도 디지털상에서 읽기 격차가 그대로 존재한다는 점은 주목해야 한다. 수십 년 동안 학자들은 디스플레이 품질이 읽기 이해도의 핵심 변수라 보았다. 하지만 화면이 종이에 비해 전혀 뒤지지 않고 이미지 품질 면에서는 오히려 더 좋아진 오늘날에도 디지털 읽기 이해도는 여전히 뒤떨어진다.

　　지금부터 나는 온라인상에서의 읽기 문제를 해결할 방안을 제시하고자 한다. 오늘날 화면은 과거 어느 때보다도 일상적인 읽기 도구가 되었지만, 화면에서 제대로 읽거나 읽은 내용을 기억하기 어렵다는 점에서 해결책은 꼭 필요하다. 당신이 온라인에 게시한 내용을 사람들이 잘 이해하고 그로부터 학습하도록 만들고 싶다면 우선 디지털상의 읽기에서 나타나는 문제의 원인부터 이해해야 할 것이다. 그 원인은 전혀 예상 밖의 것이다.

쉬운 것이
좋은 것은 아니다

화면의 품질이 좋아졌는데도 불구하고 화면으로 읽기가 여전히 어려운 이유는 무엇일까? 나는 변함없이 화면 품질이 문제라고 본다. 슈퍼 화면은 종이에 비해 화질이 너무 훌륭하다. 앞 세대 학자들은 모니터의 낮은 품질 때문에 읽기가 어려워 디지털 읽기 격차가 생긴다고 보았다.

지금은 LCD 화면이 읽기를 너무 쉽게 만들어놓은 것이 문제이다. 너무 쉬우면 두뇌가 열심히 움직이지 않는다. 그 결과 화면 위의 단어를 충분히 처리하지 못한다. 쉽게 들어오는 것은 쉽게 나가버리고 만다.

쉬운 것이 좋지 않으냐고? 행동경제학자들은 하기 쉽게 만드는 것과 실제로 하게 만드는 것 사이의 연관성을 찾기 위해 몇 년 동안 씨름해왔다. 리처드 탈러는 이렇게 말하곤 했다. "내 첫 번째 신조는 쉽게 만들라는 것이다. 사람들이 무언가를 하도록 유도하려면 하기 쉽게 만들어야 한다. 더 건강한 음식을 먹도록 하고 싶다면 카페테리아에 건강한 메뉴를 추가하고 모두가 쉽게 찾을 수 있도록 한 후 더 맛있게 요리하면 된다. 회의 때마다 나는 쉽게 만들자고 주장한다. 명백하지만 잊기 쉬운 점이기 때문이다."

탈러의 말은 물론 옳다. 쉽게 하는 것의 이점이 과소평가되어서는 안 된다. 사용하기 쉬운 웹 사이트는 소비자들이 콘텐츠에 더 잘 빠져들게 만든다. 쉽게 만들어두면 완벽하게 이해될 가능성도 높아진다. 아마존이 클릭 한 번으로 구매할 수 있는 시스템에 특허를 내는 것도, 인기 구매 사이트들이 주문 과정에서 고객의 필수 정보를 자동으로 입력하는 기능을 설정하는 것도 이 때문이다.

스마트폰을 통해 무언가 구매하려고 시도하는 소비자들 중 실제 구매까지 이르는 경우는 3퍼센트에 불과하다는 연구도 있다. 이 연구의 저자들은 그 이유로 모바일 기기에는 자동 입력 기능이 없기 때문이라고 지적했다. 다시 말해 돈을 쓰도록 만들기가 쉽지 않았던 것이다.

'쉽게 만들라'는 신조와 관련된 좋은 예로 대학 입학 예정자들의 학자금 대출 관련 연구도 있다. 대출 신청서는 어렵고 복잡하며 18세 청소년들 입장에서는 특히 그렇다. 미국 정부는 세금 신고 업체

온라인 소비자,
무엇을 사고 무엇을 사지 않는가

인 H&R 블록과 협력해 가구별 세금 환급 정보를 바탕으로 양식의 3분의 1 정도를 자동으로 채워주는 소프트웨어를 개발했다. 이 간단한 방법이 연구 대상인 학생들에게 큰 효과를 발휘했다. 이후 학자금 대출을 신청한 학생들이 39퍼센트나 늘어났던 것이다. 고교 졸업생 중 대학에 등록하는 비율 또한 30퍼센트 가까이 늘어났다는 점은 한층 중요한 결과이다.

하지만 쉽게 만드는 것이 늘 이상적이지는 않다. 특히 무언가를 학습하거나 기억(읽기 이해도 평가에서 측정하는 능력들이다)할 때 과도하게 쉬운 것은 크나큰 단점이 될 수 있다. 도리어 처리하기 약간 어려운 정보를 더 오래 기억하는 경우가 적지 않다. 인지적 노력이 긍정적으로 작용하는 셈이다.

심리학자 코너 디먼드-요먼Connor Diemand-Yauman과 대니얼 오펜하이머, 에리카 본Erikka Vaughan은 일련의 실험을 통해 쉬운 것이 왜 문제인지 보여주었다. 이로써 자료를 읽기 어렵게 만들면 장기 기억 능력이 실제로 개선된다는 점이 드러났다. 비슷한 연습을 해보자.

다음 쪽의 표에 외계 생명체인 판게리시pangerish와 노글레티norgletti의 특성을 정리했다. 한번 읽어보라.

판게리시	노글레티
키 300센티미터	키 60센티미터
먹이는 녹색 잎 식물	먹이는 꽃봉오리와 꽃가루
눈은 푸른색	눈은 갈색
물갈퀴 모양의 발	발가락이 분명함
손가락 여덟 개	손가락 네 개
수면은 열두 시간 정도	수면은 네 시간 정도
털은 오렌지색	털은 노란색

다 읽어보았는가? 자, 물 한 잔을 가져와 두 모금쯤 마시고 다음 쪽을 읽어보라.

온라인 소비자,
무엇을 사고 무엇을 사지 않는가

이제 외계 생명체들에 대한 질문에 답해보라. 앞의 표를 다시 확인하지 말고 기억력에 의존해 답해야 한다. 여백에 답을 적어보자.

노글레티의 키는 얼마인가?

판게리시의 눈은 무슨 색인가?

노글레티는 무엇을 먹고 사나?

판게리시의 키는 얼마인가?

노글레티의 털은 무슨 색인가?

판게리시는 손가락이 몇 개인가?

노글레티는 발이 물갈퀴 모양인가?

판게리시의 털은 무슨 색인가?

이제 다시 앞의 표로 돌아가 답을 확인해보자. 독자 한 명의 답으로 유의미한 결과를 얻을 수는 없다. 다만 학자들이 읽기 용이할 때의 효과를 어떻게 확인했는지 경험할 기회가 된다면 그것으로 족하다. 처음 읽으면서 눈치챘을지 모르지만 앞의 표에서 두 생명체에 대한 설명은 서로 다른 폰트로 인쇄되어 있었다. 그 폰트의 차이가 당신의 기억력에 영향을 미쳤는가?

■
낯설음이 주는 효과

프린스턴대학의 학생 28명을 대상으로 한 연구에서 학자들은 지문의 폰트를 Comic Sans MS 회색 60퍼센트와 Bodoni MT 회색 60퍼센트를 각각 12포인트 크기로 사용한 경우, 상대적으로 더 평범하고 읽기 쉬운 검은색 Arial 폰트에 비해 학생들에게 더 많이 기억된다는 점을 발견했다. 읽기 편한 폰트의 경우 지문의 내용을 확인하는 질문을 던졌을 때 정답률이 72.8퍼센트인 반면, 덜 편안한 폰트의 경우 정답률이 86.5퍼센트에 달했다(Comic Sans MS와 Bodoni MT 사이에는 차이가 없었다). 보기에 불편한 것이 지니는 이점이 드러난 것이다.

물론 이 흥미로운 실험에는 한계도 분명하다. 실험 시간이 짧은 탓에 몇 분 이상 기억해야 하는 경우를 반영하지 못했다는 점도 그렇다. 실제 세계에서는 불편함의 효과가 사라져버릴지도 모른다. 어쩌면 그래서 이 책도 읽기 편한 폰트로 인쇄되었을 수 있다.

이러한 한계를 인식한 학자들은 오하이오 주 체스터필드의 공립 고등학교 학생들을 대상으로 두 번째 실험을 진행했다. 우선 영어, 물리학, 역사, 화학 과목 교사들로부터 파워포인트 프레젠테이션이나 연습 문제지 등 수업 보조 자료를 구했다. 그리고 그 모든 자료를 Monotype Corsiva, Comic Sans Italicized, Haettenschweller 등 읽기에 편치 않은 폰트로 바꾸었다. 자료를 제공한 교사들이 같은 수업을 최소한 두 반에서 진행했으므로 심리학자들은 통제 집단을 만들 수 있었다. 학생들 한 집단은 읽기에 편치 않은 폰트로 수업 자료를 접했고 다른 집단은 보다 읽기 편한 폰트로 수업을 받았다.

몇 주가 흐른 후 학생들은 수업 자료 내용에 대한 평가를 받았다.

그리고 거의 모든 경우, 편치 않은 폰트로 수업 받은 학생들의 성적이 유의미하게 높았다(다만 화학은 예외였는데 그 이유는 분명치 않다). 학자들은 '여러 교과목(과학과 인문학)과, 여러 수준(기초, 우수, 최우수 등)의 수업에서 보조 자료를 약간 불편한 폰트로 제공했을 때 학생들의 기억력을 높일 수 있었다. 사소한 변화가 학생 개개인과 전체 교육 시스템의 성과에 큰 영향을 미친다는 점이 드러났다'라고 결과를 정리했다.

Comic Sans와 **Haettenschweller** 폰트가 무슨 특별한 효과를 발휘했던 것은 아니다. 몇몇 폰트는 글자 간격이 더 좁거나 글자들을 구분하기 힘든 등 객관적으로 읽기 어렵다는 점이 분명했지만 학생들이 불편함을 느낀 가장 큰 이유는 무엇보다 익숙하지 않다는 데 있었다. 즉, 낯설었다는 말이다. 예를 들어 나는 평소 Calibri 폰트를 기본으로 사용한다. 그래서 다른 폰트를 접하면 읽기 속도가 떨어진다. 만약 Comic Sans가 내가 주로 사용하는 폰트였다면 Comic Sans로 된 텍스트는 읽기 불편하지 않았을 것이다. 덜 주의 깊게 읽었을 것이고 교육적 효과도 사라졌을 것이다. 이를 해결하는 방법은 주로 사용하는 폰트를 주기적으로 바꿔줌으로써 내 두뇌가 특정 폰트에 너무 익숙해지지 않도록 하는 것이다. 화면에서의 읽기 환경을 조성하는 이러한 기법이 고대의 쓰기 기법과 크게 다르지 않다는 점은 퍽 역설적이다.

편치 않으면
신중해진다

불편함이 학습을 촉진하는 이유는 무엇일까? 오펜하이머는 여러 연구의 피험자들이 불편함의 정도가 높아지면서 정보를 보다 신중하게 처리하는 경향을 보였다고 지적했다. 이로써 읽기에 편치 않은 폰트가 '바람직한 어려움'을 일으킨다고 보았다. 이러한 폰트는 지문을 읽는 데 그치지 않고 그에 대해 생각하도록 만든다는 것이다. 급한 마음에 제동이 걸리는 셈이다. 화면 앞에서 사람들의 생각이 한층 빨라진다는 점을 생각하면 유익한 일이 아닐 수 없다. 결국 사람들은 더욱 심도 있게 글을 대하게 된다.

뉴욕대의 심리학자 애덤 알터Adam Alter가 진행한 일련의 실험을 살펴보자. 알터는 인지과학자 셰인 프레더릭Shane Frederick이 개발한 인지 반응 테스트(Cognitive Reflection Test, CRT)를 활용했다. 이것은 피험자가 본능적으로 신속하게 내린 판단에 얼마나 의존하고 있는지를 보는 검사로, 처음 든 생각이 거의 늘 틀리게 되는 까다로운 문제로 구성된다. 고전적인 문제 하나를 소개하면 다음과 같다. '야구방망이와 야구공의 가격을 합치면 1.10달러이다. 야구방망이는 야구공보다 1.00달러 비싸다. 그럼 야구공의 가격은 얼마인가?' 직관적인 답은 0.10달러, 즉 10센트이다. 하지만 틀렸다. 정답은 5센트이다(야구방망이 가격은 1.05달러가 되어 합계가 1.10달러이다).

CRT 문제를 '아주 흐린 회색으로' 보여주자 틀린 답을 말할 확률이 크게 줄었다. 읽기 편리한 조건의 피험자들 90퍼센트가 CRT 문제 중 최소 하나를 틀린 반면, 편치 않은 조건에서는 35퍼센트만이 최소 한 문제를 틀렸다. 지문이 읽기 어려운 경우 문제에 대해 더 깊게 생각하게 되어 정답률이 올라간 것이다. 하지만 읽기 편치 않은 폰트의 효과를 살핀 연구들이 모두 같은 결과를 낸 것은 아니다. 이유는 명확하지 않지만 까다로운 수학 문제를 읽기 어렵게 만들어 보여주었는데도 차이가 전혀 혹은 거의 없었던 연구들도 있었다. 응답 시간이 더 길어지긴 했으나 그렇다고 정답률이 높아지지는 않았다. 계속해서 후속 연구가 필요한 상황이다.

알터와 동료들의 또 다른 연구에서는 피험자들에게 신제품 MP3 플레이어 사용 후기를 읽게 했다. 후기 제목을 읽기 편한 폰트로 인쇄한 경우 피험자들은 후기 작성자의 외모 등 표면적인 측면에 초점을 맞춘 반면, 편치 않은 폰트인 경우 사용 후기 내용을 바탕으로 판단을 내리는 경향이 뚜렷했다. 알터는 읽기에 불편한 형태로 정보가 제공될 때 사람들이 보다 신중한 사고 전략을 택하게 된다고 설명했다. "무언가 어렵다고 느낄 때 필요한 만큼 충분히 이해하지 못할지 모른다는 일종의 메타 인지 경고가 울리게 됩니다." 2013년의 어느 인터뷰에서 알터가 한 말이다. '편치 않음'이란 당혹감이나 불쾌감에 그치지 않으며 속도를 늦추고 집중하라는 중요한 정신적 신호로 작용하는 것이다. 그래서 더 많이 생각하도록 만든다.

이런 신호를 현실에 적용할 여지는 적지 않다. 예를 들어 나는 담뱃갑에 인쇄된 의사의 경고문이 어째서 읽기 쉬운 폰트로 인쇄되어 있는지 의아하게 생각한다. 불편함에 대한 연구를 바탕으로 한다면 낯선 폰트로 해야 효과가 있을 텐데 말이다. 경고문을 넣는다는 건 소비자들이 위험성을 인식하고 다시 한 번 생각하도록 하려는 목적이 아닌가? 만약 그렇다면 읽기 어렵게 만들어야 한다.

주택 담보 대출 신청서도 마찬가지다. 최근 미국 정부는 대출 서류의 정보 제시와 관련된 규정을 정하느라 많은 노력을 기울였다. 가령 도드–프랭크 법Dodd-Frank Act의 경우 소비자들이 주택 담보 대출을 신청할 때와 종료할 때 어떤 정보가 제시되어야 하는지에 대해 무려 80쪽 이상을 할애하고 있다. 흥미롭게도 새로운 연방 규정에서는 모든 정보가 '쉽게 읽을 수 있는 폰트'로, 더 나아가 '12 포인트 이상' 크기로 인쇄되어야 한다고 나와 있다.

좋은 의도의 규정이라는 점은 분명하다. 소비자 금융보호국은 이

온라인 소비자,
무엇을 사고 무엇을 사지 않는가

자율이나 대출 기간 등 가장 중요한 정보가 깨알 같은 글씨로 표기되어 국민들의 눈에 띄지 못할까 봐 걱정하는 것이다. 하지만 불편한 폰트를 대할 때 추가적인 인지 반응이 일어난다는 점을 감안하면 중요한 정보는 읽기 힘든 폰트로 강조해주는 편이 더 논리적이지 않을까? 특정 조건의 대출을 받아야 할지 말지를 진지하게 생각하도록 만드는 것이 목적이라면 *Monotype Corsiva* 폰트가 한층 효과적이리라.

■ 바람직한 어려움이 주는 학습 효과

이제 디지털 세계로 돌아와보자. 최근 몇십 년 동안의 눈부신 기술 진보 덕분에 디지털 정보는 점점 더 처리하기 쉬운 형태로 바뀌어왔다. 용이성 효과가 강화된 것이다. 쉬운 것이 때로는 좋을지 모르지만 용이성을 향한 끊임없는 노력 때문에 사람들은 점점 덜 기억하고 덜 이해하게 되었다. 슈퍼 화면에 떠오른 정보에 대해 주의 깊게 생각하는 대신 휙 넘기면서 잊어버리고 만다. 가령 아이패드iPad로 독서를 하면 끝까지 읽기는 더 쉽지만 기억에 남는 것은 더 적다.

용이성 효과는 읽기 이해도와 관련된 문제만은 아니다. 학습하는 방식, 특히 쓰면서 학습하는 방식에도 영향을 미치고 있다. 심리학자 팸 뮐러Pam Mueller와 대니얼 오펜하이머의 최근 연구를 보자. 요즘 대학생들은 수업 시간에 노트북이나 태블릿으로 필기하는 일이 점점 많아지고 있다. 자판이 펜을 대신한다. 이런 변화에는 장점이 많다. 손으로 쓰는 것보다 자판을 치는 것이 훨씬 빠르고 입력해둔 자료는 나중에 검색하기도 편하다. 하지만 학습에는 덜 효과적이라는 연구들이 나왔다. 노트북이나 태블릿을 사용하다 보면 수업 중간에 이메일을 확인하거나 페이스북을 하는 등 집중력이 분산되기 때문이라는 이유가 제기되었다.

이와 달리 뮐러와 오펜하이머는 컴퓨터 입력의 용이함이 학습 효과를 떨어뜨린다는 가설을 세웠다. 그리고 학생들에게 여러 주제의 비디오 강의를 보여준 후(TED를 비롯해 그 외 전문 분야의 강의 동영상도 있었다) 절반의 학생들에게는 노트북으로(집중력이 분산되지 않도록 노트북의 다른 기능은 모두 정지시킨 상태였다), 나머지 절반에게는 옛 방식대로 손으로 필기하도록 하였다.

가장 먼저 나타난 결과는 무엇이었을까? 노트북을 사용하도록 무작위로 선정된 학생들의 경우, 강의를 고스란히 받아 적는다는 점이었다. 뮐러와 오펜하이머는 타자 입력이 강의 속도를 충분히 따라잡기 때문이라고 보았다. 반면 손으로 필기하는 학생들은 강의 내용을 요약하고 기억할 내용을 추려내야 했다. 손으로 적기 전에 머릿속에서 정보를 처리함으로써 더 심도 깊은 수준에서 자료를 대하게 된 것이다.

이러한 처리 과정은 학습 성과까지 높여주었다. 총 세 차례의 실험 결과에서 '펜은 자판보다 강했다.' 바로 용이성 때문이었다. 필기 내용을 공부할 시간을 주었을 때에도 차이가 나타났다. 노트북

온라인 소비자,
무엇을 사고 무엇을 사지 않는가

을 사용한 학생들에게 정보가 훨씬 많았지만, 사실 학습과 개념 학습 테스트에서 더 높은 점수를 얻은 쪽은 손으로 필기한 학생들이었다. 밀러와 오펜하이머는 속도가 느린 손 필기의 경우 '바람직한 어려움'을 발휘하여 교육적 효과를 높이는 역할을 했다고 결론지었다. 그리고 '강의실에서의 노트북 사용은 신중히 재검토되어야 한다. 점점 일반화되고 있는 노트북은 학습에 유익하기보다 해로울 수 있다'라고 덧붙였다.

용이성 효과에 대해, 특히 디지털 시대의 사고에 미치는 영향에 대해 우리는 이제 겨우 알기 시작하는 단계이다. 나는 페어필드대학의 심리학자 린다 헨켈Linda Henkel이 행한 연구에 대해 종종 생각한다. 헨켈은 피험자들을 두 집단으로 나누어 미술관에서 여러 작품을 그냥 눈으로만 보거나 혹은 사진을 찍게 했다. 다음 날 작품에 대해 문제를 냈을 때 디지털 카메라로 사진을 찍은 피험자들은 눈으로 감상만 한 피험자들에 비해 세부적인 정보를 훨씬 덜 기억했다. 헨켈은 이를 '사진 촬영으로 인한 손상 효과'라 정의하며, '순간을 포착하기 위해 습관적으로 카메라를 꺼내는 사람들은 결국 그 와중에 눈앞에서 벌어지는 일을 놓쳐버리고 만다'라고 하였다.

헨켈은 사진 촬영으로 인한 손상 효과를 최소화할 간편한 방법 또한 찾아냈다. 작품의 특정 부분을 확대해 촬영하라는 요청을 받을 경우, 피험자들은 작품 전체 모습을 더 자세히 기억했다. 마찬가지로 불편함의 개념이 이를 설명할 수 있다. 피험자들이 작품 전체를 단번에 찍는 대신 속도를 늦추고 특정 부분에 초점을 맞췄기 때문이다. 이렇듯 촬영 과정을 조금 더 어렵게 만듦으로써 마치 손으로 필기하는 듯한 효과, 피험자들이 본 것을 더 세밀하게 기억하게 하는 효과가 나타난 것이다.

너무 어려워도 안 되고
너무 쉬워도 안 된다

지금까지 살펴본 연구들을 종합해보자. 인지적 용이성에는 반대 급부가 따른다. 쉬우면 무조건 좋다고 생각하는 대신 목표가 무엇인지부터 생각해야 한다. 고객들이 구매를 완료하도록 만들고 싶은가? 텍스트를 자동으로 입력하도록 하고 싶은가? 그렇다면 우리는 고객의 인지적 용이성을 극대화해야 한다. 가능한 한 많은 부분을 자동으로 입력하고 보기 편한 폰트를 사용해야 하는 것이다.

최근 MIT 고령화 연구소AgeLab에서 이루어진 연구 결과를 보자. 자동차 계기판의 화면에 사용된 폰트가 운전에 미치는 영향을 분석한 연구이다. 성인 82명을 대상으로 한 모의 운전 실험 결과, 글자 간격이 넓고 철자 구별이 분명해 읽기 쉬운 글씨체의 경우 운전자가 도로에서 시선을 떼는 시간이 10.6퍼센트 줄어들었다(특히 남성 운전자의 경우에 효과가 두드러졌는데 그 이유는 아직 알 수 없다). 계기판 화면을 보느라 도로 표지를 제대로 읽지 못할 위험 역시 3.1퍼센트 감소했다. 적어도 자동차 계기판 화면에 관한 한 폰트가 보기 편할수록 방해 요소가 줄어든다는 결론을 내릴 수 있다.

하지만 이미 언급했듯 모든 상황에서 용이성이 이상향은 아니다. 읽은 내용을 기억하게 하려면 불편하게 만들어야 한다. 아무렇게나 보기 싫게 만들면 되는 것은 아니다. 마음의 속도를 늦추고 화면 위의 모든 단어를 처리하도록 해줘야 한다. 폰트에 따라 효과가 달라질 수 있다. 하지만 익숙지 않은 폰트는 빙산의 일각일 뿐이다. 실험 심리학자들이 고안한 변수에 한정해 생각할 필요는 전혀 없다. 불편한 디자인의 범위에는 폰트의 색깔이나 레이아웃 등 인식의 자동화를 늦추는 모든 것이 포함된다. 그렇게 하면 화면을 그저 읽는 데 그치지 않고 생각하고 기억하게 될 것이다.

불편함이 어떻게 현실에 도입될 수 있을까? 뒤집힌 U자 곡선의 정점인 적절한 어려움의 수준을 찾아내는 것이 핵심이다. 어려움의 수준이 너무 높으면 고객들이 부담을 느껴 포기해버릴 것이다. 반면 수준이 너무 낮으면 아무도 읽은 내용을 기억하지 못하게 되어버린다. 너무 많은 약물은 부족할 때만큼이나 위험한 법이다.

■
'사람들은 효율만큼이나 공정함을 중시한다.'

웹 디자인의 모든 측면에 같은 원리가 적용된다. 차편을 구하는 사람들과 승객을 태우고 싶어 하는 차량을 연결하는 우버의 경우를 보자. 우버의 웹 사이트와 앱은 용이성의 상징이 될 만하다. 검은 배경에 흰색 텍스트 상자가 대조를 이루고 우버 로고를 제외한 모든 텍스트는 읽기 쉬운 폰트이다. 앱을 한 번만 터치하면 차가 온다며 편리함을 강조하기도 한다.

가능한 한 편리하게 차편을 구하도록 돕는 것이 우버의 주요 목표이므로 훌륭한 디자인이라 평가하면 되겠는가? 하지만 고객이 로그인 후 실제로 예약하기 시작하면 일이 조금 더 복잡해진다. 이 시점에서 우버는 고객들에게 서비스 운영 방식을 설명해야 한다. 특히 할증요금제를 이해시키는 것이 중요하다.

할증요금제란 차량 수요가 특히 높을 때, 예를 들어 눈보라가 치는 날이나 새해 전날 요금을 높여 더 많은 차량이 서비스에 참여하도록 하는 알고리즘이다. 프롤로그에서 소개했듯 때로는 할증이 대폭 높아지기도 한다. 2013년 12월 맨해튼에 눈보라가 치던 날, 우버는 일부 고객에게 정상 요금의 8.25배를 적용했고 이는 소셜미디어상에서 성난 고객들의 항의와 비난 사태로 이어졌다. 우버의 충성 고객들 중 많은 수가 할증요금제라는 정책을 이해하지 못했던 것이다.

자, 우선 8.25배라는 요금은 너무 과도하다는 점을 지적하도록 하

자. 415달러는 결코 공정하지 못했다. '사람들은 효율만큼이나 공정함을 중시한다'는 말도 있지 않은가. 하지만 설사 우버가 할증 금액의 상한선을 정해둔다 하더라도 여전히 고객들은 요금 총액에 충격받을 수 있다. 사이트의 용이성이 역풍이 되어 많은 고객들에게 할증요금제를 충분히 고려하도록 만들지 못하는 것이다. 특히 할증요금제는 주로 밤늦게 적용되는데 그 시간이면 고객들 대부분이 만취 상태라는 점도 이유가 된다.

문제를 해결하기 위해 우버는 고객들이 차를 부르기 전에 예상 가격을 통보 받고 '동의함' 버튼을 누르도록 하는 추가 화면을 도입했다. 그럼에도 악천후 때마다 부정적인 피드백이 여전했다. 결국 우버는 또 다른 불편한 단계를 넣을 수밖에 없었다. 할증요금이 두 배를 넘을 경우 고객이 몇 배 할증인지를 직접 입력해야만 차를 부를 수 있도록 한 것이다. 이는 거래를 어렵게 만든다는 점에서 극단적인 불편함의 사례이다. 그러나 눈보라 이후 격분한 우버 고객들이 트위터에서 불만을 터뜨리는 일은 막을 수 있을 것이다.

장기적으로 우버가 성공하려면 고객에게 가격 정책을 납득시켜야 한다. 택시 회사를 넘어 교육 비즈니스가 되어야 하는 것이다. 우버는 불편함과 관련된 연구를 바탕으로 고객들로 하여금 할증요금제를 인식하게 만들 새로운 방법을 고안해야 한다. 폰트를 바꾸는 등의 시각적인 불편함을 시도하는 것도 가능하다. A/B 테스트를 통해 편치 않은 정도를 다듬어야겠지만 말이다. 우버는 인지적 불편과 연관된 실험 또한 실시해야 할 것이다. 고객이 직접 할증 배수를 입력하는 등의 방법을 이용해 정보에 대해 더 많이 생각하도록 만드는 것이다.

현재 우버는 용이성의 정도를 적절하게 조정했다고 할 수 있을까? 그럴지도 모른다. 하지만 할증 배수가 정확히 무슨 뜻인지 혼란스러워 하는 고객이 있는 한 우버는 불편함의 수준을 높이면서 고객을 계속 비용 계산에 끌어들여야 한다. 고객이 손으로 직접 계산으로 하도록 유도하는 것도 한 가지 전략이다. 화면에 떠오른 숫자들을 보고 있으면 우버 이용에 대해 다시 생각하게 되고 나중에 후회할 선택은 하지 않을 것이다.

자, 여기서 얻을 교훈은 이것이다. 오랫동안 우리는 용이성이 가장 이상적인 형태라 믿어왔지만 실상은 그렇지 않다. 가능한 한 편하고 쉬워 보이도록 하는 디자인은 최고가 아니다. 인지적 편리와 바람직한 어려움 사이, 속도에 대한 갈망과 늦춤의 혜택 사이에서 균형을 이루는 것이 중요하다. 불편함을 제대로 사용한다면 사람들의 외면을 사는 것이 아니라 흔히 흘려보내던 것을 인식하고 더 깊이 생각하도록 만들 수 있다. 정보의 형태는 그 목적에 맞아야 한다. 편리함은 좋은 것이지만 때로는 어려움이 더 낫다.

디 지 털 설 계 자 에 게 던 지 는 질 문

디지털 세상은 용이성이 늘 더 좋다고 가정한다. 어떻게 해야 할지 모르겠다면 더 쉽게 만들라고 말한다. 하지만 심리학 연구 결과들은 불편함을 잘 활용할 경우 사용자로 하여금 화면 위의 내용을 더 신중하게 생각하도록 만드는 효과가 있다고 밝힌다.

1. 디지털 용이성의 수준을 결정하기 전에 정보 제공의 목적을 분명히 하라.

   • 거래를 완료하거나 신속히 구매하도록 만드는 것이 목표인가? 그렇다면 용이성의 수준을 높이는 것이 답이다. 가능한 한 전 과정을 쉽게 만들어라.

   • 읽은 것을 기억하도록 만들고 싶은가? 그렇다면 불편함을 웹 사이트 디자인의 요소로 도입해야 한다. 마음의 속도를 늦출 방법을 고안하라.

   • 주택 담보 대출 이자율이나 담뱃갑 광고 등 주어진 정보에 대해 찬찬히 생각하도록 만들고 싶은가? 이 역시 편치 않음의 요소가 필요한 경우이다.

2. 여러 유형의 불편함을 보완하여 사용하고 있는가?

   • 시각적인 불편을 활용하고 있는가? 폰트를 익숙하지 않은 것으로 바꾸는 데서 시작할 수 있다. 레이아웃을 바꾸는 방법도 좋다. 고객의 눈이 조금 더 노력을 기울여 일하도록 하라.

   • 인지적 불편함을 활용하고 있는가? 특이한 단어를 사용하거나 고객이 직접 손으로 정보를 입력하도록 하는 등의 방법이 있다.

3. 어느 정도의 불편함이 적당한지 파악했는가? 지나치게 쉬우면 주의력을 확보할 수 없고 지나치게 어려우면 아예 거부당할 수 있으므로 균형이 중요하다. A/B 테스트를 통해 적정 수준을 알아내라. 안구 운동 추적 자료를 활용하면 어느 지점에 편치 않은 요소를 배치해야 할지 알 수 있다. 화면 위에서 우리 눈이 순간적으로 훑고 지나가는 부분을 공략하라.

6부

맞춤화,
행동 변화를 촉구하는
강력한 도구

맞춤화는 어째서 효과적일까? 대중화된 콘텐츠로 가득한 세상에서 맞춤화된 서비스는 소비자의 마음에 깊숙이 파고든다. 나만을 위한 정보나 행동에 더욱 관심을 쏟게 되는 것이다. 콘텐츠가 맞춤화되지 않으면 아예 주의조차 끌 수 없다. 주의력이라는 한정된 자원은 자신과 보다 관련 있어 보이는 쪽으로 돌아가기 때문이다.

나만을 위한
정보의 강력한 힘

매일 아침 나는 같은 곳에서 카페인을 충전한다. 캠퍼스에서 몇 블록 떨어진 소박한 카페이다. 이곳의 카푸치노는 정말 최고다. 하지만 커피가 훌륭하다는 이유 때문에 내가 매일 거기 가는 것은 아니다. 내 마음을 사로잡은 것은 카페의 서비스이다.

카페로 들어서기도 전에 바리스타는 내 차를 알아보고 내 커피를 내리기 시작한다. 8온스짜리 새 커피 잔 대신 거품을 조금 적게 해 5온스짜리 기존 흰색 머그컵에 마시고 싶어 하는 것도, 다이어트를 위해 크루아상은 절반만 먹고 싶어 한다는 것도 안다(남은 크루아상은 주인이 먹어치운다). 오전 7시라 나는 잠에서 덜 깬 상태지만 특별한 대접을 받는다는 기분은 또렷이 느낄 수 있다. 하루를 시작하기에 썩 괜찮은 일이다.

이는 맞춤형 고객 서비스의 일상적인 사례이다. 당신에게도 비슷한 경험이 있을 것이다. 당신이 원하는 셔츠 깃 모양을 알고 맞춰주는 세탁소 주인, 좋아하는 브랜드의 청바지가 출시되면 전화로 알려주는 옷가게 직원 등등. 이런 서비스를 거부하기는 어렵다. 스타벅스Starbucks가 고객들 스스로 '시그내처' 음료를 만들도록 독려하고 버거킹Burger King이 고객 취향에 맞춘 주문 방식을 강조하는 등 나름의 맞춤화를 시도하는 이유도 여기 있다. 모든 것이 자동화된 세상에서 나만을 위한 배려란 특별한 만족감을 주는 것이다.

최근 과학자들은 맞춤형 서비스가 고객 및 제공자에게 갖는 혜택을 측정하기 시작했다. 뉴욕의 한 식당에서 이루어진 실험을 보자. 몬머스대학의 사회심리학자 데이비드 스트로메츠David Strohmetz는 팁 액수에 영향을 미치는 변수를 밝히고자 했다. 그래서 저녁식사 계산서를 전달할 때 예쁘게 포장된 초콜릿을 손님 한 명당 하나씩 제공하도록 하였다. 예상대로 이 전략은 효과적이었고 초콜릿을 받은 손님들은 평균 2퍼센트 더 많은 팁을 냈다.

이보다 더 강력한 방법도 발견되었다. 계산서와 함께 초콜릿을 전달하고 돌아서 몇 걸음 걸어가던 직원이 다시 몸을 돌려 손님의 눈을 바라보면서 이렇게 훌륭한 고객에게 초콜릿 하나는 부족하다고 말하며 하나를 더 주도록 했던 것이다.

결과는 놀라웠다. 초콜릿을 주지 않은 경우 실험 시간 동안 지불된 팁 액수는 1000달러를 약간 넘는 정도였다. 하지만 마치 우연처럼 연출된 대사와 함께 두 번째 초콜릿이 제공되었을 때 팁 액수는 1235.75달러에 이르렀다. 계산서와 함께 처음부터 초콜릿을 두 개 받았던 대조군 손님들의 팁보다도 훨씬 높았다. 이것이 시사하는 바는 분명하다. 고객에게 맞춤화된 행동이 팁 액수를 끌어올린 것이다. '저녁식사 때 제공된 서비스의 실제 수준'과는 무관하게 말이다.

■ 주의력과 만족도를 높이는 이유

맞춤화는 어째서 이렇게 효과적일까? 한 가지 이유는 고객의 주의력을 높여 공짜 초콜릿을 더 크게 인식하도록 만들기 때문이다. 대중화된 콘텐츠로 가득한 세상에서 맞춤화된 서비스는 고객에게 깊숙이 파고든다. 나만을 위한 정보나 행동에 더욱 관심을 쏟게 되는 것이다.

이러한 주의력 증가 효과는 심리학자 다이애나 코르도바Diana Cordova와 마크 레퍼Mark Lepper의 연구에서 나타나듯 크나큰 이점을 지닌다. 초등학교 고학년 학생들이 수학 비디오 게임을 하도록 한 실험이었다. 게임은 수학 문제를 연달아 푸는 방식으로 특별히 재미있는 종류가 아니었다. 통제 집단의 학생들은 게임에 앞서 다음과 같은 일반적인 지시문을 받았다.

2088년 7월 28일, 지구는 사상 최악의 에너지 위기에 당면한다.

미 우주 함대의 총사령관인 당신은 다른 전문가들과 함께 3조 마일을 비행해 에크타 행성에서 강력한 에너지원 티타늄을 찾아와야 한다. 필요한 물품은 모두 우주선에 실린 상황이다. 행운을 빈다.

반면 실험 집단에게는 '맞춤형' 지시가 전달되었다. 사전에 진행된 짧은 설문지 결과를 바탕으로 만든 지시문이었다.

2088년 ○월 ○일(해당 어린이의 생일), 지구는 사상 최악의 에너지 위기에 당면한다. 미 우주 함대의 총사령관인 당신은 다른 전문가들 ＿＿＿, ＿＿＿, ＿＿＿(어린이와 가장 친한 친구들)과 함께 3조 마일을 비행해 에크타 행성에서 강력한 에너지원 티타늄을 찾아와야 한다. 필요한 물품 ＿＿＿, ＿＿＿, ＿＿＿(어린이가 가장 좋아하는 음식이나 장난감)은 모두 우주선에 실린 상황이다. ＿＿＿(어린이 이름) 사령관에게 행운을 빈다.

디지털 맞춤화의 초보 단계라 할 수 있는 수준이었지만 비디오게임 수행 결과는 크게 달라졌다. 일반적인 지시문을 받은 학생들의 평균 만족도는 7점 기준으로 2.9점에 불과했지만 맞춤화 지시문을 받은 경우 5.42점까지 올라갔다. 수업이 끝난 후 게임을 계속하기 위해 교실에 남은 학생들도 두 배나 더 많았다. 높은 만족도는 성과로 이어져 후속 수학 시험에서 맞춤화 지시문을 받은 집단의 점수가 30퍼센트 더 높았다.

코르도바와 레퍼에 따르면 맞춤화가 우리의 주의력과 만족도를 높이는 이유는 두 가지이다. 첫 번째 이유는 내적 동기화의 수준이 상승했기 때문이다. 정보가 '자신과 관련된' 것으로 여겨지면서 학생들은 더 어려운 문제를 풀기 위해 기꺼이 노력을 기울였다. 두 번째 이유는 스스로의 능력을 지각하도록 도왔기 때문이다. 맞춤화된 정보를 제공받은 학생들은 게임을 잘 해낼 수 있다는 확신을 얻었고 이로써 더 큰 인내력을 발휘할 수 있었다. 연구자들은 동일한 방식이 훨씬 복잡한 정보 처리 과업에도 적용된다고 본다. 콘텐츠가 맞춤화되지 않으면 아예 사용자의 주의조차 끌 수 없다. 주의력이라는 한정된 자원은 자신과 보다 관련 있어 보이는 쪽으로 돌아가기 때문이다.

화면이라는 무생물을
생명체로 만드는 기술

　일단 주의력을 확보했다면 고객의 행동에 영향을 미치기는 한층 더 쉽다. 인식조차 못하는 정보를 바탕으로 행동하기란 불가능하니 말이다. 최근 15년 동안 호텔 체인들이 얻은 교훈도 바로 그것이다. 유수의 호텔들은 투숙객에게 수건 다시 쓰기를 권유해왔다. 물과 세제, 노동력을 절약하기 위해서였다. 다시 쓸 의향이 있는 수건은 욕실 안에 걸어달라고 쓰인 호텔 안내문을 당신도 본 적이 있을 것이다. 사소해 보이지만 이 절약의 효과는 엄청나다. 대부분의 투숙객들이 수건을 재사용할 경우 각 호텔은 매년 26만 리터 이상의 물을 절약할 수 있다. 호텔 수영장 세 개를 채울 수 있을 정도의 양이다.

애석하게도 이토록 좋은 의도의 안내문은 별 호응을 얻지 못하고 있다. UCLA의 심리학자 노아 골드스타인Noah Goldstein에 따르면 환경 보호에 대한 호소가 먹히는 경우는 30퍼센트 정도에 불과하다. 하지만 여기에 아주 작은 노력만 더해도 설득력이 높아질 수 있다. 다양한 실험 끝에 골드스타인은 메시지를 맞춤화하여 전달하는 것이 가장 효과적이라는 점을 발견했다.

예를 들어 같은 호텔의 다른 투숙객들 대부분이 수건을 재사용하고 있다는 정보를 접한 경우 수건을 다시 사용하는 비율이 26퍼센트 높아졌다. 더 나아가 해당 객실에 묵었던 투숙객들 대부분이 수건을 재사용했다는 카드를 놓아두자 33퍼센트까지 높아졌다. 골드스타인은 같은 규범이 '물리적으로 근접한 주변 환경'에서 지켜졌다고 명시했을 때 사람들이 그 규범을 따를 가능성이 높아진다고 설명했다. 더 근접하고 더 맞춤화될수록 훨씬 효과적인 것이다.

■
화면에 설득력을 부여하라

이렇듯 맞춤화는 설득적이다. 여러 연구에 걸쳐 살펴본 결과, 개인에게 맞춤화되어 메시지가 주어질수록(개인, 장소, 시간 등 어느 면의 맞춤화이든 마찬가지이다) 주의를 끌고 행동 변화를 이끌어내는 데 효과가 컸다. 훌륭한 바리스타나 세일즈맨이라면 누구나 아는 사실이지만 이제는 그 사실을 뒷받침할 데이터까지 갖춰진 셈이다.

6부에서는 디지털 세계가 맞춤화의 가능성을 얼마나 극적으로 확장하고 있는지, 이를 통해 기업이 개인적 차원에서 사람들과 접촉할 기회가 어떻게 열리고 있는지를 다룬다. 새로 열린 일차적인 가능성은 그 규모라 할 수 있다. 빅데이터에 기반한 스마트 소프트웨어와 알고리즘을 이용하면 비용은 별로 들이지 않으면서도 수백만 명에게 맞춤화된 정보를 만들 수 있다. 현실 세계의 맞춤화에는 비용이 많이 들지만(고객 서비스를 개선하려면 직원이 더 많이 필요한 법이다) 디지털 세계에서는 그럴 걱정이 없다. 일단 코드를 만들고 나면 열 명이든 1000만 명이든 경험을 맞춤화하는 데 필요한 비용은 엇비슷하다.

최근 이스라엘 여행에서 내가 목격한 양방향 광고 캠페인을 예로 살펴보자. 몇 년 전 코카콜라는 소비자들이 코카콜라 캔과 병에 자신의 이름을 넣을 수 있도록 하는 '코카콜라를 나눠요Share a Coke' 캠페인을 도입했다. 맞춤화된 레이블이 소셜미디어에서 공유되면서 이 캠페인은 판매 급증으로 이어졌다. 트윗 하나하나가 공짜 광고가 되었던 것이다.

텔아비브 주변 고속도로 몇 곳에서 진행되고 있던 캠페인은 한층 충격적이었다. 전자 광고판과 스마트폰의 코카콜라 앱을 활용한 실험적인 광고였다. 위치 기반 서비스가 가능한 이 앱을 깔면 운전자나 승객이 야외 광고판에 접근하는 동안 곧 광고판이 보일 것이라는 안내 메시지가 뜬다. 이어 순식간에 광고판에 그 사람의 이름이 밝은 불빛으로 떠오른다. 가벼운 시도였지만 몇 주 만에 이스라엘 코카콜라 앱은 10만 건 이상의 다운로드를 기록했다. 야외 광고판

을 고객에게 맞춤화함으로써 전례 없는 수준으로 코카콜라라는 브
랜드를 홍보했던 것이다.

자기 이름이 들어간 지시문을 받은 학생들이 수학 컴퓨터 게임에
더 주의를 기울였듯 운전자들은 자기 이름이 떠오른 콜라 광고판
에 더욱 주목했다. 차이라면 관련된 사람들의 숫자뿐이었다. 심리
학자들은 수작업으로 학생들 하나하나를 위한 지시문을 만든 반면,
코카콜라 앱은 모든 것을 자동으로 처리하여 추가 비용 없이 수천
명의 사람들에게 맞춤화를 경험하게 해주었다.

하지만 디지털 맞춤화가 규모의 경제 측면에서만 의미를 갖는 것
은 아니다. 온라인에서 활용되기 때문에 나타나게 된 이 특징은 이
제 첫 단계에 들어섰을 뿐이다. 맞춤화의 실질적인 잠재력은 다른
전략과 결합되어 화면이라는 세상에서만 가능한 새로운 기회를 낳
을 때 드러날 것이다. 앞으로 우리는 노인이 된 자기 얼굴 이미지에
서 맞춤형 동영상에 이르기까지 사람들을 중요한 정보에 연관시키
는 신기술을 살펴보고자 한다. 행동경제학의 통찰력을 빌린다면 화
면이라는 무생물을 생물체처럼 만드는 것까지도 가능할 것이다.

온라인 소비자,
무엇을 사고 무엇을 사지 않는가

소비자의 선택권을
빼앗으면 안 된다

온라인 세상은 시각적 장소이다. 화면은 눈으로 보는 행동을 강조한다. 이는 화면이 우리 눈에 맞춰진 기술이기 때문이지만, 한편으로는 정보 과부하 때문이기도 하다. 엄청난 양의 콘텐츠가 밀려들면서 우리는 눈을 사용해 화면을 훑어보고 가장 관련성 높은 정보를 찾을 수밖에 없다. 우리가 그 어느 때보다 더 신속하게 생각하고 있다면 그건 눈으로 생각하는 일이 점점 더 많아지는 탓이리라.

시각화 기술 덕분에 생겨난 새로운 맞춤화의 가능성을 내가 크게 평가하는 이유도 여기 있다. 가장 기본적인 접근은 맞춤형 사진을 넣는 것이다. 이는 시각이 정보 압축 도구로서 더 적은 공간과 단어로 더 많은 콘텐츠와 감정을 전달할 수 있다는 전제에서 출발한다. 다우닝 가 10번지의 '넛지 유닛Nudge Unit'이라고도 불리는 영국의 행동분석팀(Behavioral Insights Team, BIT)이 채택한 단순한 전략을 보자. 2010년 여름에 행동경제학자들을 모아 결성한 이 팀은 학문적 성과를 영국 공공정책에 적용해 국민들이 더 좋은 선택을 하도록 독려한다는 목표를 지니고 있다.

최근 BIT는 자동차세를 내지 않은 영국 국민들에게 발송되는 편지의 내용을 교체했다. 과거의 편지는 당장 세금을 납부하지 않으면 차량 족쇄와 가산 벌금 등을 피할 수 없다고 알리는 문서였다. 편지의 효과를 높이기 위해 학자들은 다양한 맞춤화 방법을 실험했다. 첫 번째 방법은 납세자가 현재 소유한 차량의 모델명을 언급하며 세금 미납 시 이를 영영 잃어버릴수도 있다고 구체적으로 경고하는 것이었다. 두 번째 방법은 문제의 자동차 사진을 첨부하여 맞춤형 시각 자료를 넣은 것이었다. 두 방법 모두 납세율을 높였지만 사진을 넣은 경우가 훨씬 더 효과적이었다. 납세율이 40퍼센트에서 49퍼센트로 높아진 것이다.

시작 단계 치고는 훌륭한 결과지만 여기서 한 걸음 더 나아갈 수도 있을 것이다. 디지털 기술로 사진을 살짝 수정하면 어떻게 될까? 가령 납세자가 소유한 바로 그 모델의 자동차가 견인당하는 사진을 첨부했다면? 나라면 아마 한층 더 주의를 집중했을 것 같다.

이 같은 접근은 수많은 상황에서 가능하다. 예를 들어 에이징부스AgingBooth라는 앱을 스마트폰으로 다운로드 받았다고 하자. 이 앱

온라인 소비자,
무엇을 사고 무엇을 사지 않는가

은 사진 편집 효과를 사용해 주름부터 늘어진 피부, 쪼글거리는 입술 등 노인이 된 당신의 얼굴을 자동으로 만들어낸다. 그런 자기 모습을 보면서 어쩌면 뼈가 시큰거리고 등이 굽은 자세까지 느낄 수 있을지 모른다. '나도 언젠간 늙겠지'라는 막연한 생각 대신 손에 잡힐 듯 구체적으로 미래의 모습이 다가오는 것이다.

이런 인식은 무의식적인 의사 결정에도 커다란 영향을 미친다. UCLA의 내 동료인 심리학자 할 허시필드Hal Hershfield가 동료들과 함께 2011년에 발표한 연구에서는 대학생 피험자가 맞춤형으로 자기 모습을 볼 수 있는 가상현실 기술을 활용했다. 특수 안경을 쓰고 거울 속 자신을 바라보게 했는데 거울에는 현재가 아닌 70대가 된 미래의 모습이 비춰졌다. 흰머리에 얼굴에는 주름이 자글거렸고 피부는 반점투성이였다.

나이 든 자기 모습과 60초 동안 대면한 피험자들은 이후 미래에 대한 준비 자세가 바뀌었다. 과학자들은 이들을 대상으로 만약 지금 1000달러가 있다면 다른 사람을 위해 멋진 선물 사기, 연금 저축에 투자하기, 재미있는 여행이나 파티를 기획하기, 일반 예금 구좌에 넣기의 네 가지 중 무엇을 선택할지 물었다. 그러자 늙은 자신과 대면한 피험자들은 거울에서 자신의 현재 모습을 본 경우에 비해 연금 저축에 넣겠다는 액수가 두 배 이상 높았다(전자는 172달러, 후자는 80달러였다). 온라인으로 이루어진 또 다른 실험 연구에서는 노인이 된 자기 모습을 본 피험자들이 저축하겠다는 액수가 40퍼센트나 더 높았다.

■ 장기적인 이익을 고려하도록 돕는 도구

왜 이런 행동이 나타나는 것일까? 허시필드는 우리가 '미래의 자신과 격리되었다'고 느끼는 경향이 있다고 설명했다. 이런 격리감 때문에 건강에 나쁜 음식을 먹고(그런 음식이 미래에 병을 불러온다는 것을 알면서도 말이다) 은퇴 이후를 위해 충분히 저축하지 않는 등 무책임한 행동을 저지르게 된다. 하지만 단순히 시각화 도구를 사용하는 것만으로도 그 격리감을 크게 줄일 수 있다. 결국 노인이 된 자기 얼굴 이미지를 접한 사람들은 의사 결정의 방향을 확 틀어 미래에 대해 고려하지 않았는가.

허시필드의 연구는 디지털 맞춤화가 특히 새로운 시각화 도구와 결합될 때 장기적으로 영향을 미칠 수 있음을 보여주었다. 우리는 흔히 미래란 알 수 없는 모호한 대상이라 여긴다. 그 결과 즉각적인 만족감에 매달리며 이를 외면하고 만다. 그러나 허시필드가 그랬듯 맞춤화와 시각화를 결합시키면 미래를 외면하는 우리 성향이 부분적이나마 극복될 수 있다. 미래를 위해 더 저축해야 한다는 건 다 알지만(미국인들의 대부분은 저축액이 형편없다) 맞춤화된 미래의 노인 이미지를 보기 전까지는 실제로 책임감 있는 행동을 하지 않는 것이다.

동일한 기법이 무수히 다양하게 사용될 수 있다. 할 허시필드, 댄 골드스타인과 나는 최근 401k 기업 연금 계좌를 온라인으로 확인하는 사람들에게 노인이 된 자기 얼굴을 보여주는 것이 실제로 저축액을 높이는 데 영향을 미칠지 연구하고 있다. 또한 허시필드와 골드스타인은 신체 시각화가 장거리 트럭 운전사들의 체중 증가를 줄일 수 있을지 살피고 있다. 예를 들어 한 피험자가 지난 한 주 동안 체중이 2킬로그램 늘었다면 다음 여섯 달 동안 그 추세가 유지되었을 경우 신체 모습이 어떻게 될지를 이미지로 보여주는 방식이다.

운동 시간이 부족하고 패스트푸드로 매 끼니를 때우기 십상인 직업 특성상 트럭 운전사들은 체중 관리 문제에 예민하다. 건강한 식단의 필요성을 단번에 강조하는 시각적 이미지를 제공함으로써 트럭 운전자들의 식습관을 개선할 수 있다면 참으로 바람직할 것이다. 오늘의 방만한 식사가 다가올 미래에 구체적으로 어떤 결과를 낳는지 보다 명확히 인식시킬 수도 있다.

■
가장 인간적인 대화

맞춤형 이미지의 잠재력에 대해서 우리는 이제 겨우 알아가는 단계이다. 내 관심을 끄는 또 다른 접근법으로 맞춤형 비디오가 있다. 짤막한 동영상의 콘텐츠와 대사를 각 시청자에게 맞춤형으로 제공하는 것이다. 여기 특화한 스타트업 기업이 아이두무Idomoo이다. 창업자이자 내 친구인 대니 칼리쉬Danny Kalish는 사람들 대부분이 복잡한 내용의 글을 읽기는커녕 심지어 열어보지도 않는다는 데서 영감을 얻었다. "모두들 정신이 너무 분산되어 있어 문자 메시지 하나를 넘는 길이의 텍스트는 아예 쳐다보지도 않습니다. 이런 상황에서 정보를 전달할 방법은 무엇일까요? 동영상입니다. 동영상만으로 다 되는 것도 아닙니다. 맞춤형으로 만들어야죠."

이런 디지털 맞춤화는 정보 소통의 전환점을 만들고 있다. 수십 년 동안 사람들에게 정보를 알리고 영향력을 미치는 방법은 크게 두 가지였다. 하나는 텔레비전 광고에서 온라인 배너에 이르는 방송 형태였다. 이 방법은 한 번에 수백만 명에게 메시지를 전달하는 등 파급력이 크지만 값이 비싸고 무시되기 쉽다(더구나 DVR과 같은 신기술 덕분에 광고를 건너뛰기도 쉬워졌다). 두 번째 방법은 훈련된 직원이 고객과 소통하게 하는 일대일 방식의 접근이었다. 이러한 접근법은 효과가 크지만 훈련 등에 필요한 비용이 어마어마했다. 이에 반해 칼리쉬는 이렇게 말한다. "이러한 방법과 달리 맞춤형 동영상은 장점만을 결합합니다. 수많은 대상을 공략하면서도 일대일 대화에 버금가는 성공률을 보이지요."

최근 아이두무는 92초짜리 동영상으로 전기 절약이라는 일반적인 메시지를 맞춤화하여 전달했다. 전기 사용량을 고지받는 배경에 그 고객이 거주하는 집 사진이 깔린다. 더 나아가 고객의 에너지 소비량이 이웃들의 소비량과 비교된다. "에너지 절약을 설득하기 이전에 우선 고객의 주의부터 끌어야 합니다. 가능한 한 맞춤화하는 것이 바로 그 방법이지요."

아이두무의 성공적인 사례는 여러 가지이다. 은행을 위한 맞춤형 비디오는 대출 신청 건수를 일곱 배나 끌어올렸다. 브라질 휴대폰

회사의 설치 방법 동영상은 설치 실패 사례를 9퍼센트 줄였다. 케이블 회사의 안내 동영상은 서비스 센터로 걸려오는 전화를 30퍼센트 줄여주었다. 이들 맞춤형 동영상이 성과를 내는 이유는 최고의 고객 서비스 상호작용을 모방하기 때문이다. "동영상의 매 단계마다 우리는 어떤 이야기가 가장 적합할지 고민합니다. 상대가 정말로 관심 있는 것이 무엇인지 생각하는 거죠."

이런 맞춤화는 실상 우리가 대화할 때 늘 하는 행동이다. 우리는 끊임없이 대화의 내용을 상대의 관심사에 맞춰나가지 않는가. "가장 인간적인 것, 그것을 예전에는 컴퓨터가 하지 못했지만 이제는 다릅니다. 게다가 대규모로 해낼 수 있죠."

전기 사용료를 통보하는 상황이라 하자. "전기를 너무 많이 쓰고 있다면 전구를 교체했거나 단열을 강화한 다른 가구들 이야기를 꺼냅니다. 하지만 전기세를 제때 납부하는 사람에게는 연체료 이야기는 할 필요가 없지요." 다시 말해 디지털 맞춤화는 짧은 시간 동안 가장 연관성 있는 사실을 강조함으로써 정보 전달의 효과를 대폭 높이게 된다. 팝업 광고와 동영상 홍보, 각종 광고판이 난무하는 주의력 결핍의 시대에 대상 각각에 맞춰 메시지를 전달하는 일은 그 어느 때보다 중요하다.

이러한 새로운 맞춤화의 사례에서 자신과 관련된 이미지나 동영상 등 시각 자료가 등장하는 것은 우연이 아니다. 사람들이 긴 텍스트를 읽도록 만들기는 어렵다. 온라인 세계에는 우리의 주의력을 분산하는 온갖 요소들이 가득하기 때문이다. 맞춤화 이미지와 동영상이 필요한 이유가 바로 여기 있다. 백 마디 말보다 그림 하나가 효과적이라면 그림 100장보다 맞춤화된 그림 한 장이 더 효과적이다. 그리고 맞춤화된 동영상은 맞춤화된 그림 100장의 효과를 넘어선다.

   내 바람은 맞춤화된 시각 자료를 통해 더 많은 사람들이 자기 선택의 결과를 인식하도록 만드는 것이다. 소비자들을 위해 대신 의사 결정을 내리거나 선택 권한을 빼앗아서는 안 된다. 그저 빅맥이 체중 과다를 이야기하고 노년의 자신에게 저축이 필요하다는 점을 기억하도록 하면 된다. 물론 모두들 이토록 단순한 사실을 잘 알고 있다. 하지만 여기에 새로운 감정의 힘을 덧붙이는 일이 반드시 필요하다.

온라인 소비자,
무엇을 사고 무엇을 사지 않는가

타이밍이
모든 것을 바꾼다

   훌륭한 웨이터는 타이밍을 정확히 맞춘다. 웨이터라는 직업 자체가 고객들의 대화 도중에 다가가 특별 메뉴를 안내하고 디저트 주문을 받는 것이 아닌가. 따라서 방해받는다는 느낌을 주지 않고 적절한 시점에 개입하는 것이 대단히 중요하다. 심각한 대화에 빠진 손님들은 칵테일을 주문하고 싶지 않을 것이다. 낭만적인 분위기에 흠뻑 젖은 연인의 테이블에 물 잔을 채우러 다가가는 것은 자제해야 한다.

   이 모두가 맞춤화의 문제이다. 식당 손님들이 그렇듯 우리도 호소나 제안의 타이밍에 매우 민감하다. 상호작용의 타이밍을 맞춤화하여 최적의 순간에 이루어지도록 하는 것은 콘텐츠를 맞춤화하는 것만큼이나 중요하다. 동일한 메시지라도 하루 중 언제, 한 달 중 언제 전달되느냐에 따라 그 효과가 완전히 달라진다.

와튼경영대학의 연구진 헝천 다이Hengchen Dai, 캐서린 밀크먼Katherine Milkman, 제이슨 리스Jason Riis가 내놓은 결론으로는 최소한 그렇다. 이들은 일련의 실험을 통해 '시간적 이정표temporal landmark'에 도달한 후에야 다이어트나 저축, 운동 등 목표 달성에 매진하는 비율이 높아진다는 점을 입증하고 여기에 '새 출발 효과'라는 이름을 붙였다. 이 효과의 힘은 강력하다. 가령 대학생들은 한 주의 첫날 운동할 가능성이 33.4퍼센트 더 높으며 학기 첫날 운동할 가능성은 47.1퍼센트 더 높다. 생일에도 비슷한 효과가 나타나 생일 파티 다음날 운동을 하러 갈 확률이 7.5퍼센트 높아졌다(단, 만 스무 살 생일에는 이런 효과가 나타나지 않았는데 이는 충분히 납득할 만하다).

밀크먼은 이 연구가 디지털 세상에 실제적으로 시사하는 바가 있다고 지적했다. 이로써 우리에게 정보를 맞춤화하고 행동 변화를 유도하는 또 다른 도구가 주어진 것이다. 상대로 하여금 야심찬 목표를 추구하도록 독려하려면 개입할 시점을 잘 정해야 한다. 예를 들어 살이 빠지거나 돈을 모았거나 더 건강해지는 등 목표를 달성하여 나아진 미래의 모습을 적절한 시점에 강조해줘야 훨씬 효과적이다. 무작위로 아무 날이나 잡아 다이어트를 시작하라고 하는 것보다 한 달의 첫날, 아니면 생일 파티 다음날을 시점으로 잡아야 하는 것이다. 캐서린 밀크먼과 헝천 다이, 하버드 경영대학의 존 비

온라인 소비자,
무엇을 사고 무엇을 사지 않는가

쉬어스John Beshears, 그리고 나는 현재 예닐곱 군데 정도의 종합 대학과 협력해 직원들이 연금 저축을 더 많이 하도록 독려할 방법을 연구 중이다. 우선 일부 직원들에게는 생일 등 개인적인 기념일에 맞춰 우편으로 저축률을 높일 기회를 안내받도록 했다. 다른 직원들에게는 맞춤화된 설정 없이 아무 날에나 동일한 우편물을 전달했다. 예비 분석 결과, 생일 직후 저축을 권유받은 직원들의 경우 저축률이 유의미하게 높은 것으로 나타났다.

■ 당신의 고객은 언제 웹 사이트에 방문하는가

타이밍을 맞춤화하여 나타나는 효과에 대한 또 다른 사례는 영국의 BIT에서 제시했다. 보건당국의 온라인 금연 캠페인 '금연의 달 Stoptober'과 관련된 실험이었다. 어떤 웹 사이트가 가장 효과적인지 파악하기 위해 영국 공중보건국과 BIT는 다양한 디자인에 대하여 무작위 연구를 수행했다. 웹 사이트 화면 상단에 밝은 오렌지색 회전목마가 등장해 '담배 없는 10월!'이라는 캠페인 슬로건을 보여주는 경우와 11개월 전에 담배를 끊고 스스로를 무척 자랑스럽게 여긴다는 경험자의 진술을 담은 경우, 중년 여성의 사진과 함께 금연 체험담을 공유하는 경우 등이 있었다.

화면 상단에 어떤 디자인이 등장하느냐에 따라 금연 캠페인에 등록하는 방문객의 비율에 커다란 차이가 나타났다. 가장 효과가 없었던 디자인의 경우 방문객 중 15.1퍼센트만이 등록했고, 가장 효과적인 디자인의 경우 그 비율이 17.2퍼센트였다(가장 효과적이었던 디자인은 별다른 사진이나 그림 없이 금연으로 10년을 더 살 수 있다는 설명이 제시된 것이었다). 그리 큰 차이가 아니라고? 대상 방문객의 규모가 93만 9000명에 달했음을 고려한다면 상당한 차이라 할 수 있다. 더 좋은 디자인이 추가로 수천 명을 금연의 길로 이끈 것이다.

더 나아가 BIT 연구자들과 경제학자들이 데이터를 분석하기 시작하면서 금연 프로그램 등록 비율에 영향을 미치는 것이 사이트의 디자인만이 아니라는 점이 드러났다. 웹 사이트를 방문하는 타이밍 역시 중요했다. 오전에 방문한 이들은 다른 시간대 방문자들보다 캠페인에 등록하는 확률이 3.8퍼센트 더 낮았다. 그러나 모든 디자인에서 오전 시간이라는 변수가 동일한 영향을 미치지는 않았다. 다만 오전 시간 방문자들은 복잡한 디자인을 꺼려하는 듯, 추가 요소가 하나 들어갈 때마다 캠페인 등록률이 0.3퍼센트씩 낮아졌다.

이 결과를 어떻게 설명해야 할까? 명료한 답은 없다. 우선 오전 시간에 주의력이 특히 한정될 수 있다는 가능성이 제기된다. 아침에는 워낙 할 일이 많지 않은가. 아이들을 깨워 아침을 먹이고 학교에 보낼 준비를 해야 한다. 이메일을 확인하며 회의 준비를 하고 뉴스도 훑어봐야 한다. 그 결과 정보와 장식이 너무 많은 웹 사이트는 부담스럽게 느껴지고 금연 제안을 무시하게 되는 것이다(대규모 메일 발송 전문 업체인 메일침프MailChimp에 따르면 오후 4시는 오전 9시에 비해 이메일을 열어볼 가능성이 두 배 이상으로 높아진다고 한다).

특정 시간대에 따라 웹 사이트 형태가 맞춤형으로 달라질 수 있다면 다음 해 '금연의 달' 캠페인의 등록 비율은 5.9퍼센트까지 높아질 수 있다는 것이 연구자들의 계산이다. 이는 5만 5000명이 넘는 흡연자들이 추가로 금연을 결심하게 된다는 뜻이기도 하다.

■ 적절한 시점에 적절한 형태로 정보를 전달하라

이렇듯 타이밍은 중요하다. 흡연자들은 담배가 해롭다는 것을 잘 알고 있다. 하지만 적절한 시점에 적절한 형태로 금연 권고가 전달되어야만 받아들인다. 이는 체중 감량과 운동에서부터 금융 관련 의사 결정에 이르기까지 자기 관리의 다른 여러 측면에도 마찬가지로 적용될 것이다.

포르투갈가톨릭대학의 대니얼 페르난데스Daniel Fernandes, 콜로라도대학의 존 린치John Lynch, 버지니아대학의 리처드 네트메이어Richard Netemeyer가 2014년에 발표한 검토 연구는 기존 168개 논문에 나타난 금융 교육의 효과를 정리하고 있다. 짧게 결론부터 말하자면 금융 교육은 별 성과를 내지 못했다. 24시간 이상의 집중 교육도 2년이 지나자 수강생들의 금융 의사 결정에 영향을 미치지 못했다. 설령 효과가 나타난다 해도 오래가지는 못했던 것이다.

실망스러운 결과지만 그럼에도 연구자들은 금융 교육을 중단하자고 제언하지 않았다. 대신 '특정 행동이 필요한 바로 그때 금융 교육을 하자'고 제안했다. 예를 들어 아직 대출 계획이 없는 사람에게 추상적으로 주택 담보 대출을 가르치는 대신 가계 대출을 신청

할 때 중요한 사항을 짚어줄 수 있다. 무작위 대상이 아니라 401k 기업 연금을 선택하려는 이들에게 연금 저축에 대해 강의하면 된다. 다시 말해 금융 교육을 통해 실제 행동을 바꾸려면 타이밍부터 맞춤화해야 한다는 뜻이다.

스마트폰이 널리 보급되면서 '바로 그때' 이뤄지는 교육을 실시할 가능성도 대폭 높아졌다. 성급하거나 부적절한 의사 결정, 이를 테면 비우량 주택 담보 대출을 받는다거나 연금 계좌에서 돈을 빼려는 행동을 하려는 바로 그 순간에 문자나 이메일로 금융 정보를 제공할 수 있기 때문이다. 이론적으로는 그렇다. 이렇게 맞춤화된 교육은 최소한 사람들이 미래의 결과를 더 뚜렷하게 인식하도록 도울 수 있다. 앞서 4부에서 살폈듯 소비자에게 실시간 계좌 정보를 제공하는 단순한 모바일 앱을 제공함으로써 불필요한 지출이 크게 줄어들도록 만들 수 있다. 필요할 때 제공되기 때문에 그 정보가 영향력을 발휘하는 것이다.

이 모든 사례는 동일한 메시지를 전한다. 웹 사이트, 앱, 행동 개입의 효과는 정보가 사용자에게 얼만큼 맞춰져 있는가와 긴밀히 관련된다는 점이다. 객실 번호를 명시한 호텔 현수막이 가장 설득력 있는 이유도, 특정 어린이 한 명을 위해 만들어진 듯한 느낌을 주는 학습 소프트웨어가 최고의 평가를 받는 이유도 바로 거기 있다. 아이두무의 맞춤화 동영상이 큰 성공을 거둔 것도, 하루 중 딱 맞는 시간에 이메일을 발송함으로써 대상자의 행동 변화 가능성이 확 높아지는 것도 이 때문이다.

우리 마음은 눈앞의 정보를 무시하는 데 아주 뛰어나다. 디지털 맞춤화의 잠재력은 우리가 이미 알고 있는 내용에 새삼 주목하게 끔 하는 데 있다.

800만 달러보다
더 유익한 투자

디지털 세계에서 새로운 맞춤화 기술의 가장 두드러진 특징은 아마도 비용 대비 효율성일 것이다. 오프라인 세계에서의 맞춤화에는 인건비가 많이 들지만(기업들은 추가 인력을 고용해 훈련시켜야 한다) 디지털 맞춤화는 비용을 거의 들이지 않고도 그만큼의, 아니 그 이상의 성과를 가져온다. 디지털 맞춤화의 투자 수익률이 얼마나 대단한지는 이미 모르는 일이 아니다. 예를 들어 코카콜라는 2013년 미국 슈퍼볼 중계방송 시간의 광고료로 800만 달러 가까이 썼다. 개인적 차원에서 사람들과 연결될 수 있는 기술을 사용했다면 그 어마어마한 돈을 더 유용하게 쓸 수 있었을 것이다. 광고의 핵심이 소비자의 관심 몇 초를 얻어내는 것이라면 콘텐츠를 맞춤화하는 편이 훨씬 더 성과가 크다.

영국 행동분석팀BIT의 사례를 보자. 이 팀의 설립 당시 목표는 투자 대비 열 배의 효과를 거두는 것이었다. 즉 정부가 1파운드를 투자해 국민들의 긍정적 행동을 독려할 때 10파운드의 새로운 이득 혹은 비용 감소 효과를 거두도록 한다는 뜻이다. 열 배 효과가 과연 가능하겠느냐고 많은 정치인들이 우려를 표했지만 설립 이후 겨우 몇 해 만에 그 예상은 보기 좋게 빗나갔다. BIT가 평균 22배의 투자 수익을 올린 것이다. 향후 5년 동안 이 팀의 활동은 영국 정부의 예산을 3억 파운드 이상 절약시킬 것으로 예상된다.

■
화면에서 무엇이 가장 중요한지 생각하라

BIT의 맞춤화 성과는 대단해 한 사례의 경우 몇 달 만에 2000배에 가까운 투자 대비 효과를 거두기도 했다. 이 팀의 전략 가운데 상당수가 수작업 편지 등의 형태임을 고려하면 디지털 기술을 활용했을 때 투자 수익은 한층 높아질 수 있다. 컴퓨터가 한번 프로그램되면 추가 비용은 거의 없이 엄청난 정보를 맞춤화할 수 있으니 말이다. 맞춤화된 고객 서비스에 인건비가 든다는 논리는 더 이상 유효하지 않다. 기술 발전 덕분에 비용 없이 맞춤화의 이점을 극대화할 수 있는 시대가 되었다.

그럼에도 화면 위에서 맞춤화의 잠재력을 활용하지 못하는 정부와 기업들이 여전히 허다하다는 사실이 안타깝다. 방문자에게 동기를 부여하기는커녕 혼란에 빠뜨리고 마는 정보 과다형 웹 사이트들이 너무도 많다. 종이와 화면 위를 가득 채운 정보들 사이에서 사람들은 가장 중요한 것, 예를 들어 최근 에너지 사용량 혹은 신체검진 결과 중 유의해서 봐야 할 사항 등이 무엇인지 구분해내지 못한다. 그리하여 연금 안내문은 그대로 쓰레기통에 처박히고 공과금 고지서는 개봉되지 못하며 의료 기관이 보낸 메일은 슬쩍 눈길만 받은 후 삭제된다.

약간의 맞춤화만으로도 투자 대비 효과가 상당히 높아진다는 증거가 속속 나타나는 상황에서 이런 실패는 정당화될 수 없다. 우리는 디지털 맞춤화의 시대에 살고 있다. 기술 발전 덕분에 비용이 상쇄되었으므로 고객들이 특별한 대접을 받는다고 느끼게 하는 데 결코 많은 자원이 들지 않는다. 누군가 말을 거는 듯 당신의 이름을 불러주도록 자동 프로그램된 동영상이면 충분한 경우도 있다. 혹은 어째서 당신에게 이 강의가 필요한지 설명해주는 학습 계획안이 필요할 수도 있다. 얼굴 모습을 파악하고 이미지를 변형해 미래의 당신 모습을 보여주면 될지도 모른다.

온라인 소비자,
무엇을 사고 무엇을 사지 않는가

디 지 털 설 계 자 에 게 던 지 는 질 문

맞춤화는 정보 혹은 선택 가능성을 제공할 때 늘 염두에 두어야 하는 중요한 원칙이다. 우리 머리는 정보를 처리하는 장치지만 자기만의 선호, 관심, 역사, 시간과 장소(웹 사이트는 훌륭한 웨이터에게서 배울 점이 많다) 등에 맞춤화된 정보에 끌린다. 다음은 디지털 맞춤화라는 도구의 효과를 끌어올리기 위해 생각해봐야 할 몇 가지 질문들이다.

1. 동원 가능한 관련 데이터를 모두 사용하고 있는가? 고객에 대해 무엇을 알고 있으며 고객의 경험을 맞춤화하기 위해 그 정보를 어떻게 활용할 수 있는가? 나는 항공사 가운데 유나이티드 에어라인United Airlines을 자주 이용한다. 그러나 단 한 번도 항공사로부터 생일 축하 메시지를 받아본 적이 없다. 그 정도는 손쉬운 서비스일 텐데 말이다. 반면 그보다 훨씬 덜 타는 터키 항공Turkish Airlines에서는 매년 내 생일마다 축하 메시지를 보낸다. 항공사 입장에서는 비용이 거의 들지 않는 아주 작은 배려이지만 고객 입장에서는 오래 기억하게 되는 서비스이다.

2. 맞춤화와 사생활 침해를 명확하게 구분하고 있는가? 둘 사이의 균형 잡힌 접근이 필요하다. 디지털 맞춤화가 정도를 넘으면 사용자의 불쾌감을 유발할 수 있다.

3. 콘텐츠 맞춤화에만 신경 쓰지는 않는가? 메시지의 전달 타이밍은 그 효과를 크게 좌우한다. 영국의 BIT 팀은 노출 시점에 따라 웹 사이트 콘텐츠를 바꾸는 맞춤화 작업을 시도할 정도이다. 새해나 생일 등 시간적 분기점을 활용해 효과를 끌어낼 방법은 무엇인가?

4. 맞춤화의 효과를 높이기 위해 신기술을 활용하고 있는가? 맞춤화 동영상이나 새로운 시각화 기술을 찾아보라. 늙은 자신의 모습을 디지털 이미지로 확인한 사람들은 연금 저축액을 높이는 경향이 있다.

5. 하나 이상의 웹 사이트가 필요한지 확인해보았는가? 예를 들어 아침용, 저녁용,

늦은 밤용으로 서로 다른 웹 사이트를 기획하고 있는가? 혹은 주의력이 부족한 고객을 위한 간략 버전과 관심 많은 고객을 위한 상세 버전을 따로 만들어야 하는 상황인가?

6. 디지털 맞춤화에 충분히 투자를 하고 있는가? 투자 대비 높은 효과를 고려할 때 맞춤화에 필요한 투자 수준을 더 높여야 하는 것은 아닌가?

7. 디지털 맞춤화 전략의 목표를 충분히 높게 잡고 있는가? 막대한 정보 분석이 가능해지면서 새로운 형태의 맞춤화도 가능해졌다. 예를 들어 아마존은 소비자가 주문을 하기도 전에 제품을 선적하는 알고리즘에 특허를 낸 상태이다. 말도 안 되는 것이라 보이는가? 하지만 우리가 어떤 영화를 보게 될지 예측하는 알고리즘이 말도 안 되는 것으로 여겨지던 때도 그리 먼 옛날은 아니다.

온라인 소비자,
무엇을 사고 무엇을 사지 않는가

7부

소비자가 더 좋아하는 의사 결정의 알고리즘

주어진 선택지가 많을수록 만족도가 낮아지는 이유는 무엇일까? 모름지기 '구매자는 후회하는 법'이기 때문이다. '선택 이후의 후회postchoice regret'라 불리는 이 현상은 선택지와 정보가 무수히 많은 우리 시대에 심각한 문제가 된다. 이 문제를 해결해주는 방법이 있을까? 온라인 시대의 화면에 완벽하게 들어맞는 의사 결정의 알고리즘 말이다.

선택지가 너무 많으면
선택을 포기해버린다

이 책의 서두에서 www.healthcare.gov의 사례를 논의했다. 수백만 미국인들이 자신에게 가장 적합한 건강보험을 선택할 수 있도록 개설한 웹 사이트 말이다. 불행히도 이 웹 사이트는 성공적이지 못했다. 첫 한 주 동안 제대로 신청서 작성을 완료한 사용자는 1퍼센트도 채 되지 않았다. 운영 과정에서 여러 문제들이 나타나 몇 달동안 전혀 제 기능을 못하기도 하였다. 결국 기술적 문제가 해결되고 2014년 한 해 동안 800만 명 이상이 등록했다고는 하지만 이미지 손상은 심각했다. 효과적인 공공 정책에 웹 사이트가 얼마나 중요한 요소인지 이만큼 충격적으로 보여준 사례도 다시없을 것이다.

앞서 언급했듯 나는 이 사이트가 드러낸 기술적 문제의 핵심이 너무 많은 질문으로 우리의 주의력을 분산시킨 것이었다고 본다. 이 사이트의 목적은 국민들의 어려운 선택을 돕는 것이었다. 웹 사이트가 겨냥한 광범위한 사용자층을 고려할 때 사소한 디자인 오류 하나도 엄청난 영향을 미칠 수 있었다. 이는 수백만 미국인들의 중대한 금융 의사 결정을 좌우하는 일이었다.

이 사이트는 과연 목적을 달성했을까? 각자 자기 가족에 맞는 최선의 보험을 찾도록 해주었을까? 기술적 결함이 고쳐진 후에도 사용자를 잘못된 의사 결정으로 이끌 가능성은 여전히 남아 있었다(이에 대해서는 이번 장에서 다시 살피게 될 것이다). 다행히 앞으로 이 웹 사이트가 어떻게 개선되면 좋을지 알려주는 새로운 연구들이 나와 있다. 더 나은 디자인은 더 나은 의사 결정을 이끌어낸다.

건강보험 선택 웹 사이트가 당면한 기본적인 과제부터 짚어보자. 건강보험 설계는 무수히, 정말 무수히 많다. 미국 내 각 주의 목록마다 총 7만 8000개 이상의 건강보험이 올라가 있다. 지리적, 인구적 변수에 따라 걸러낸다 해도(가령 사용자가 자기 지역에서 가능한 설계만 보게 되더라도) 여전히 선택 가능성은 줄어들지 않는다. 예를 들어 플로리다 주 세미놀 카운티의 경우 서로 다른 보험 회사 여덟 곳이 169종의 보험 상품을 내놓은 상황이다.

보험 상품 간의 차이점이 가족 공제금부터 1차 방문 진료에 이르기까지 열 가지는 족히 넘는다는 점 또한 문제를 한층 더 복잡하게 한다. 상품마다 약제 혜택이나 엑스레이 비용이 다르고 담당 의사

네트워크와 품질 평가 점수도 다르다. 이렇게 변수가 많다 보니 건강보험 선택 사이트의 방문자들은 어마어마한 정보와 맞닥뜨릴 수밖에 없다. 결국 선택 과정에서 도움을 거의 받지 못한 채 중대한 의사 결정을 내려야 하는 것이다(우리 가족이 가입할 수 있는 가장 저렴한 보험 상품이라 해도 매월 600달러를 내야 한다). 그러니 온라인 방문자들이 혼란을 느끼고 당황하는 것도 무리가 아니다.

■
기술의 진보가 도움이 되지 않는 경우

다음 표는 세미놀 카운티의 주민들이 선택할 수 있는 보험 상품 열 개를 보여주고 있다. 이는 현재 소비자들에게 제시되는 보험 중 6퍼센트도 채 안 되는 것이며, 웹 사이트에서 고려해야 할 다른 여러 변수들을 삭제한 상태이다(아래 용어들이 무슨 뜻인지 이해하지 못한다 해도 걱정할 필요는 없다. 실제로 다 이해하는 사람은 극히 적다). 모든 보험 상품과 변수를 다 집어넣는다면 다음 표가 이 책의 열 쪽 이상을 차지할 것이다.

자, 간단한 연습을 해보자. 아래 건강보험 선택지를 살펴보고 어느 상품이 당신과 당신 가족에게 가장 적합한지 골라보는 것이다.

	월 보험료	공제금	수혜자 부담 (co-pay)	유형	등급
1	$392	$6000	$40	EPO(배타적 의료기관 보험)	브론즈
2	$464	$5000	$25	HMO(건강관리 보험)	플래티넘
3	$519	$3000	$20	EPO(배타적 의료기관 보험)	골드

온라인 소비자,
무엇을 사고 무엇을 사지 않는가

	월 보험료	공제금	수혜자 부담 (co-pay)	유형	등급
4	$562	$850	$15	EPO(배타적 의료기관 보험)	플래티넘
5	$376	$6000	$40	HMO(건강관리 보험)	브론즈
6	$544	$0	$10	EPO(배타적 의료기관 보험)	플래티넘
7	$189	$5600	$10	HMO(건강관리 보험)	브론즈
8	$240	$3750	$10	HMO(건강관리 보험)	실버
9	$362	$5750	$75	EPO(배타적 의료기관 보험)	실버
10	$378	$3500	$30	PPO(선호 병의원 보험)	실버

이 가운데 하나를 선택하기란 아마 무척 어려울 것이다. 그렇지 않은가? 어떤 변수가 가장 중요한지, 각각의 변수들이 서로 어떻게 관련되어 있는지 분명치 않다. 더 나아가 이상적인 선택을 하려면 미래의 수요를 예측할 수 있어야 하는데 내년에 몇 번이나 의사를 만나게 될지 알 방법이 과연 있을까? 생각해야 할 것은 너무도 많은데 이를 도와주는 안내 자료는 거의 없다.

여러 연구 결과, 선택의 여지가 너무 많고 복잡한 사항을 고려해야 하는 이런 상황에서 사람들은 아예 선택을 포기한다고 한다. 그냥 손을 놓아버리는 것이다. 처방전 비용을 보조하는 정부 프로그램인 '메디케어 파트 D Medicare Part D'를 사례로 들어보자. 2006년에 이 프로그램을 도입하면서 정부는 무려 1000개 이상의 선택지를 내놓았다. 한 연구에서 이 프로그램에 가입하지 않은 사람들에게 그 이유를 물었다. 그러자 그중 69퍼센트는 '대안이 너무 많아서', 또 다른 61퍼센트는 '가입 과정이 너무 복잡해서'라고 응답했다. 건강보험 선택 사이트에서 그랬듯 정부는 국민에게 여러 선택지를 제시하면 충분하다고 여겼다. 하지만 선택지 제시는 문제 해결 과정에서 겨우 첫 단계일 뿐이다. 그다음이 더 중요하다. 여러 가능성을 압축해 살펴보고 최선의 것을 선택하는 과정이 제공되어야 하는 것이다.

물론 복잡한 선택의 문제가 건강보험 선택 사이트에만 존재하지는 않는다. 소비자가 화면 앞에서 점점 더 많은 선택을 하고 있는 디지털 시대에 이런 문제는 지속적으로 제기되고 있다. 우리는 스마트폰에서 식료품을 선택하고 컴퓨터로 항공권 좌석을 고른다. 소파에 편히 앉아 주식을 사고팔며 데이트 웹 사이트에서 수천 명의 사진을 훑어본다. 더구나 온라인 세계의 환경이 현실 세계를 그대로 반영하지는 않는다. 아마존은 동네 서점과 다르고 매치닷컴(Match.com)은 근처 바에서 사람들을 만나는 것과 다르다. 가장 큰 차이를 하나만 고르라고 한다면 선택 가능성의 규모일 것이다. 웹 사이트는 오프라인 경쟁 업체에 비해 훨씬 더 많은 선택지를 제시한다.

동네 상점은 진열대의 공간적 한계 때문에 기저귀를 여섯 종류만 비치하지만 유아용품 판매 사이트 다이퍼스닷컴(diapers.com)에 가면 50종 이상이 등장한다. 동네 슈퍼마켓에는 아침식사용 시리얼이 220종 구비되어 있지만 아마존으로 가면 1841종이 있다. 온라인 세계를 기준으로 볼 때는 이것도 적은 수이다. 온라인 쇼핑몰 자포스가 판매하는 여성 신발은 자그마치 2만 8584종이다(남성은 그보다 훨씬 적은 1만 5247종 중에서 골라야 한다). 이스라엘에서 내가 어린 시절을 보낼 때 텔레비전 채널은 딱 하나였지만 이제는 클라우

온라인 소비자,
무엇을 사고 무엇을 사지 않는가

드 서버를 통해 지금까지 만들어진 거의 모든 방송 프로그램을 볼 수 있다.

온라인으로 선택 가능성이 이토록 엄청나게 확대된 것이 그저 훌륭한 일로, 기술적 진보로만 보일지 모른다. 갑자기 무한한 가능성이 열렸고 우리는 기저귀든 신발이든 건강보험이든 무조건 최고를 선택할 수 있게 되었으니 말이다. 전통적인 경제 이론에 따르면 선택지는 많으면 많을수록 모두에게 좋다. 더 많은 선택지를 원하는 사람은 만족할 수 있고 그렇지 않은 사람은 추가 선택지를 무시하면 그만이니 말이다. 대안이 많을수록 소비자는 더 행복해야, 최소한 전보다 더 만족해야 마땅하다.

하지만 이런 판단은 틀렸다. 선택 가능성이 무한해졌지만 새로운 세상은 우리가 더 나은 선택을 하도록 도와주지 않는다. 너무 적은 선택지는 답답하지만 너무 많은 선택지는 도리어 우리를 마비시킨다. 주의력이 한정된 우리 두뇌는 압도되어 결국 부적절한 선택을 하거나 아예 선택을 포기하고 만다.

소비자의 선택을 돕지 않는
웹 사이트에 생기는 일

2011년 논문에서 심리학자 배리 슈워츠Barry Schwartz와 애덤 그랜트Adam Grant는 소비자의 선택 가능성과 만족도 간의 관계가 뒤집힌 U자 곡선을 그린다고 주장했다. 앞서 뒤집힌 U자 곡선에 대해 설명했던 것처럼 피드백이나 용이성이 과도해지면 불충분할 때 못지 않게 위험할 수 있다.

듀크대의 아브니 샤Avni Shah와 다트머스대학의 조지 월포드George Wolford가 발표한 연구를 보자. 이들은 가격이 1.89달러에서 2.39달러에 이르는 검정색 펜 20종을 모두 1달러로 할인한 후 행인들에게 그중 하나를 고르도록 했다. 결과는 흥미로웠다. 선택 가능성이 많으면 자기 마음에 드는 것을 더 쉽게 고를 수 있을 것 같지 않은가? 볼펜을 좋아하는 사람이 있는가 하면 롤러펜을 좋아하는 사람도 있고 손에 잡히는 느낌을 중시하는 사람도 있을 테니 말이다. 따라서 더 많은 펜을 제시할수록 펜을 구입하는 사람들이 더 많아지지 않을까? 펜을 단 두 개 내놓았을 때는 방문자 가운데 40퍼센트가 하나를 구입했고, 열 개를 내놓자 90퍼센트가 구입했다. 그런데 바로 그 직후에 뒤집힌 U자 곡선이 등장했다. 펜이 열 개를 넘어선 시점부터 아무것도 고르지 않는 사람들이 나타난 것이다. 비율의 변화 또한 급격했다. 펜이 16개 주어지자 방문자 중 30퍼센트만이 하나를 선택해 구입했다.

 펜의 경우에만 그런 것이 아니었다. 심리학자인 쉬나 아이엔가 Sheena Iyengar와 마크 레퍼Mark Lepper가 초콜릿과 과일 잼을 실험 대상으로 삼았을 때에도 마찬가지 결과가 나왔다. 선택지가 많아질수록 구매 가능성이 떨어진 것이다. 아이엔가와 동료들이 진행한 다른 연구에서는 뮤추얼 펀드의 선택지가 많아지는 경우 401k 기업 연금 가입률이 떨어진다는 점이 드러났다. 연금에서 투자해야 하는 뮤추얼 펀드의 선택지가 열 개씩 늘어날 때마다 가입률이 2퍼센트씩 하락한 것이다. 최근 온라인에서 포도주 쇼핑객을 대상으로 진행한 어느 연구에서는 판매 실적이 낮은 포도주를 선택지에서 제거했다. 그런데 선택지가 적게 주어지자 도리어 소비자 만족도가 높아졌다. 쇼핑객이 포도주 전문가가 아닌 한 결과는 마찬가지였다.

정작 온라인 세계는 이러한 연구 결과를 제대로 반영하지 못하는 듯하다. 그러기는커녕 선택 가능성을 한층 늘려 문제를 악화시키고 있다. 예를 들어 아마존은 검정색 펜 1047종, 과일 잼 1600종을 제시한다. 온라인 증권사 스콧트레이드Scottrade는 수천 개의 뮤추얼 펀드를 늘어놓고 투자자가 원하는 것을 고르게 한다. 어느 사이트를 가든 방문자들은 무수하게 쏟아지는 선택지에 압도당한다. 화면은 선택지들로 가득 찬다. 그 순간 선택 가능한 대안의 개수와 우리의 선택 능력 사이에 심각한 불일치가 발생한다. 이 불일치가 해결되지 않으면, 즉 늘어난 선택지를 효과적으로 정리하는 구조가 나오지 않는다면, 소비자들은 머지않아 사라져버릴 것이다.

■ 인간의 뇌는 길을 잃어버린 느낌을 싫어한다

소비자들이 선택 가능성의 규모에만 압도되는 것도 아니다. 원하는 것을 찾기 위해 사이트 내에서 이동하는 것만으로 머릿속이 과부하가 되는 경우 역시 너무나 많다. 상당수의 웹 사이트에서 온라인 방문객에게 너무 많은 메뉴 바와 버튼, 팝업 창, 검색 도구를 제시하는 탓이다. 이렇게 되면 무얼 찾고 싶은지 아는 사람이라 해도 어떻게 찾아야 할지 알 수 없다. 사이트를 헤매다 보면 힘들고 지친다. 우리 두뇌는 길을 잃어버린 느낌을 싫어한다.

집에서 간단한 연습을 해보자. 1에서 10까지 세는 데 시간이 얼마나 걸리는지 재보는 것이다. 그다음에는 10에서 1까지 거꾸로 세면서 시간을 재보자. 일반적인 경우라면 거꾸로 세는 편이 훨씬 오래 걸렸을 것이다. 내 경우 1부터 10까지는 2.16초, 10에서 1까지는 3.13초였다. 이 사례는 숫자를 셀 때든 화면을 클릭할 때든 우리가 익숙한 경로를 선호한다는 것을 잘 보여준다. 웹 사이트에서 불확실한 경로가 너무 많다면 결국 사용자로 하여금 억지로 수를 거꾸로 세도록 만드는 것이나 다름없다.

소비자의 선택을 도와주지 않은 웹 사이트에 어떤 일이 일어날까? 프라이스그래버닷컴(PriceGrabber.com)이 적당한 사례다. 1999년에 등장한 프라이스그래버는 인터넷 전체를 통틀어 가격을 비교해주는 최초의 쇼핑 웹 사이트였다. 곧 인기 있는 포털로 자리 잡아 고객 수백만 명을 끌어들였고, 지속적으로 성장하는 것이 당연해 보였다. 그저 웹을 이 잡듯 뒤져 더 많은 선택 가능성만 제시하면 그만일 듯했다. 실제로 프라이스그래버의 판매 상품은 인터넷 성장에 비례해 점차 늘어났다. 10년 전에는 텔레비전부터 레고에 이르는 상품 종류의 수가 100만 개 정도였다. 지금은? 무려 1억 5000만 개다. 색상과 크기 등 각 상품마다 서로 다른 선택 조건까지 고려하면 이 지구에 살고 있는 사람 수보다도 더 많아진다. 고객들이 원하는 상품을 찾아갈 수 있도록 도와주는 메뉴 버튼과 여러 검색창 등 탐색 도구도 다양하다.

하지만 선택지를 무수히 제시하는 것만으로는 충분하지 않다. 프라이스그래버는 이를 뼈아프게 학습했다. 여전히 막후에서는 성공을 거두고 있지만(주요 가격 비교 사이트에 데이터를 제공하는 역할을 한다) 더 이상 소비자들에게 인기 있는 사이트가 아니다. 프라이스그래버의 기술 부문 부사장 톰 맥닐Tom Macneil은 "소비자를 겨냥한 비즈니스는 이미 끝났다고 봅니다. 한때 저희 회사가 시장을 지배했지만 이제는 아닌 거죠. 한번 떠난 소비자들이 다시 돌아오도록 만들기는 정말로 어렵습니다"라고 인정했다.

왜 이렇게 되었을까? 몇백만 개의 새로운 상품을 계속 더해나가기만 했는데 시장 점유율을 잃어버린 이유는 무엇일까? 뒤집힌 U 자 곡선이 바로 그 답이다. 프라이스그래버는 상품 개수를 늘리는 데에만 집중한 나머지 고객들이 원하는 것을 고를 수 있는 의사 결정 과정이 한층 중요하다는 점을 간과했다. 선택 가능성의 범위와 원하는 것을 찾는 우리 능력 사이의 불일치를 간과한 것이다.

이 사례가 주는 교훈은 단순하다. 화면에 여러 가능성을 제시하는 것만으로는 충분치 않다. 제품 1억 5000만 개, 건강보험 상품 수십 종을 늘어놓는 것은 중요하지 않다. 고객들은 웹 사이트나 앱이 보다 스마트한 선택을 하도록 도와주기를 바란다.

카테고리 효과를
가장 잘 활용하는 아마존의 전략

1960년대 후반 심리학자들은 쇼핑객들에 대해 깜짝 놀랄 만한 발견을 했다. 전통적인 선택 모형에서는 소비자들이 자신이 원하는 것과 관련된 모든 선택지에 대해 고민한다고 가정했다. 그러나 실제로 알아본 결과, 사람들은 훨씬 적은 선택지만을 고려했던 것이다. 진열대의 모든 상품에 대해 생각하는 대신 아주 신속하게 몇 가지 상품을 골라 관심 영역을 한정했으며, 이때 브랜드나 제품명이 주된 기준으로 작용했다. 이렇게 추려진 상품들을 '고려 대상군 consideration set'이라고 한다. 고려 대상군의 가장 큰 특징은 수가 다섯 개 미만이라는 점이다. 예를 들어 일반적인 슈퍼마켓에서 판매하는 탈취제는 30종 이상이지만 일반 소비자들은 세 종류만 추려내어 고민한다. 드럭스토어 한 곳에 진열된 샴푸는 50종이 넘지만 쇼핑객들은 네 개 중 무엇을 살지 비교한다. 커피에서 자동차에 이르기까지 대부분의 제품이 마찬가지이다. 거의 모든 소비자들이 판매대에 놓인 제품 대다수를 무시해버린다.

고려 대상군은 오프라인 상점의 소비자를 고려하여 만든 개념이지만 온라인 공간에서 한층 더 큰 의미를 지닌다. 이 개념은 소비자들이 자연스럽게 선택지를 제한한다는 것, 특히 선택 가능성이 너무 많은 경우 그렇게 한다는 사실을 알려준다. MIT의 마케팅 교수 존 하우저John Hauser가 지적했듯 고려 대상군은 선택지는 많고 시간은 부족한 세상에서 합리적으로 반응하는 방식이다. 우리는 샴푸를 고르느라 몇 시간을 허비할 생각이 없다. 그저 깨끗하게 머리를 감고 싶을 뿐이다.

고려 대상군의 중요성이 강조되면서 온라인 선택 과정을 설계하는 이들이 당면한 문제가 분명히 드러난다. 선택 과정을 설계할 때에는 소비자들이 화면에 펼쳐진 어마어마한 선택 가능성을 최상의 고려 대상군으로 좁혀 가장 만족스러운 결정을 하도록 만드는 것이 목적이 되어야 한다. 매장이나 화면에 상품이 얼마나 많든 사람들이 한 번에 서너 가지밖에 고려하지 못한다면 제대로 된 서너 가지가 고려 대상이 되도록 해야 하는 것이다.

그렇다면 어떻게 해야 할까? 카테고리를 설정해 최소한의 노력으로 불필요한 선택지는 제거해버리도록 하는 것이 한 가지 방법이다. 웹 콘텐츠의 방대한 규모를 생각하면 한 번에 선택지 몇 개씩만 없애는 것은 적절하지 않다. 자포스에서 판매되는 운동화를 한 켤레당 5초씩 검토한다면 하루 종일 걸려도 다 볼까 말까 하다. 소비자의 한정된 주의력을 가장 관심 있는 선택지에 집중하도록 만드는 것이 스마트한 카테고리 설정이라 할 수 있다.

마케팅 교수 캐시 모길너Cassie Mogilner와 콜롬비아대 타말 러드닉 Tamar Rudnick, 쉬나 아이엔가가 2008년에 발표한 연구를 예로 들어보자. 연구자들은 50여 종의 커피를 맛에 따라 '자극적임', '부드러움' 등 열 개의 카테고리로 나누었다. 피험자들은 커피를 선택해 맛본 후 1~7점 척도로 자기 선택의 만족도를 표시했다. 카테고리를 정하지 않은 집단의 피험자들이 커피에 제시한 평균 만족도는 3.5점이었던 반면, 카테고리를 선택했던 집단은 4.5점이었다(한편 커피 마니아들에게는 이 점수가 유의미하지 않았다. 이들은 자기가 원하는 것을 이미 정확히 알고 있었기 때문이다).

모든 피험자들이 완전히 동일한 커피를 맛보았지만 카테고리 유무에 따라 만족도가 크게 달라진 것이다. 연구자들은 카테고리 구분이 '다양성'에 대한 인식을 높여 자신이 최선을 선택했다고 확신하게 한 덕분이라고 해석했다. 무작위의 선택지 앞에서 혼란에 빠지는 대신 이상적인 고려 대상군에 집중할 수 있었기 때문이다.

■ 더 많은 카테고리를 고도로 맞추화하다

하지만 단순히 카테고리를 구분하는 것만으로는 충분하지 않다. 제대로 된 카테고리로 세상을 구분해줘야 한다. 사람들이 더 나은 의사 결정을 하도록 만드는 게 목표라면 말이다. 조지아주립대학의 제프리 파커Jeffrey Parker가 진행한 메뉴 카테고리와 고려 대상군 연구를 살펴보자. 최근 몇 년 동안 건강에 관심이 많은 고객들을 위해 메뉴에 저칼로리 카테고리를 넣는 식당과 패스트푸드점들이 대폭 늘어났다. 하지만 일련의 실험에서 이런 카테고리는 오히려 사람들이 건강한 음식을 덜 선택하도록 만드는 것으로 드러났다(저칼로리 음식끼리 카테고리로 묶은 경우에만 이 현상이 나타났다. 결국 문제는 음식이 아니라 메뉴 디자인에 있었던 것이다).

이는 고려 대상군 개념으로 설명할 수 있다. 파커는 많은 고객들이 저칼로리라는 카테고리 자체를 고려 대상에서 빼버린다고 가정했다. 이 카테고리의 음식은 맛이 없거나, 먹어도 금방 배고파질 것이라고 생각해 머릿속에서 바로 삭제한다는 것이다. 그렇다고 식당들이 저칼로리 메뉴를 없애거나 칼로리를 표기하지 말아야 한다는 뜻은 아니다. 대신 카테고리에 더욱 신중하게 접근해야 한다. 잘못된 카테고리 설정은 아예 카테고리가 없는 것보다 더 나쁠 수 있다.

물론 물리적인 세계에서 카테고리는 분명히 제약이 있다. 개인에 따라 맞춤화가 불가능하기 때문이다. 식당은 손님들 개개인의 기호와 무관하게 동일한 메뉴를 가져다준다. 상점들도 동일한 진열대에서 다양한 손님을 맞는다. 하지만 디지털 공간에는 이런 제약이 없다. 모든 고객이 같은 방식으로 카테고리가 구분된 선택지를 제공받을 이유가 없다. 화면은 얼마든지 변신 가능하기 때문이다. 온라인 상점은 더 많은 카테고리를 고도로 맞춤화할 수 있다.

아마존에서 이를 어떻게 활용하는지 살펴보자. 현재 아마존은 8000종 이상의 커피 원두를 100개 이상의 브랜드로 판매한다. 상품을 분류하는 카테고리는 몇 가지로 나뉜다. 우선 브랜드에 따라 스타벅스(95종)나 필즈Philz(25종)만 골라낼 수 있고 에스프레소(729종), 코셔(225종) 같은 키워드로 카테고리를 정할 수도 있다. 그럼에도 여전히 선택 가능성은 많다. 원하는 원두를 정확히 찾는 방법을 모른다면 화면 가득 대안들이 떠오를 것이다.

여기서 카테고리 효과를 최대한 활용하는 아마존의 전략이 등장한다. 끝이 없어 보이는 목록을 살펴보는 대신 내 과거 구매 이력과 검색 이력을 바탕으로 자동 생성되는 몇 가지 카테고리 중 하나부터 선택하도록 하는 것이다(아마존은 이 정보를 바탕으로 새로운 상품을 계속 추천하기도 한다). 최신 연구에 따르면 아마존은 이 전략을 통해 두 가지 목표를 달성하고 있다. 고객이 다양한 선택지를 더 잘 인식하는 동시에 구매에 더욱 만족하도록 하는 것이다. 소비자들은 이로써 자신의 고려 대상군에 넣을 새로운 브랜드를 발견하기도 한다. 카테고리는 검색 과정을 단순화할 뿐 아니라 고객의 기호에 최대한 맞춰진 결과를 얻어내는 방법이 된다.

소비자에게
브랜드보다 더 중요한 것

새로운 브랜드를 발굴하는 것은 온라인 선택 과정을 설계할 때 가장 핵심이다. 스탠포드대학 마케팅 교수인 이타말 시몬슨Itamar Simonson은 소비자들이 유익하고 독립적인 정보를 충분히 접하는 디지털 세계에서 브랜드는 점점 덜 중요해진다고 주장하며 이렇게 말했다. "사용자 후기, 전문가 조언, 소셜미디어에서의 의견 교환 등 제품 품질에 대한 정보가 충분한 상황에서 브랜드는 더 이상 필요하지 않다."

흥미로운 가설이지만 나는 이에 완전히 동의하지 않는다. 이미 충분히 디지털화된 음악 산업을 보자. 온라인 공간은 다양한 선택지로 넘쳐난다. 무료 스트리밍 사이트 스포티파이Spotify에서만 음원 2000만 개가 제공되는 등 선택지는 포화 상태이지만 사람들은 이미 알고 있는 음악만 재생하는 경향이 있다. 전체 가수의 상위 1퍼센트에 속하는 스타들이 디지털 음원 수입의 77퍼센트를 차지한다. 대부분의 음악이 오프라인 상점의 한정된 진열대에서 팔려나가던 2000년, 이 비율은 6퍼센트에 불과했다. 선택 가능성과 정보가 무한대로 펼쳐진 세상에서 사람들은 고려 대상군을 한정해 자기만의 정신적 지름길을 만들기 때문이다. 이 지름길이 늘 효율적인 것은 아니다. 시몬슨이 지적했듯 광고의 영향도 크게 받는다. 하지만 달리 어쩌겠는가? 주의력이 결핍되고 정보가 넘쳐나는 세상에서 더 나은 방법을 찾기는 어렵다.

그러나 웹 사이트가 효율적인 선택 과정을 설계하고 카테고리 설정의 이점을 살린다면 시몬슨의 이론이 타당할 수 있다. 소비자들은 지금껏 고려해본 적 없는 선택지와 마주할 것이다. 내가 좋아하는 유형의 음악을 새롭게 선보이는 신인 밴드일 수도 있고, 내가 늘 구입하는 종류와 향기와 맛이 비슷한 커피일 수도 있다. 웹 사이트가 최고의 세일즈맨이 되어 나 혼자서는 찾아내지 못했던 새로운 대안들을 보여주는 것이다. 너무 많은 선택 가능성에 압도되어 늘 고르던 것에 의존하는 대신 얼마든지 색다른 다양성의 혜택을 누릴 수 있다. 넘쳐나는 선택지를 어떻게 처리할지 웹 사이트가 도와줄 수만 있다면 브랜드는 시몬슨의 주장대로 그리 중요하지 않게 된다. 우리는 무한한 가능성을 원치 않는다. 선택 가능성을 효율적으로 제공받길 바랄 뿐이다.

■
클릭 수는 불만의 대상이 아니다

당신이 웹 디자인 전문가라면 내 제안에 당장 반박할지도 모르겠다. 웹 디자이너들 사이에 황금률처럼 받아들여지는 '클릭 세 번의 원칙Three-Click Rule'이 있다. 이 규칙에 따르면 한 가지 목표를 완수하기 위해 세 번 이상 클릭을 하게 만들었다가는 사용자가 당장 떠나버린다고 한다. 전화선 모뎀을 사용하던 시절, 영원처럼 오랜 시간을 기다려야 웹 페이지가 간신히 떠오를지 말지 하던 시절에 생겨난 원칙이지만 이는 아직도 대단한 영향을 미치고 있다.

이 원칙이 맞는다면 카테고리 구분을 도입한 선택 과정은 비판받아 마땅하다. 카테고리를 선택할 때마다 사용자가 클릭을 해야 하기 때문이다. 이 논리에 따르면 내가 커피를 사기 위해 고려 대상군을 좁혀나가는 동안 클릭 수는 벌써 세 번을 넘어설 테고 내게는 최종적으로 커피를 선택할 주의력이 남지 않게 된다. 아마존이 첫 검색 화면에서 가능한 한 많은 선택 가능성을 펼쳐놓는 것도 아마 이 원칙 때문이 아닌가 싶다. '원 클릭' 구매 버튼으로 성공을 거두고 특허를 낸 회사인 만큼 아마존은 클릭 수 줄이기에 분명 신경을 썼을 것이다.

그런데 이 원칙이 사실이라는 증거가 있을까? 별로 없다. 사용자 인터페이스 분야의 전문가 조슈아 포터Joshua Porter가 발표한 연구에 따르면 클릭 수는 웹 사이트에서 목표를 수행하는 과정과 상관관계가 없었다. 사용자들 상당수가 원하는 바에 접근할 수만 있다면 25회까지도 기꺼이 클릭을 반복했다. 포터는 소비자들의 주된 불만이 원하는 제품을 찾기까지 시간이 걸린다는 점이라고 지적하며 이렇게 말했다. "소비자의 불만은 클릭과는 무관했다. 소비자들은 원하는 것을 찾지 못할 때 불만을 느꼈을 뿐, 원하는 것을 찾을 수 있는 경우 클릭 수는 불만의 대상이 아니었다."

따라서 목표는 클릭 수를 줄이는 것이 아니다. 대신 하나하나의 클릭이 유용하도록 만드는 데 노력을 기울여야 한다(이런 면에서 나는 이 규칙의 이름을 '쓸모없는 클릭 세 번의 원칙'으로 바꾸고 싶다. 그런 상황이라면 정말로 사용자가 당장 떠나버릴 것이다). 카테고리를 선택하고 클릭하는 과정에서 과도하게 주어졌던 선택 가능성은 우리 능력으로 처리 가능한 고려 대상군으로 축소된다. 브랜드나 로고에 의존하는 대신 우리 각자가 원하는 바와 가장 잘 맞는 상품을 선택할 수 있는 것이다.

하지만 여전히 문제가 하나 남아 있다. 카테고리는 최종 고려 대상군을 서너 개 정도로 줄여줄 때 의미를 지닌다. 하지만 카테고리를 모두 선택한 후에도 커피 상품이 30개나 제시된다면 어떻게 해야 할까? 최종 고려 대상군이 여전히 너무 크다. 소비자가 선택 가능성에 압도될 만한 규모이다. 온라인 판매업자와 기업들이 여전히 당면하고 있는 이 문제를 해결하려면 새로운 방법이 필요하다. 화면 속 세상에서만 가능한 새로운 방법 말이다.

가장 좋은 선택을 할
확률을 2배 높이는 게임

최초의 윔블던 테니스 대회는 1877년에 열렸다. 선수들 22명이 실력을 겨뤘고 수백 명이 경기를 관람했다. 입장권 가격은 1실링이었다. 대회는 11개 시합으로 시작되었다. 22명의 선수들이 무작위로 상대를 만나 1차전을 치룬 것이다. 여기서 이긴 사람은 2차전으로 올라갔다. 2차전을 치른 선수들은 총 11명으로 홀수였기 때문에 제비를 뽑아 시합 없이 3차전으로 올라갈 한 사람을 정했다. 이런 식으로 시합이 이어진 끝에 최종 한 명의 승자가 정해졌다. 윈즈워스 출신의 측량사 스펜서 고어Spencer Gore였다. 최종 승자는 상금 12기니와 은제 우승컵을 받았다.

이후 138년 동안 많은 것이 변했다. 우승자는 300만 달러의 상금을 받고 입장권 가격은 수천 달러를 호가한다. 하지만 토너먼트 방식만은 그대로이다. 선수들은 이겨서 올라가거나 아니면 탈락한다. 경기가 한 차례 끝날 때마다 선수들은 절반으로 줄어든다. 오늘날 토너먼트는 선수 128명으로 시작되고 최종 우승자가 나오기까지 모두 일곱 차례 시합이 치러진다. 이런 토너먼트는 윔블던에만 있는 것이 아니다. 테니스부터 대학 야구전에 이르기까지 무수한 운동 시합이 이런 방식을 사용한다. '순차적 제거 토너먼트sequential elimination tournament'라고도 불리는 이 방법은 많은 경쟁자들을 차례로 줄여나가면서 최종 우승자를 가려내는 이상적인 형태이다.

토너먼트는 과도한 선택 가능성이 야기하는 문제를 효과적으로 해결할 수 있다. 조지아공과대학의 경제학자인 티보르 베세데스Tibor Besedes가 내놓은 제안을 보자. 대부분의 웹 사이트가 가능한 한 많은 선택지를 제시하려는 상황에서 베세데스는 서로 경쟁하는 대안들이 윔블던처럼 차수로 구분되면 어떨까 생각했다. 각 차수마다 더 나은 대안을 선택하다 보면 최종적으로 가장 선호하는 것에 이르게 된다. 최종 선택지가 토너먼트 우승자가 되는 셈이다. 뿐만 아니라 각 차수는 처리 가능한 고려 대상군이 되므로 사람들이 스스로 원하는 바를 결정할 수 있다.

아이디어는 멋지지만 과연 실행 가능성이 있을까? 가설을 검증하기 위해 베세데스와 동료들은 카드 조합 16개를 사람들에게 제시하고 선택하도록 했다. 각각의 조합은 서로 다른 복잡한 결과를 제시했고 그중 한 조합이 객관적으로 가장 좋은 것, 카드놀이에서 승리할 가능성이 가장 높은 형태였다. 예상대로 피험자들에게 한꺼번에 16개의 조합을 모두 제시하고 하나를 고르게 했을 때 최고의 조합을 고른 경우는 23퍼센트에 불과했다. 과도한 정보를 처리하기 어려워지면서 선택 과잉 상태가 빚어진 것이다.

베세데스는 다음으로 토너먼트 방식을 도입했다. 카드 조합을 네 개씩 네 차례에 걸쳐 제시한 것이다. 모든 선택지를 본 사람들은 마지막으로 기존에 골라냈던 네 개 중에서 최종 하나를 선택했다. 이때 최고의 조합을 골라낸 경우는 48퍼센트였다. 가장 좋은 선택을 해낼 확률이 두 배나 올라간 것이다. 대단한 차이였다.

■
토너먼트가 효과적인 대안이 되는 이유

어째서 토너먼트가 이렇게 효과적일까? 모든 카드 조합이 한꺼번에 제시되었을 때 사람들은 정보 처리의 병목 현상에 빠졌다. 한 번에 일정 수준의 정보 처리만 가능한 탓이다. 그 결과 카드들은 해독 불가능한 것이 되어버렸다. 반면 동일한 개수의 카드 조합들이 순차적으로 제시되자 사람들은 모든 가능성을 고려하여 최고의 선택을 할 수 있었다. 베세데스는 "그 어떤 선택 가능성도 배제하지 않으면서 최고의 선택을 하도록 돕는 과정을 설계하고자 했다. 그 답이 바로 토너먼트 방식이었다"라고 설명했다.

토너먼트 방식은 여러 분야에 적용할 수 있다. 특히 카테고리 설정과 순차적 토너먼트 방식을 결합할 때 가장 효과적으로 보인다. 뉴욕 시에서 아파트를 구하는 사람이 있다고 하자. 몇 년 전까지만 해도 이런 일은 부동산 중개인의 도움을 받아야 했다. 원하는 조건에 맞춰 중개인이 보여주는 아파트 몇 군데 중 하나를 선택하는 식이었다. 이런 맞춤형 서비스의 비용은 결코 저렴하지 않았다. 중개료는 1년 임대료의 8~15퍼센트 선이었다.

인터넷은 이런 선택 과정을 완전히 바꿔놓았다. 대부분의 뉴욕 시 아파트 임대 물건은 온라인 부동산 전문 사이트들에 공개된다. 하지만 여전히 부동산 중개인들이 시장을 독점하고 있다는 점은 주목할 만하다. 특히 고급 아파트일수록 그렇다. 운 좋게 인터넷에서 괜찮은 아파트를 찾아내지 못한다면 한 달 치 집세를 부동산 중개인에게 바쳐야 하는 것이다.

어째서 중개인들이 변함없이 뉴욕 시 아파트 임대 시장을 장악하고 있는 것일까? 인터넷이 이들의 비즈니스 모델을 대체하지 못한 이유는 무엇일까? 임대업자들이 부동산 거래인을 선호한다는 이유도 있지만 원하는 조건의 아파트를 온라인에서 찾아내기가 무척 어렵다는 이유가 크다. 이 때문에 뉴욕 시 부동산 웹 사이트에서는 원하는 지역을 결정한 후 그곳의 중개업자를 찾아가라고 권유하기도 한다.

예를 들어 아파터블닷컴(Apartable.com)에서 내가 그리니치빌리지에 있는 아파트를 찾는다고 해보자. 그리니치빌리지는 면적이 400제곱미터 정도밖에 안 되는 자그마한 동네인데도, 무려 5000여 개의 결과가 뜬다. 다행히 아파트블닷컴에는 결과 필터 기능이 있다. 가격, 이사 가능 날짜, 침실 수에 따라 검색 결과를 분류해준다. 그래도 워낙 결과가 많은 탓에 어떤 필터를 넣더라도 선택 가능성은 여전히 광범위하다. 가령 다음 달에 이사할 수 있는 침실 세 개짜리 아파트만 골라내도 500개 가까이 남는다. 사진과 설명이 있는 웹페이지를 끝없이 넘겨가며 직접 방문해볼 곳을 찾아내야 한다. 너무 많은 선택 가능성과 비효율적인 과정 때문에 결국 사람들은 검색을 포기하고 부동산 중개인을 찾아갈 수밖에 없다.

■ 무엇을 버리고 무엇을 취할 것인가

위의 상황에서 개인에게 맞춤화된 카테고리와 토너먼트 방식을 대입해보자. 첫째, 사용자는 선호하는 아파트의 특징을 고르게 된다. 위치가 중요한가? 식기 세척기와 에어컨이 갖춰져 있어야 하나? 내 경우라면 단골 카페와 인접한 곳을 조건으로 삼을 것이다. 지하철역과의 근접성을 중시하는 사람도, 면적을 가장 우선시하는 사람도 있을 것이다. 이렇게 일차 조건을 설정함으로써 그 조건에 맞지 않는 선택지들은 제거할 수 있다.

이런 방식으로 선택 가능성을 16개 정도로 줄이고 난 후 토너먼트를 시작하면 된다. 네 개의 대안이 크기, 가격, 사진 등 관련 정보와 함께 차례대로 화면에 나타난다. 고객이 하나를 고르고 나면 다음 대안 네 개가 등장한다. 16개 대안을 모두 검토할 때까지 이 과

232

정이 반복된다. 마지막으로 앞서 골라낸 대안들 네 개를 비교해 마침내 그중 하나를 선택하는 단계에 이른다.

베세데스는 "이 단계는 몹시 어렵다. 이미 마음에 들었던 대안들 중에서 또다시 선택을 해야 하기 때문이다"라고 설명한다. 최종 단계에서 사람들은 서로 다른 변수들의 중요도를 상대적으로 평가하며 무엇을 버리고 무엇을 취할지 결정해야 한다. 힘든 일이지만 훌륭한 의사 결정 과정에서 핵심을 이루는 요소이기도 하다. 베세데스는 아파트 웹 사이트들이 이런 선택 과정을 도입한다면 소비자들이 원하는 주거지를 찾아내기가 훨씬 쉬울 것이라 제안한다. 부동산 중개업자의 서비스가 더 이상 필요 없어질 수도 있다.

하지만 토너먼트 방식이 과도한 선택 가능성으로 인한 문제를 완전히 해결해주지 못한다. 여러 연구들이 지적했듯 선택지가 많을수록 전체적인 만족도는 감소하기 때문이다. 설사 선택을 잘했다 해도 그렇다. 앞선 장에서 쉬나 아이엔가와 마크 레퍼의 연구를 잠시 언급했다. 이들의 실험에서 초콜릿 여섯 개 중 하나를 선택한 학생들이 30개 중 하나를 선택한 경우보다 만족도가 높았다. 이들은 자기가 고른 초콜릿이 훨씬 더 맛있다고 느꼈으며 실험이 끝난 후 보상으로 현금 대신 초콜릿 상자를 선택하는 비율도 네 배나 더 높았다.

어째서 주어진 선택지가 많을수록 만족도가 낮아지는 것일까? 아이엔가와 레퍼에 따르면 '구매자는 후회하는 법'이기 때문이다. 소비자는 선택하지 않은 초콜릿들을 보면서 자기 선택에 의문을 갖게 된다. 트러플을 고른 후에도 봉봉이 더 맛있지 않을까 미련이 남는다. 그렇게 다른 초콜릿에 대해 계속 생각하는 것이다.

'선택 이후의 후회postchoice regret'라 불리는 이 현상은 선택지와 정보가 무수히 많은 우리 시대에 심각한 문제가 된다. 다행히 이 문제를 간단히 해결해주는 방법이 있다. 온라인 시대의 화면에 완벽하게 들어맞는 방법이다.

선택 이후 발생하는
후회 감정을 관리하는 방법

2009년 영화 〈사랑은 너무 복잡해It's Complicated〉에서 인상적인 장면이 하나 등장한다. 메릴 스트립이 분한 여주인공 제인은 이혼한 전남편 제이크와 다시 만나기 시작하지만 건축가 애덤과도 새로운 관계를 맺는다. 그리고 두 남자 사이에서 결정을 내리지 못하고 갈팡질팡한다. 영화 말미에 제인은 제이크를 위해 초콜릿 케이크를 굽지만 그날 제이크는 나타나지 않는다. 기다리다 지친 제인은 케이크 위에 뚜껑을 덮고 잠자리에 든다. 두 사람의 관계가 끝났다는 점이 그렇게 상징적으로 그려진다.

런던비즈니스스쿨 교수이자 행동경제학자 데이비드 파로David Faro

는 제인이 케이크에 뚜껑을 덮는 장면을 '선택 종료choice closure'의 사례로 들었다. 선택 종료란 의사 결정자가 최종 결정을 완료했음을 인식하고 받아들이는 심리적인 과정이다. 런던비즈니스스쿨의 양지 구Yangjie Gu, 시모나 보티Simona Botti, 파로가 2013년 발표한 논문을 보면 케이크에 뚜껑을 덮는 것과 같은 사소한 행동만으로도 어려운 선택이 종료되고 후회의 감정이 방지된다고 한다.

한 실험에서 연구자들은 학생들에게 초콜릿을 선택하게 했다. 한 집단에게는 24개 선택지가, 다른 집단에게는 여섯 개 선택지가 주어졌다. 또한 전체 집단 중 절반가량의 학생들에게는 선택 이후 선택하지 않은 초콜릿 위에 뚜껑을 덮으라는 지시를 내렸다. 이 사소한 행동은 선택 종료의 효과를 가져올 것으로, 특히 선택지가 많았던 학생들에게 효과가 클 것으로 예상되었다.

결과는 예상대로였다. 선택지가 많았지만 종료 과정이 없었던 학생들의 경우 만족도가 낮았다. 반면 선택하지 않은 초콜릿에 뚜껑을 덮은 경우에는 불만족이 상쇄되었다. 파로는 여러 선택지 중 하나를 고르고 나머지에 뚜껑을 덮는 행동이 사라진 대안에 대한 생각과 후회를 최소화해주었다고 설명했다. 이 학생들은 다른 가능성에 대해 고민하는 대신 자기가 선택한 초콜릿을 마음껏 즐길 수 있었다. 그리고 이때 여러 선택지는 부담이 아니라 혜택이 되었다.

■ 웹 사이트에서 선택을 종료하는 시각적 단서

후속 연구에서 파로와 동료들은 카페에서 차를 주문하는 사람들에게서도 동일한 효과를 발견했다. 주문을 한 후 한 집단은 계속 메뉴를 펼쳐놓게 했고(선택 종료가 없는 상황) 다른 집단은 바로 메뉴를 덮어버리게 했다(선택 종료가 있는 상황). 메뉴를 덮어버리는 간단한 행동은 선택 결과의 만족도를 높여주었다. 파로는 이렇게 결론을 내렸다. "이 결과를 본다면 굳이 선택 가능성을 줄이지 않고도 만족도를 높일 수 있다. 선택 종료 행동을 통해 소비자의 감정을 바꾸면 되기 때문이다."

파로와 동료들은 화면에서 선택하지 않은 대안에 '거부'라는 도장을 찍거나 삭제 줄을 긋는 식의 시각적인 단서를 주는 것으로도 종료 효과가 나타나는지 연구 중에 있다. 이와 관련해 파로는 내게 이렇게 말했다. "종료 효과는 디지털 세계에서 직접 적용해볼 수 있습니다. 메뉴판을 덮는 등의 물리적 행동뿐 아니라 화면 위의 시각적인 효과로도 같은 결과가 나올 겁니다." 다만 이때 관건은 사람들이 선택하지 않은 대안을 쉽게 떠나보낼 수 있도록 도와주는 시각적 단서이다.

애석하게도 여전히 많은 웹 사이트들이 파로와는 정반대 방향으로 가고 있다. 소비자에게 선택이 종료되었다고 알려주기는커녕 선택을 재고하게 만드는 것이다. 예를 들어 아마존에서 선택한 상품을 장바구니에 담고 나면 화면에 비슷한 상품들이 가득 올라온다.

일부는 커피 원두를 고른 후에 커피 메이커를 보여주는 식으로 보완 상품을 소개하지만, 경쟁 상품들도 등장한다. 가령 '이 상품을 구매한 고객이 함께 선택한 상품'을 보여주는 것이다. 무수한 대안들 중에서 하나를 골라내는 어려운 작업을 막 끝내고 났는데 도리어 선택을 종료하지 못하게 가로막는 셈이다. 당장은 추가 매출을 올리는 방법일지도 모르지만(아마존은 분명 그 효과를 잘 알고 있으리라) 장기적으로는 고객 만족도를 떨어뜨려 크나큰 비용을 발생시킬 수 있다.

온라인 소비자,
무엇을 사고 무엇을 사지 않는가

잘못된 선택을
어떻게 바꿀 수 있을까?

앞서 소개한 카테고리 설정과 토너먼트 방식, 선택 종료 등 모든 전략을 종합해 이러한 새로운 연구가 화면 앞에서 벌어지는 선택을 어떻게 바꿀 수 있을지 알아볼 차례이다. 특히나 선택 가능성이 우리가 처리 가능한 수준을 한참 넘어서는 상황에서 말이다. 우리는 과거 어느 때보다도 무한한 선택 가능성에 압도될 위험이 크다. 그래도 주의력이 한정된 우리 두뇌로 대처할 수 있는 방법은 분명 존재한다.

나는 건강보험 선택 사이트인 www.healthcare.gov을 대상으로 사례 연구를 해볼 것이다. 이 웹 사이트가 개선될 경우 다음 세 가지 이유에서 사회적 혜택이 생기리라 보기 때문이다. 첫째, 지금까지 건강보험 없이 살아가는 미국인들이 수천만 명이 이른다. 이들 대부분이 가난하기 때문에 급작스럽게 건강 문제가 발생하면 빈곤에 빠지거나 파산할 위험이 크다. 웹 사이트가 이 문제를 해결하지는 못한다 해도 이들에게 가장 적합한 보험 상품을 구매하도록 도움으로써 최악의 상황은 피하게 해줄 수 있다. 메디케어 파트 D와 같은 처방전 보험에 사람들이 가입하지 않았던 주된 이유가 가입 과정이 너무 복잡했기 때문이라는 점을 기억해야 한다.

둘째, 이미 건강보험에 가입한 사람들에게도 보험료는 커다란 비용 문제이다. 2013년 기준으로 가구당 건강보험 평균 지출액은 3631달러에 달한다. 자녀를 키우는 가정, 직장에서 보험료 지원을 받지 못하는 가정에게는 너무 부담스러운 수준이다.

마지막으로 여러 연구에서 사람들이 부적합한 건강보험 상품을 선택하는 것으로 나타나고 있다. 경제학자 사우랍 바르가바와 조지 로웬스타인, 저스틴 시드노어Justin Sydnor는 최신 연구에서 〈포춘〉 선정 100대 기업의 직원 5만 5000명이 건강보험을 선택한 결과를 분석했다. 그리고 대부분의 직장인들이 부적합한 선택을 내려 급여의 평균 2퍼센트를 낭비하고 있음을 발견했다. 특히 여성이나 저소득 직장인의 경우 보험을 잘못 선택하면 연소득의 4~5퍼센트, 즉 반달 치 월급을 허공으로 날려버리는 결과를 빚는다. 이는 결코 사소한 실수가 아니다. 한 번의 선택으로 엄청난 피해를 입는 것이다.

■ 잘못된 선택을 하는 과정부터 이해하라

우리는 어째서 이렇게 잘못된 선택을 하는 것일까? 첫 번째로 지적해야 할 문제는 건강보험을 선택하는 과정 자체가 몹시 복잡하다는 것이다. 이런저런 변수를 고려해야 하는 데다 어려운 전문 용어가 난무한다. 로웬스타인과 동료들이 실시한 설문 조사에서 건강보험의 기본 개념을 제대로 이해하는 사람들은 전체의 14퍼센트에 불과했다. 이렇듯 어려운 의사 결정이기 때문에 상당수의 사람들이 실수를 저지른다. 다음 두 가지 건강보험 상품을 비교해보면서 선택 과정에서 가장 흔히 나타나는 실수를 알아보자.

아래 두 상품은 월 보험료와 공제금을 제외하고 모두 동일하다 (여기서 공제금deductible이란 보험이 적용되기 전, 보험 가입자가 부담해야 하는 액수를 말한다. 공제금이 1000달러라면 발생된 의료비에서 1000달러는 보험 가입자가 부담하고 그 다음부터 건강보험 혜택을 받게 된다-역주). 둘 중 어느 것이 나은지 골라보라.

A상품: 월 보험료 150달러, 공제금 1000달러
B상품: 월 보험료 100달러, 공제금 1500달러

당신이 일반적인 사람들과 같다면 아마 A상품을 선택했을 것이다. 공제금이 33퍼센트나 낮으니 훨씬 더 믿을 만하고 위험도가 낮은 상품으로 보였으리라. 하지만 공제금이 낮은 상품 선택을 선택하면 오히려 더 손해일 수 있다. 예를 들어 아픈 일이 거의 없는 사람이라면 B상품을 선택하는 편이 낫다. 아플 확률이 낮으니 공제금 걱정은 할 필요 없고 연간 보험료 1200달러만 내면 된다. 하지만 이미 아픈 적이 있고 공제금 한도까지 의료비를 지출했다 하더라도 여전히 B상품이 낫다. A상품의 연간 최대 비용은 2800달러(월 보험료 합계 1800달러+공제금 1000달러)로 B상품의 2700달러(월 보험료 합계 1200달러+공제금 1500달러)보다 100달러 더 싸기 때문이다. 어떤 상황이든 월 보험료를 낮추는 것이 현명한 선택이라는 뜻이다.

하지만 건강보험 상품을 찾는 소비자들은 과도하게 위험을 회피하는 경향이 있고 결국 '높은 월 보험료+낮은 공제금'으로 구성된 상품을 선택하곤 한다. 예를 들어 〈포춘〉 100대 기업 직원들을 대상으로 한 연구에서 공제금이 낮지만 더 비싼 보험을 선택한 사람들이 65퍼센트에 달했다. 몇 초만 계산을 해보면 금방 손해라는 사실이 분명히 드러나는데도 말이다.

MIT의 제이슨 애벌럭Jason Abaluck과 조나선 그루버Jonathan Gruber가 실시한 연구에서도 노년층 가운데 상당수가 공제금이 낮은 상품을 선택하는 바람에 공연히 더 많은 돈을 물고 있다는 점이 드러났다. 건강한 40세 부부가 건강보험 선택 사이트에서 판단을 잘못해 추가 혜택도 없이 6000달러를 더 내고 있는 상황도 이와 마찬가지이다. 소비자들은 자기 주머니에서 의료비를 지출하는 것에 강한 거부감을 가지는 것이다. 이는 매우 값비싼 대가를 치르는 선택이지만 건강보험을 선택할 때 우리가 흔히 저지르는 오류 중 하나에 불과하다.

어떻게 하면 사람들이 더 좋은 선택을 하도록 도울 수 있을까? 현재 사용하는 전략들이 문제를 악화시키고만 있는 만큼 새로운 접근이 필요하다. 행동경제학자 피터 위벨Peter Ubel과 데이비드 카머포드David Comerford, 경제학과 교수 에릭 존슨은 최근 연구에서 의료비보상 비율을 기준으로 플래티넘, 골드, 실버, 브론즈 등의 금속 명칭으로 등급을 정한 건강보험 선택 사이트의 전략이 상품을 선택하는 데 별 도움이 되지 않는다고 밝혔다. 학자들은 실제로 골드와 브론즈 등급의 명칭을 서로 바꿔보는 실험을 통해 이 가설을 확인했다. 이 가설이 틀리다면 명칭을 교체해도 선택에는 아무 영향을 미치지 말아야 했다. 소비자들은 등급의 명칭이 아닌, 상품의 기본특징을 기준으로 의사 결정을 내리는 것이 마땅하니 말이다.

하지만 결과는 달랐다. 명칭을 바꾸자 수학 능력이 평균 이하인 사람들은 골드 등급을 훨씬 선호한다고 응답했다. 실제 내용으로는 브론즈에 속하는 상품들이었음에도 말이다. 결국 상품의 명칭은 중요한 변수에 집중하게 만드는 것이 아니라 주의력을 분산시키는 역할을 했다.

내가 바르가바와 로웬스타인과 함께 진행한 연구에서도 비슷한 결과가 나왔다. 우리 실험에서 몇백 명의 피험자들은 병력 및 가까운 미래의 의료 수요에 대한 질문에 응답했다. 이후 www.healthcare.gov에서 건강보험 상품을 고르도록 했다. 피험자들은 평균적으로 필요한 것보다 888달러 더 비싼 상품을 선택했고(이는 수입의 3퍼센트에 해당하는 금액이었다), 선택 과정에서 금속 명칭 등급은 아무 도움이 되지 못했다. 등급이 아닌 상품A, 상품B와 같은 명칭을 붙였을 때 선택의 질이 오히려 더 높아졌다.

하나의 전략에만
몰두하지 마라

선택 가능성이 많아지면 앞서 살펴본 것과 같은 의사 결정의 오류가 한층 더 증폭되는 듯하다. 대안이 더 많아진다고 해서 최선의 선택을 내리는 데 도움이 되는 것은 아니다. 우리를 혼란에 빠뜨려 정보에 압도되도록 하고 섣불리 정신적 지름길을 찾아내도록 만들 뿐이다. 예를 들어 〈포춘〉 100대 기업 직장인들은 건강보험 상품 48개 중에서 하나를 골라야 했다(몇 년 전까지 대안은 기본형, 추가형, 프리미엄형의 세 가지뿐이었다). 새로 등장한 다양한 대안들은 안타깝게도 선택의 질을 높이지 못했다. 자신의 필요에 가장 잘 맞는 상품을 선택한 직장인은 전체의 11퍼센트에 그쳤다.

나는 온라인 의사 결정과 관련된 새로운 연구 결과가 건강보험 웹 사이트의 문제 개선에 기여하기를 기대한다. 지금은 아직 가설일 뿐이다. 나는 로웬스타인과 함께 가설을 검증하는 중이고 추가 연구도 많이 필요하다. 그럼에도 여기서 몇 가지 제안을 해보려 한다. 해결의 출발점으로 말이다.

건강보험 선택 사이트를 비롯해 공공 웹 사이트의 핵심 문제인 선택지 과잉 사태부터 이야기를 시작해보자. 플로리다 주 세미놀 카운티에 사는 독신자는 건강보험 선택 사이트에서 169개에 이르는 보험 설계를 제공받는다(미국 내 전체 소비자들에게 주어지는 선택지는 평균 47개이다). 여러 대안들은 월 보험료 순서로 화면에 등장하고 한 화면당 최대 열 개까지 제시된다. 다시 말해 세미놀 카운티의 이 독신자가 가능한 대안들을 모두 살피려면 화면을 최소한 17번 넘겨보아야 한다는 뜻이다. 우리의 목표는 이 대상을 처리 가능한 네 개로 줄이는 것이다. 세 개나 다섯 개로 제시하면 중간에 위치한 대안을 선택하는 성향이 생기기 때문에 네 개로 만드는 것이 중요하다.

■ 수많은 대안을 압축하고 선택을 종료하는 과정

169개의 대안을 어떻게 네 개로 압축할 수 있을까? 한 가지 전략은 사용자가 이해하기 쉽도록 맞춤형 카테고리를 만드는 것이다. 온라인 실험에서 우리는 피험자들의 예상 의료 수요에 따라 상품을 정렬함으로써 더 나은 선택을 하는 경우가 상당히 늘어난다는 점(그리하여 평균 300달러를 절약하게 된다)을 발견했다. 예를 들어 보험 상품에 금속 명칭 등급 대신 낮은 의료 수요, 중간 의료 수요, 높은 의료 수요라는 이름을 붙이는 것이다. 새로운 카테고리는 문제를 해결하지 못한다 해도 사람들이 자신에게 더 맞는 보험 상품을 찾아내도록 도와주었다. 평균 대기 시간이나 일인실 사용 가능성 등 자신이 중시하는 다른 변수를 사용해 결과를 거르도록 하면 선택의 질이 한층 개선될 것이다. 이때 몇 차례 클릭만으로 소비자들이 신속하게 선호하지 않는 대안을 없애도록 돕는 것이 관건이다.

의미 있고 이해하기 쉬운 카테고리로 분류하여 고려 대상군이 줄어들고 난 후에는 토너먼트 방식으로 선택을 시작하면 된다. 16개 대안을 무작위로 네 개씩 묶어 소비자가 그중 하나를 선택하도록 한다. 이 과정을 네 차례 거쳐 마지막 단계에 이르면 앞서 선택한 네 가지 대안 중 하나를 선택하게 된다. 각 고려 대상군의 네 가지 대안은 충분히 처리 가능한 수로 소비자는 보험 상품들을 잘 비교할 수 있다. 마지막으로 선택되지 않은 보험 상품에는 붉은 X자를 커다랗게 표시하여 종료 효과를 극대화한다. 쉽지는 않지만 최소한 선택 가능성에 압도되는 일 없이 의사 결정 과정이 끝날 수 있다.

끝으로 꼭 언급해두어야 할 점이 있다. 디지털 시대에 비효율적인 웹 사이트를 운영하는 기업과 조직들은 소비자의 주의를 전혀 끌지 못하게 될 커다란 위험을 감수해야 한다. 이 장에 소개된 여러 전략을 통해 www.healthcare.gov를 당장 손보지 않아도 괜찮다고 여길 이유는 없다. 난해한 대안들만 잔뜩 던져주는 대신 사용자 친화적이면서도 아름다운 디자인을 구현해 소비자가 최선의 선택을 하도록 도와야 한다. 물론 일단 선택이 이루어지면 관련 정보가 곧 정부로 전달되어야 한다. 현재의 사이트는 사라져야 마땅하다.

디지털 선택 도구들은 여러 상황에 적용 가능하다. 아마존의 무수한 대안들을 처리할 수 있도록 도와주는 쇼핑 웹 사이트들이 나왔고 금융 분야에서도 정보에 압도된 소비자들을 노리는 사이트들이 많다. 오프라인 세계에서 이런 경쟁은 막대한 투자를 요구한다. 부동산을 사고 각 지역마다 지점과 상점을 열어야 하기 때문이다. 하지만 지금은 어떤가? 인간 행동에 대한 약간의 성찰과 적합한 기술만 있으면 된다. 고객들이 더 좋은 선택을 하도록 당신이 돕지 못한다면 결국 경쟁자가 나설 것이다.

카테고리 설정, 토너먼트, 선택 종료와 관련된 연구 성과를 현재의 웹 사이트들에 적용하면서 우리는 온라인에서 이루어지는 선택의 질을 높여야 한다. 이는 건강보험 선택과 같은 중대한 의사 결정 과정에서 특히 중요하지만 커피, 기저귀 등 일상적인 온라인 쇼핑에도 마찬가지로 적용할 수 있다. 이 장에서 설명한 것들은 아직 첫 단계에 불과하다. 이러한 전략을 검증하고 새로운 것을 시험하는 과정에서 미래에는 더 훌륭한 해결책이 등장할 것이다. 그럼에도 이제는 새로운 선택 방식을 설계해야 할 때다. 이는 전례 없는 방식으로 우리의 의사 결정을 도울 것이다. 우리는 더 나은 선택으로 향하는 길을 가겠노라 선택할 수 있다.

디지털 설계자에게 던지는 질문

디지털 시대, 우리에게 주어진 선택 가능성은 그 어느 때보다 많아졌다. 하지만 잘못된 대안을 선택할 가능성도 그만큼 높아졌다. 이 장에서 던질 질문은 '의사 결정의 알고리즘'이라 할 수 있다. 이 알고리즘의 목표는 4^5, 즉 1024개에 달하는 대안들을 이상적인 고려 대상군인 4^1, 즉 4로 줄이는 것이다.

1. 당신의 온라인 진열대에는 수천 가지 상품이 가득할 것이다. 이것을 이상적인 고려 대상군 수인 네 개로 줄일 도구를 소비자에게 제공하고 있는가?

2. 고려 대상군의 개수를 정할 때 '중간 편향'을 염두에 두었는가? 세 개나 다섯 개 대안이 제시되는 경우 사람들은 중간에 있는 것을 선택하는 경향이 있다. 반면 대안이 네 개라면 더 신중하게 각 대안을 비교하게 된다.

3. 고려 대상군을 쉽게 처리할 수 있게 도와주는 유용한 방법이 한 가지 있다. 바로 카테고리 설정이다. 카테고리의 맞춤화를 시도해보았는가? 디지털 환경은 진열대를 각 고객에게 맞춰 제시할 수 있는 다양한 방법을 제공한다.

4. 소비자가 의사 결정을 하는 동안 클릭을 몇 번이나 할지 과도하게 걱정하는 것은 아닌가? 클릭 수가 적으면 좋겠지만 그보다 더 중요한 문제는 각각의 클릭이 목표 달성에 유용해야 한다는 점이다.

5. 토너먼트 방식을 통해 16개의 대안을 네 개로 압축하는 방법을 고려했는가? 이런 토너먼트는 대안들이 여러 다른 변수를 포함하고 상호 비교되어야 하는 경우에 특히 유익하다.

6. 고객이 선택 후에 갖게 되는 후회 감정을 고려하고 있는가? 고객으로 하여금 선택되지 않은 대안들에 '탈락' 표시를 하도록 하면 선택 종료가 분명해진다고 한다. 이는 고객 만족도를 높이는 대단히 값싼 방법이다.

7. 각 선택지가 지닌 과도한 속성으로 인해 생기는 과부하에 대해 생각해보았는가? 인지 과부하의 원인은 단순히 선택지의 수량 때문만은 아니다. 선택지가 지닌 속성의 수와 복잡성도 문제가 된다. 각 건강보험 상품들의 특징을 열 개 이상 나열한다면 고려 대상군이 서너 개에 불과하다 할지라도 사용자들은 혼란에 빠지고 말 것이다.

8. 혹시 하나의 전략에만 너무 몰두하고 있지는 않은가? 이 장의 전략들을 뒷받침하는 연구들이 많긴 하지만 실제 사용자 경험과 선택 과정을 계속 테스트하여 사이트의 디자인을 조정해나가는 노력이 필요하다.

온라인 소비자,
무엇을 사고 무엇을 사지 않는가

8부

다르게 사고하고
다르게 설계하다

대부분의 사람들이 자기 삶에서 무엇을 원하는지 생각할 시간을 거의 내지 못한다. 원인은 두 가지이다. 우선 우리 모두 너무 바쁘다. 또 다른 원인은 우리가 인지적으로 게으르기 때문이다. 이 현상의 책임은 부분적으로 최신 기술에 있다. 기술 발전으로 인해 우리는 문제에서 한 걸음 물러나 그보다 더 큰 문제에 대해 생각하는 일을 어려워하게 되었다. 하지만 이 문제의 해결책 또한 기술에서 일부 찾을 수 있다. 이제 화면이 묻는다, 당신의 삶에서 무엇을 가장 원하는지.

새로운 세상에서
비효율을 개선하는 새로운 방식

이 책의 주요 목표 중 하나는 디지털 세상이 행동경제학의 통찰로부터 어떻게 도움을 받을 수 있을지 보여주는 것이다. 우리는 행동경제학을 통해 디지털 세계에서의 사고방식을 연구할 수 있고 이를 바탕으로 사람들이 화면 앞에서 벌어지는 특정 상황에서 어떻게 반응할지 예측할 수 있기 때문이다. 예를 들어 Comic Sans 폰트가 텍스트를 읽을 때 어떤 영향을 미칠 수 있는지, 상품을 화면 가운데 놓으면 어떻게 되는지가 앞선 실험 연구로 입증되었다.

디지털 세상은 사용자에게 이러한 통찰력을 요구한다. 특히 장기적인 이해관계와 관련된 의사 결정을 내릴 때는 더욱 그렇다. 우리

앞의 화면은 각종 광고와 미끼 제목으로 주의력을 분산시키는 데 명수이지만, 읽은 것을 기억하거나 최선의 보험 상품을 탐색할 때에는 비효율적이다. 예를 들어 모바일 기기용 건강 관리 앱은 4만 3000여 종이 넘지만 대부분 별 쓸모가 없다. 최근 한 연구에서는 건강 관리 앱의 90퍼센트에 의료적 가치가 전혀 혹은 거의 없다고 결론지었다. 소비자와 업체들은 신나게 돈을 낭비하고 있는 꼴이다.

이 상황을 개선하는 데 행동경제학이 어떤 역할을 할 수 있을까? 지금까지 이 책은 행동경제학의 두 가지 도구인 '정보 설계information architecture'와 '선택 설계choice architecture'에 초점을 맞추었다. 정보 설계는 정보의 형태를 통해 처리 과정을 바꾸는 방식을 말하고(읽기에 불편한 폰트가 화면에서의 읽기 이해도를 향상시키는 경우), 선택 설계는 대안들의 화면 디자인과 배치를 통해 의사 결정에 영향을 미치는 방식이다(토너먼트 방식을 선택 과정에 적용하는 경우). 이제 이러한 도구가 디지털 세상에서 어떻게 사용될 수 있는지 살펴보자.

■
정보 설계와 선택 설계

최근에 내가 크게 관심을 두는 문제는 연금 저축이다. 이는 이미 심각한 사회 문제로 미국인 가운데 3분의 2가 스스로 충분히 저축하지 않고 있다고 인정한다. 보스턴대학의 은퇴 연구 센터장 앨리샤 먼넬Alicia Munnell은 미국 전체 가구의 약 절반인 52퍼센트가 은퇴 후 현재의 생활수준을 유지하지 못할 상황이라고 밝혔다. 이는

1980년대와 비교해 20퍼센트가 늘어난 수치이다.

화면에 관한 행동경제학이 이 문제를 해결하는 방법 가운데 하나는 스마트폰 앱을 만드는 것이다. 연금 저축 동기를 높이는 동시에 저축을 가능한 한 편하게 만드는 앱이다. 정보 설계부터 시작해보자. 현재 연금 저축의 가장 큰 문제는 대부분의 사람들이 미래를 준비할 필요성을 충분히 인식하지 못한다는 점이다. 앞서 우리는 늙은 후의 자기 얼굴을 이미지로 보면 저축 동기가 높아진다는 것을 확인했다. 이 실험에서 이미지는 노인이 된 자신을 보다 구체적으로 인식시켰고 미래를 남의 일처럼 생각하는 격리감에서 벗어나게 했다. 새로 개발된 저축 앱에서 사람들은 저축 가입 여부, 금액 등을 결정하기에 앞서 자신의 늙은 얼굴을 보게 될 것이다.

하지만 저축의 필요성을 인식하게 만드는 것만으로는 충분치 않다. 그 정보에 따라 행동하기도 쉬워야 한다. 여기서 선택 설계가 개입된다. 사람들이 올바른 결정을 내릴 때 가능한 한 더 쉽도록 만들어야 한다. 책임 있는 행동을 가로막는 장애물과 불안을 없애야 하는 것이다. 나는 리처트 탈러와 함께 미국인 수백만 명의 저축률을 끌어올린 프로젝트 '내일 더 저축하라'를 개발하면서 바로 그런 교훈을 얻었다. 급여가 올라갈 때마다 자연히 저축액을 늘리도록 하여 저축을 최대한 부담스럽지 않게 만든 것이다. 사람들이 기꺼이 저축을 더 하게 만든 후에는 프로그램의 '자동 방향 설정autopilot'을 통해 저축 과정이 더욱 쉬워지도록 했다.

나는 이 방식을 디지털 세상까지 확장하고 싶다. 연금 저축의 예

온라인 소비자,
무엇을 사고 무엇을 사지 않는가

를 한 가지 더 들어보자. 통신 회사는 이미 당신의 이름, 생년월일, 주민번호, 주소 등을 알고 있다. 그러니 앱은 자동적으로 계좌 신청 양식을 생성할 수 있고 클릭 한 번으로 계좌 개설이 완료된다. 그 후에는 소비자가 매달 원하는 액수를 자동으로 연금 저축에 넣는 것이다. 사상 최초로 돈을 저축하기가 돈을 쓰는 것만큼 쉬워지는 것이다. 이 외에도 저축액을 통화료에 더해서 납부할 수도 있고 체크카드를 연결해둘 수도 있다.

물론 디지털 방식이 저축 위기를 완전히 해결하기는 어렵다. 하지만 '내일 더 저축하라'가 그랬듯 중요한 전환의 계기가 되리라 믿는다. 더 나아가 이런 앱을 통해 온라인상에서의 행동 유도 실험이 이어지다 보면 어떤 정보 및 선택 설계가 가장 효과적인지 파악할 수 있을 것이다. 예금을 할 때마다 무료 음원을 제공하면 연금 저축률이 올라갈까? 저축 권유는 하루 중 어느 때 하는 것이 좋을까? 동갑내기들이 얼마나 저축하고 있는지 알려주면 저축하려는 의지가 생길까? 이런 질문을 거치면서 정교한 전략이 수립된다면 사회과학의 가장 시급한 문제, 사람들이 보다 효과적으로 미래를 계획하도록 돕는 문제가 해결된다.

연금 저축뿐 아니라 비만, 지구 온난화, 국가 부채 등의 여러 이슈가 이와 관련되어 있다. 우리는 점점 더 내일을 희생해 오늘을 살아가려 한다. 나는 사람들이 내일에 더 초점을 맞추도록 하고 싶다. 디지털 기기는 바로 여기에 도움을 줄 수 있다.

■ 질문의 순서를 바꾸면 생각도 달라진다

연금 저축 문제를 정면으로 다뤄보겠다는 결심이 확고하다면 행동경제학의 다른 도구도 도입해볼 만하다. 존 페인과 내가 '사고 설계thinking architecture'라 이름 붙인 이 전략은 디지털 공간에서 유익하게 사용될 수 있다. 가장 중요한 정보를 파악하도록 돕는 것이 정보 설계이고 더 나은 선택을 쉽게 하도록 돕는 것이 선택 설계라면 사고 설계는 더 현명하게 사고하도록 해주는 도구이다.

사고 설계가 미래를 위한 저축에 어떻게 도움이 될지 살펴보자. 심리학자 에릭 존슨, 제럴드 하우블Gerald Häubl, 아낫 키넌Anat Keinan 이 최초 개발한 '질문 이론query theory'을 토대로 삼아 접근해볼 것이다. 이는 사람들이 의사 결정을 내리기 전에 스스로에게 일련의 질문을 제기한다는 주장이다. 존슨과 동료들이 진행한 여러 실험에서 질문 이론은 인간의 비합리적인 행동, 예를 들어 자기 소유물의 가치를 과대평가한다든지 정치적 신념이 일관되지 못하다든지 하는 상황을 설명하는 데 유용했다.

질문의 효과는 영국 행동분석팀 BIT가 최근 진행한 무작위 통제 실험에서도 드러났다. 이 연구의 목적은 장기 기증자의 수를 늘려 이식용 장기가 부족한 상황을 해결하려는 것이었다. 영국인들은 온라인으로 운전면허를 등록할 때와 차량세를 납부할 때 장기 기증 서약을 요청받는다. 서약 비율을 높이기 위해 BIT는 여덟 가지 서로 다른 메시지를 13만 5000명에게 무작위로 보여주며 효과를 평가했다.

　대부분의 메시지가 기증 서약 비율을 조금씩 높이는 데 성공했지만, 그중에서도 특히 효과적이었던 메시지가 있었다. 바로 '당신에게 장기 기증이 필요할 때 받을 수 있었나요? 그랬다면 이제 당신이 도울 차례입니다'로 상호혜택을 강조하는 짧은 질문이었다. 이 질문을 받은 사람들의 서약 비율은 통제 집단에 비해 세 배나 더 높았다. BIT는 이 메시지를 온라인에 본격적으로 도입하는 경우 서약자 수가 9만 6000명가량 늘어날 것이라고 추산했다. 제대로 된 메시지를 찾아낸 덕분에 더 많은 사람들이 새 생명을 얻는 것이다.

　중요한 금융 의사 결정을 내릴 때에도 마찬가지 전략으로 사람들을 독려할 수 있다. 2007년 한 심리학 연구에서는 질문의 순서를 바꾸기만 했는데도 피험자들이 투자 과정에서 참을성을 발휘할 가능성이 높아졌다. 가령 미래를 위해 현재의 만족을 미루는 것이 어째서 좋은지를 먼저 물어본 것이다. 퇴직 저축에서는 어떨까? '저축하지 않아도 되는 이유는 무엇일까?'를 묻기에 앞서 '저축해야만 하는 이유는 무엇일까?'를 묻도록 만드는 것이 핵심이다. 질문의 순서는 이토록 중요하다.

　저축 앱에서도 이는 중요한 요소이다. 위치 데이터 덕분에 스마트폰은 당신이 쇼핑몰에 있는지, 대형 마트로 향하고 있는지 매 순간 알고 있다. 바로 그 시점에 소비자에게 돈을 쓰기보다는 저축해야 할 이유에 대해 메시지가 전달되도록 하는 것이다. 물론 선택의 자유는 전적으로 소비자에게 있다. 다만 아주 잠시라도 자신이 정말 그 소비를 원하는지 생각해보도록 만드는 것이 이 앱의 기능이다.

우리는 어떤 행동을 하기 전에 체크리스트를 확인한다. 항공기 조종사는 비행 전에 계기판을 확인하고 외과의사는 수술 전에 규칙을 점검한다. 이런 식으로 사고 설계도 우리 생각의 체크리스트 역할을 한다. 체크리스트 확인은 살짝 귀찮은 일이기도 하지만 충분히 제 역할을 해낸다는 점이 중요하다.

온라인 소비자,
무엇을 사고 무엇을 사지 않는가

사고 설계 앱이
선택을 돕는다

사고 설계는 상대적으로 새로운 반면, 아직까지 제대로 활용되지 못하고 있는 접근법이다. 그렇지만 우리가 주머니에 넣고 다니는 강력한 컴퓨터, 즉 스마트폰과 결합하면 엄청난 잠재력을 발휘할 수 있다. 이 장과 다음 장에서 나는 의사 결정을 대폭 개선시키는 사고 설계 앱의 사례 세 가지를 소개하려 한다. 이와 관련해서는 내 친구이자 이 분야 전문가인 존 페인의 도움을 크게 받았다는 점을 밝혀둔다.

첫 번째 사고 설계 앱은 미식축구 코치들을 위한 것이다. 몇 년 전 경제학자 데이비드 로머David Romer는 미국 미식축구리그NFL 코치들의 '포스다운fourth down 의사 결정'을 분석하여 논문으로 발표했다. 미식축구를 잘 모르는 사람은(나도 그중 한 명이다) 이해하기가 쉽지 않지만, 포스다운이란 마지막 공격 기회이다. 이 상황에서 코치는 공격을 계속할지, 아니면 공을 차내 공격권을 상대팀에 넘기는 필드 골을 선택할지 결정해야 한다. 공격을 결정할 때에는 위험부담이 따른다. 점수를 낼 가능성도 있지만 1점도 얻지 못할 확률 역시 높아지기 때문이다. 이때 고전적인 전략 계산이 필요하다. 코치는 과연 위험을 감수할 만한 가치가 있는지 판단해야 한다.

로머의 논문에서 흥미로운 점은 코치들이 통계적으로 볼 때 잘못된 판단을 내리는 경우가 자주 발생한다는 것이다. 그들이야말로 전략적 판단에 대한 보수로 수백만 달러를 받는 전문가들인데 말이다. 포스다운 결정 시 벌어지는 전형적인 오류를 살펴보자. 당신이 코치를 맡은 팀의 공이 상대팀의 2야드 선에 있다. 다시 말해 2야드만 더 가면 터치다운으로 득점할 수 있는 위치이다. 그런데 포스다운 상황이라 득점 기회는 단 한 번뿐이다.

이때 선택지는 두 개다. 필드 골 처리를 하면 3점을 확실히 얻게 되지만, 공격을 계속해 터치다운을 시도하면 7점을 얻을 확률이 7분의 3(42퍼센트)이다. 두 선택의 예상 결과는 동일하다. 확실한 3점은 7분의 3 확률의 7점과 동일하기 때문이다($3/7 \times 7 = 3$). 이 경우 절대 다수의 코치들은 득점이 확실한 필드 골을 선택한다. 행동경제학자 대니얼 카너먼과 아모스 트베르스키가 1970년대에 밝힌 대로 사람들은 '손실 회피 성향loss aversion'을 지니기 때문이다. 다시 말해 우리는 잠재적 이익이 훨씬 큰 경우에만 손실 가능성을 수용할 수 있다.

로머는 우리 안에 잠재된 손실 회피 성향 때문에 코치들이 필드 골을 선택해버린다고 지적한다. 다시 2야드 선의 포스다운 상황을 가정해보자. 예상 결과가 동일하다 해도 코치들은 그 점수들만 보고 결정을 내려서는 안 된다. 필드 포지션과 같은 더 큰 맥락까지 고려해야 하는 것이다. 예를 들어 코치가 공격을 시도했다가 실패하는 경우 상대팀은 2야드 선에서부터, 다시 말해 적진에서 가장 먼 지점에서부터 움직이게 된다. 반면 필드 골을 한다면 상대팀이 킥오프로 공을 멀리 보내 득점하게 만들 가능성이 높아진다. 이 의사 결정은 더 큰 심리 현상을 보여주는 사례이기도 하다. 위험부담에 대해 더 광범위하게 생각하면 위험한 대안이 더 안전하고 매력적으로 여겨지기 시작하는 것이다.

안타깝게도 코치들 대부분은 넓게 사고하지 못한다. 좁은 프레임에 갇혀 의사 결정을 내리고 이는 값비싼 실수로 이어진다. 로머의 데이터에서 공격하는 것이 통계적으로 더 나았을 포스다운 상황은 1068회였다. 그런데 이 중 코치가 필드 골을 결정한 경우는 무려 959회였다. 아쉽게도 90퍼센트가 잘못된 결정이었다는 뜻이다.

자, 그렇다면 포스다운 앱은 어떻게 코치들을 도울 수 있을까? 포스다운 의사 결정의 예상 결과를 계산해 보여주는 것이 직접적인 방법이다. 내가 코치라면 마음의 결정을 하기 전에 신속히 수학적 분석 결과를 확인하고 싶을 것이다. 앱의 조언을 늘 따르지는 않겠지만 어떻든 수치에는 관심이 많을 테니 말이다. 내가 지나치게 손실을 회피하고 있는 것은 아닌지, 협소한 프레임에 빠지는 실수를 저지르지는 않는지 알아보는 것이다.

앞서 필립 테틀록과 동료들의 연구에서 보았듯 예측에 대한 피드백을 주고받는 경우, 예측 성공률은 크게 올라간다. 피드백은 우리가 단순한 확률을 넘어서서 생각하는 이유가 무엇인지, 그리고 그렇게 벗어나는 것이 유익한지 이해하도록 도와준다. 미식축구 코치들은 이런 앱을 유용하게 활용할 수 있을 것이다. 비록 로머의 연구가 나온 지 9년이 흘렀어도 여전히 대부분의 코치들이 터치다운에서 보수적인 결정을 내리는 상황이지만 말이다. 코치들이 포스다운에서 공격을 시도하는 비율은 2006년에 11.21퍼센트였고 2012년에는 10.05퍼센트로 더 낮아졌다. 앱이 등장한다면 이 추세는 뒤집힐 수 있다.

■ 소비자의 손실 회피 성향을 알려주는 도구

이 글을 읽는 당신이 미식축구 코치일 확률은 별로 없다. 그럼에도 사고 설계 앱은 당신 나름의 포스다운 의사 결정에서 오류를 저지르지 않도록 도울 수 있다. 이제 두 번째 사고 설계 앱의 사례를 살펴보자.

존 페인과 나는 함께 손실 회피 계산기를 개발했다. 이는 www.digitai.org/#lab에서 확인할 수 있다. 이 계산기는 도박 상황에 대한 일련의 질문을 통해 손실 회피 성향을 나타내는 점수를 계산하고 이를 바탕으로 당신이 이익보다 손실을 얼마나 더 크게 인식하는 지 보여준다. 다음 예시 질문을 보자. 당신은 둘 중 어떤 도박을 선호하는가?

도박A: 100달러를 딸 확률과 100달러를 잃을 확률이 동일하다.
도박B: 300달러를 딸 확률과 200달러를 잃을 확률이 동일하다.

이 질문과 다른 질문들에 대한 당신의 답변을 바탕으로 사고 설계 앱은 당신이 손실 회피 성향의 범주에서 어느 정도 위치에 있는 지 알려준다. 과도하게 손실을 두려워하는지, 손실에 대한 두려움이 너무 불충분한지 등등. 손실 회피라는 개념은 새로운 것이 아니지만 손실 회피 성향을 알려주는 간단한 도구가 등장한 것은 이번이 처음이다.

이 도구는 여러모로 유용하다. 예를 들어 손실 회피 성향이 너무 크다면 아주 낮은 감염 위험을 우려해 필요한 의료 처치를 거부할 가능성이 크다. 부작용을 걱정해 자녀에게 예방 백신조차 맞추지 않을 수도 있다. 자기 소유물에 대해 과도하게 걱정이 많다면 새 스마트폰을 구입하면서 값비싼 보험을 들 것이다. 대부분의 전문가들이 쓸데없는 낭비라 여기는 수준으로 말이다.

그러나 손실 회피 성향이 전혀 없는 사람이라면 앞 상황과는 정반대로 온갖 위험한 도박을 추구할 것이다. 곧 쓰레기가 되고 말 주식을 느낌이 좋다며 구입하거나 정체를 알 수 없는 약품을 복용할 수도 있다. 손실 회피 계산 앱이 이런 위험한 성향을 즉각 치료할 수는 없겠지만 그 성향의 원인 파악에는 도움이 될 것이다. 그리고 일단 원인을 알아내면 해결 단계로 나아갈 가능성도 생긴다.

이 앱은 우리 내면 안의 손실 회피 성향이라는 본능적인 속성을 확인할 기회가 된다. 이 앱으로 성향을 여러 차례 측정하다 보면 당신이 주관적으로 손실을 인식할 때 어떤 요소가 영향을 미치는지 이해할 수 있다. 주식 시장이 출렁일 때마다 손실 회피 점수가 높아진다면 보수적인 투자 포트폴리오를 선택하거나 시장 상황을 너무 자주 확인하지 않는 것이 좋다(나는 손실 회피 점수가 오락가락하는 사람이 운영하는 펀드에 돈을 투자할 의사가 없다). 최종 목표는 위험을 인식하는 우리의 본능이 지닌 전체 모습을 파악하는 것, 그리고 이를 바탕으로 값비싼 의사 결정 오류 뒤에 어떤 심리적 요소들이 존재하는지 이해하는 것이다.

마지막으로 손실 회피 계산 앱은 타인의 성향을 이해하는 데도 도움을 준다. 데이비드 파로와 US샌디에이고 유발 로텐스트라이흐 Yuval Rottenstreich교수의 연구에 따르면 모르는 상대의 위험 회피 정도를 예측할 때 많은 사람들이 공통적으로 한 가지 오해를 하게 된다고 한다. 낯선 이는 우리보다 덜 인간적일 것이라고, 그리하여 위험 회피 성향이 우리 자신보다 낮을 것이라고 가정한다는 것이다.

가령 환자에게 수술의 위험 요소와 효과에 대해 설명하는 심장외과 전문의는 그 환자가 자신보다 손실 회피 성향이 낮으리라 가정

온라인 소비자,
무엇을 사고 무엇을 사지 않는가

해버린다. 그러다 결국 의사소통에 문제가 발생할 가능성이 커진다. 내가 의사라면 나 자신의 손실 회피 점수도 알아야겠지만 환자의 점수 또한 알고 싶을 것 같다. 그래야 환자의 성향에 맞춰 설명할 수 있을 테니 말이다. 환자의 손실 회피 점수가 어느 한 극단에 위치한다면 그 점을 충분히 고려해야 할 것이다.

이런 전략은 금융 투자에서 보험에 이르기까지 수많은 영역에 적용해볼 수 있다. 상대가 손실 가능성에 대해 얼마나 민감한지 모르는 상태라면 제대로 조언을 하는 것도 어렵다.

화면이 묻는다,
당신의 삶에서 무엇을 가장 원하는지

세 번째로 소개할 사고 설계 앱은 앞서 이야기한 두 가지보다 더욱 가치가 있다. 내가 이 앱을 개발한 이유는 대부분의 사람들이 자기 삶에서 무엇을 원하는지 생각할 시간을 거의 내지 못하기 때문이다. 원인은 두 가지이다. 우선 우리 모두 너무 바쁘다. 취직을 해야 하고 자녀를 돌봐야 하고 책임져야 할 일이 많다. 소소한 일들을 처리하는 데 골몰한 나머지 큰 그림을 그릴 여유가 없다.

또 다른 원인은 우리가 인지적으로 게으르기 때문이다. 우리는 오래 생각하기를 좋아하지 않는다. 그래서 생각을 할 때도 충분히 깊이 혹은 넓게 생각하지 않고 재빨리 해치워버린다. 예를 들어 최근 한 연구에서는 남성 피험자의 3분의 2가 15분 동안 혼자 앉아 생각하느니 차라리 전기 자극을 받겠다고 선택했다. 이처럼 어려운 문제에 대해 깊이 생각하는 것은 우리 두뇌를 고통스럽게 만드는 일이다.

이 현상의 책임은 부분적으로 최신 기술에 있다. 기술 발전으로 인해 우리는 문제에서 한 걸음 물러나 그보다 더 큰 문제에 대해 생각하는 일을 어려워하게 되었다. 하지만 이 문제의 해결책 또한 기술에서 일부 찾을 수 있다. 행동재무학을 위한 알리안츠 글로벌 투자자 센터Allianz Global Investors Center가 개발한 '퇴직 목표 설계 시스템Retirement Goal Planning System', 즉 GPS 앱이 그중 하나이다. 애플 앱 스토어에서 무료로 다운로드 가능한 이 앱은 은퇴 연령에 가까워지는 상황에서 자신이 인생에서 무엇을 원하는지 주의 깊게 생각해보도록 구조화된 사고 과정을 구현한다.

이 앱의 연구자들은 대부분의 사람들이 스스로의 인생 목표를 목록으로 만들거나 고민해보지 않는다는 점을 발견했다. 나만 해도 가족과 시간을 더 많이 보내고 더 자주 여행하고 싶다고는 생각하지만, 나 개인의 목표를 위해 작곡 등 취미생활에 시간을 더 확보해야 한다는 점은 자주 잊어버린다. 주된 인생 목표에 대해 생각하는 일이 별로 없기 때문에 인생 목표를 이루기 위한 계획을 수립하지도 못하는 것이다.

■
생각의 사각지대를 발견하는 연습

한 가지 연습을 해보자. 흰 종이에 당신의 은퇴 후 목표를 모두 적어보라. 원하는 만큼 시간을 써도 좋다. 다 적었다면 일단 그 종이는 옆으로 치워두자.

이제 일반적인 인생 목표를 종합하여 정리한 목록을 살펴볼 차례이다. 금융 상담 전문가들과 은퇴를 앞둔 사람들 열 명 정도를 인터뷰하여 만든 목록이다.

- 금전적 독립: 죽을 때까지 기본 생활비를 충당하기
- 건강: 의료비를 스스로 지출하기
- 주거: 주거 상황을 스스로 선택하기
- 여행과 여가 활동: 여행을 떠나고 각종 활동을 즐기기
- 생활방식: 현재의 생활방식 유지하기
- 두 번째 커리어: 새로운 일을 시작하기
- 자기 개발: 자신의 개인적인 성장에 투자하기
- 가족 유산: 가족에게 재산을 남겨주기
- 기부: 스스로 중시하는 일들에 공헌하기
- 사교 생활: 친구들과의 관계를 즐기기
- 품위 있는 삶: 마지막 날들을 자신만의 방식으로 준비하기
- 통제감: 자기 삶을 스스로 주도하고 있다고 느끼기

이 목록에서 당신이 중요하다고 생각하는 항목에 동그라미를 쳐라. 원하는 대로 몇 개든 고를 수 있다. 이때 조금 전에 직접 만들었던 목록을 보지 않는 것이 중요하다.

 다 되었는가? 이제 두 목록을 비교할 차례이다. 당신도 다른 사람들과 비슷하다면 직접 만든 목록이 위의 목록에 비해 훨씬 짧고 중요한 내용 역시 많이 빠져 있을 것이다. 그 빠진 항목이 바로 당신이 인생을 계획할 때 놓치기 쉬운 사각지대이다. 이 연습은 퍽 흥미롭다. 앞서 많은 사람들이 인생 목표를 제대로 정리하지 못한다는 이야기를 들었음에도 당신 역시 그 사각지대를 피하지 못했기 때문이다. 대부분의 사람들은 인생 목표의 목록을 채 절반도 채우지 못한다. 누락된 절반은 나머지 절반만큼이나 중요한 항목들이다.

 당신이 사각지대를 발견하는 데 큰 노력이 들지 않았다는 점에도 주목해야 한다. 그저 간단히 사고 설계를 하고 5분 정도 집중했을 뿐이다. 물론 인생 목표의 목록을 더 완벽하게 정리하고 난 후에는 우선순위를 정해야 할 것이다. 알리안츠의 GPS 앱은 순위 결정 체계를 통해 이런 작업을 하도록 도와준다. 가장 중요한 목표와 가장 덜 중요한 목표를 선택하고 나머지를 세 가지 카테고리로 구분하는 방식이다. 이때 사람들은 목표들을 서열화하는 것보다 '아주 중요한 목표'와 '어느 정도 중요한 목표'로만 구분하는 것을 훨씬 쉽게 여긴다.

 이 과정에서 복잡한 첨단 기술 따위는 등장하지 않는다. 그럼에도 깨닫는 바가 클 것이다. 중요한 점은 당신이 지금까지 한 번도 이런 작업을 하지 않았다는 것이다. 생각해본 적 없는 목표를 계획할 수는 없는 법이다.

터치스크린 태블릿을 사용해 단 몇 분 만에 할 수 있는 이 단순한 사고 연습은 우리가 미래에 대해 더 효율적으로 생각하도록 도와준다. 마치 포스다운 앱이 미식축구 코치들을 도와주고 손실 회피 앱이 투자자와 의사들의 위험한 의사 결정을 도와주듯 말이다. 우리 생각의 사각지대를 드러내는 앱을 통해 우리는 자신이 삶에서 무엇을 가장 원하는지 알게 된다.

최신 통신 기기를 쇼핑이나 문자 주고받기, 오락 이상의 용도로 사용할 수 있다는 점은 더욱 큰 교훈이다. 물론 쇼핑이나 문자, 게임이 아무것도 아니라는 뜻은 아니다. 나 역시 이런 활동을 당신만큼 즐기니까. 하지만 고해상도 화면 아래 유능한 조수이자 조언자, 우리 사고 과정을 개선할 도구가 자리 잡고 있다는 사실은 잊지 말자. 전통적인 GPS는 내비게이션으로서 낯선 장소에서 길을 안내해주는 익숙한 존재였다. 반면 사고 설계의 GPS 앱은 가장 빠르거나 편한 길을 안내한다는 점에서 조금 더 발전한 형태라 할 수 있다. 이를 제대로 이용하려면 당신이 어디로 갈 것인지 알아야 한다. 목적지를 모른다면 세상의 그 어떤 기술도 당신을 목적지로 안내할 수 없다.

온라인 소비자,
무엇을 사고 무엇을 사지 않는가

디 지 털 설 계 자 에 게 던 지 는 질 문

디지털 기기는 끊임없이 알림음을 울려대며 우리의 주의력을 분산시킨다. 이 숨
가쁜 속도는 크고 어려운 문제에 대해 성찰할 시간이 중요하다는 사실을 한층 더
강조한다. 마지막으로 디지털 시대를 눈앞에 둔 자신에게 아래의 질문을 던져보자.

당신이 어떤 사람인지 혹은 어떤 사람이 아닌지 알려면
어떤 질문을 던져야 할까?

더 스마트한 화면은
인간의 삶을 바꾼다

    이 책은 기업과 소비자가 더욱 활발하게 관계를 맺는 디지털 시대, 우리가 화면 위에서 어떻게 생각하는지를 다룬다. 이는 곧 '차이'에 대한 이야기이며, 어떻게 화면이 소비자에게 더 많은 정보와 선택 가능성을 제공하고 과거 어느 때보다 더 빨리 행동하도록 만드는지에 대한 이야기이다. 하지만 나는 여기에 엄청난 기회 또한 존재한다고 생각한다. 행동경제학의 통찰력을 활용해 디지털 세계를 설계하고 더 효과적으로 생각하도록 돕는다면 그렇다.

    책 전체를 훑어보는 대신 나는 앞서 논의했던 바를 압축하는 짧은 목록을 만들어보았다. 이는 앞으로 우리가 더 스마트한 화면을 만드는 과정에 필요한 도구들이다. 우리 모두 주의력이 결핍되는 상황임을 감안해 화면 앞에서의 행동 변화를 촉진할 수 있는 도구가운데 상위 열 개만 선정했다.

- 새로운 디지털 환경에서의 주의력을 고려하라
- 정보 압축 기법을 사용하라
- 본능적으로 감지되는 아름다움을 극대화하라
- 잘 모르겠다면 단순하게 만들어라
- 핵심 지점을 최대한 활용하라
- 사용자의 감정을 건드리는 피드백을 제공하라
- 마음의 속도를 늦추는 인지적 불편함을 도입하라
- 처리 가능한 고려 대상군을 제공하라
- 사고 도구를 제공하라
- 디자인 및 A/B 테스트를 위해 과학을 활용하라

새로운 도구와 통찰을 바탕으로 우리는 무엇을 해야 할까? 내 목표는 디지털 세계의 장점을 극대화하는 것, 그리고 화면에 존재하는 멋지고 새로운 도구들의 이점을 십분 살리는 것이다. 나이 든 자신의 모습을 보여주는 디지털 이미지가 저축을 독려하리라고, 단순한 사고 설계 앱이 인생 목표에 대해 깊이 생각하게 만들리라고 누가 예상했겠는가?

적절한 기술과 심리학 연구를 결합하여 우리는 우리의 장점을 극대화하고 약점은 보완하는 디지털 환경을 설계할 수 있을 것이다. 위에 제시한 열 가지 도구들은 우리가 온라인에서 의사 결정을 하는 과정에 영향을 미치는 동시에 이를 개선시킬 가능성을 제공한다. 단순히 화면에 변화를 주는 것만으로도 우리는 중요한 부분에 더 주의를 기울이고 집중할 수 있다.

❖

기술의 진보는 순식간에 일어났다. 몇 세대 전까지만 해도 사람들에게 화면이란 영화관에서나 만나는 존재였다. 이어 화면이 집 안으로 들어왔고 사람들은 하루에도 몇 시간씩 텔레비전을 바라보게 되었다. 오늘날 우리는 깨어 있는 시간의 상당 부분을 화면과 상호작용하면서 보낸다. 화면은 우리에게 친구이자 동료이다. 사회적 상호작용을 중개하고 신체 활동에 대한 피드백을 준다. 화면은 우리가 일하는 곳이자 휴식하는 곳이다. 디지털 세계로 전환하는 지금 이 시기 우리에게는 인간 행동을 돌아보게 만드는 일생일대의 멋진 기회가 주어졌다. 나는 우리가 이 순간을 낭비해버릴까 봐, 삶을 바꾸기는커녕 생각 없이 터치만 반복할까 봐 걱정스럽다.

우리는 온라인 세상에서 다른 방식으로 생각한다. 여기서의 '다른' 이 '더 나은'이 된다면 좋겠다. 우리가 이 도구를 제대로 활용한다면 화면을 바라보는 모든 이의 선택을 개선할 수 있을 것이다.

프롤로그

1.　Saurabh Bhargava, George Loewenstein, and Shlomo Benartzi, "The Health Exchanges and the Behavioral Economics of Plan Choice," working paper, Carnegie Mellon University, 2015.

2.　Eric Johnson, Ran Hassin, Tom Baker, Allison T. Bajger, and Galen Treur, "Can Consumers Make Affordable Care Affordable? The Value of Choice Architecture," PLoS ONE 8.12 (2013): e81521. doi:10.1371/ journal.pone.0081521.

3.　http://aspe.hhs.gov/health/reports/2014/Premiums/2014MktPlacePremBrf.pdf, p.10.

4.　http://www.nytimes.com/2011/01/17/technology/17brain.html?pagewanted=all; http://www.nytimes.com/2010/05/30/world/asia/30drone.html.

5.　http://www.nytimes.com/2009/03/17/business/17uav.html?_r=1&hp;see also http://www.nytimes.com/2010/01/11/business/11drone.html?pagewanted=all.

6.　Ryan McKendrick, Tyler Shaw, Ewart de Visser, Haneen Sager, Brian Kidwell, and Raja Parasuraman, "Team Performance in Networked Supervisory Control of Unmanned Air Vehicles Effects of Automation, Working Memory, and Communication Content," Human Factors: The Journal of the Human Factors and Ergonomics Society (2013): 0018720813496269.

7.　Jessie Y. C. Chen and Carla T. Joyner, "Concurrent Performance of Gunners and Robotics Operator Tasks in a Multitasking Environment," Military Psychology 21.1 (2009): 98–113.

8.　J. Y. C. Chen and P. I. Terrence, "Effects of Tactile Cueing on Concurrent Performance of Military and Robotics Tasks in a Simulated Multitasking Environment," Ergonomics 51.8 (2008): 1137–52.

9.　http://www.nytimes.com/2011/01/17/technology/17brain.html?pagewanted=all.

10.　http://www.nytimes.com/2014/01/12/magazine/is-ubers-surge-pricing-an-example-of high-tech-gouging.html?_r=0.

11.　http://instagram.com/p/h93iXKxyPa/.

12.　Tibor Besedes, Cary Deck, Sudipta Sarangi, and Mikhael Shor, "Reducing Choice Overload Without Reducing Choices," Review of Economics and Statistics, forthcoming.

13.　Maya O. Shaton, "The Display of Information and Household Investment Behavior," working paper, University of Chicago, 2014.

14.　Connor Diemand-Yauman, Daniel M. Oppenheimer, and Erikka B. Vaughan, "Fortune Favors the Bold (and the Italicized): Effects of Disfluency on Educational Outcomes," Cognition 118.1 (2011): 111–15.

15.　Anne Mangen, Bente R. Walgermo, and Kolbjørn Brønnick, "Reading Linear Texts on Paper Versus Computer Screen: Effects on Reading Comprehension," International Journal of Educational Research (2013).

16.　Richard H. Thaler and Cass R. Sunstein, Nudge: Improving Decisions About Health, Wealth, and Happiness (New Haven: Yale University Press, 2008).

17.　Shlomo Benartzi and Richard H. Thaler, "Behavioral Economics and the Retirement Savings Crisis," Science 339 (March 8, 2013): 1152–53; Richard H. Thaler and Shlomo Benartzi, "Save More Tomorrow™: Using Behavioral Economics to Increase Employee Saving," Journal of Political Economy 112.S1 (2004): S164–S187.

18.　S. Adam Brasel and James Gips, "Tablets, Touchscreens, and Touchpads: How Varying

Touch Interfaces Trigger Psychological Ownership and Endowment," Journal of Consumer Psychology 24.2 (2014): 226–33.

19. Anne Mangen, Bente R. Walgermo, and Kolbjørn Brønnick, "Reading Linear Texts on Paper Versus Computer Screen: Effects on Reading Comprehension," International Journal of Educational Research (2013).

20. Avi Goldfarb, Ryan McDevitt, Sampsa Samilia, and Brian Silverman, "The Effect of Social Interaction on Economic Transactions: Evidence from Changes in Two Retail Formats," Management Science (February 2015).

1부

1. http://www.washingtonpost.com/blogs/wonkblog/wp/2013/08/30/travel-agents-we-do-exist/.

2. Max Starkov, "End of the OTA Merchant Model—This Time for Real," HeBS Digital; Madigan Pratt, "Breaking the Hotel Addiction to OTAs," Madigan Pratt & Associates.

3. This is based on a Google search done on October 13, 2014. The search was done on a browser clear of all search history and cookies. Your exact number will almost certainly vary according to your own Google activity.

4 http://www.economist.com/node/15557421.

5. http://www.-01.ibm.com/software/data/bigdata/what s ig-data.html.

6. Martin Hilbert, "How Much Information Is There in the 'Information Society'" Significance 9.4 (2012): 8–2.

7. Herbert Simon, "Designing Organizations for an Information-Rich World," in Martin Greenberger, Computers, Communication, and the Public Interest (The Johns Hopkins Press, 1971), 37–72.

8. Daniel M. Oppenheimer, Tom Meyvis, and Nicolas Davidenko, "Instructional Manipulation Checks: Detecting Satisficing to Increase Statistical Power," Journal of Experimental Social Psychology 45.4 (2009): 867–72.

9. http://www.wordstream.com/articles/google-earnings.

10. http://boardingarea.com/loyaltytraveler/2013/12/05/otas-gain-hotel-booking-market-share n 013-why/#sthash.HIT2kDcV.dpbs.

11. George Miller, "The Magical Number Seven, Plus or Minus Two," The Psychological Review 63 (1956). See also the version of Miller's magical-number paper as delivered at MIT: "Human Memory and the Storage of Information," Institute of Radio Engineers [IEEE] Transactions on Information Theory 2.3 (1956): 129–37.

12. Meredyth Daneman and Patricia A. Carpenter, "Individual Differences in Working Memory and Reading," Journal of Verbal Learning and Verbal Behavior 19.4 (1980): 450–66.

13. Nelson Cowan, Lara D. Nugent, Emily M. Elliott, Igor Ponomarev, and J. Scott Saults, "The Role of Attention in the Development of Short-erm Memory: Age Differences in the Verbal Span of Apprehension," Child Development 70.5 (1999): 1082–97.

14. Nelson Cowan, Troy D. Johnson, and J. Scott Saults, "Capacity Limits in List Item Recognition: Evidence from Proactive Interference," Memory 13.3–4(2003): 293–99; Nelson Cowan, "The Magical Mystery Four: How Is Working Memory Capacity Limited, and Why?," Current Directions in Psychological Science 19.1 (2010): 51–57.

15. Baba Shiv and Alexander Fedorikhin, "Heart and Mind in Conflict: The Interplay of Affect and Cognition in Consumer Decision Making," Journal of Consumer Research 26.3 (1999): 278–92.

온라인 소비자,
무엇을 사고 무엇을 사지 않는가

16. Anandi Mani, Sendhil Mullainathan, Eldar Shafir, and Jiaying Zhao, "Poverty Impedes Cognitive Function," Science 341.6149 (2013): 976–80.

17. Ibid.

18. Ibid.

19. https://institutional.vanguard.com/iam/pdf/HAS14.pdf?cbdForceDomain=true (see figures 21, 24, and 29); Brigitte C. Madrian and Dennis F. Shea, "The Power of Suggestion: Inertia in 401(k) Participation and Savings Behavior," The Quarterly Journal of Economics 116.4 (2001): 1149–87.

20. http://www.vanityfair.com/politics/2012/10/michael-lewis-profile-barack-obama.

21. Daniel Levitan, The Organized Mind (New York: Dutton, 2014), Kindle location: 1896 of 10691.

22. http://www.wsj.com/articles/SB10001424052970204488304574428750133812262.

23. Ibid.

24. http://www.va.gov/oig/pubs/VAOIG20900-168.pdf;http://www.va.gov/oig/pubs/VAOIG 4 2603-267.pdf.

25. Hardeep Singh, Christianne Spitzmueller, Nancy J. Petersen, Mona K. Sawhney, and Dean F. Sittig, "Information Overload and Missed Test Results in Electronic Health Record–Based Settings," JAMA Internal Medicine 173.8 (2013): 702–4; Hardeep Singh, Eric J.Thomas, Shrinidi Mani, Dean Sittig, Harvinder Arora, Donna Espadas, Myrna M. Khan, and Laura A. Petersen, "Timely Follow pof Abnormal Diagnostic Imaging Test Results in an Outpatient Setting: Are Electronic Medical Records Achieving Their Potential?" Archives of Internal Medicine 169.17 (2009): 1578–86.

26. Hardeep Singh, Lindsey Wilson, Brian Reis, Mona K. Sawhney, Donna Espadas, and Dean F. Sittig, "Ten Strategies to Improve Management of Abnormal Test Result Alerts in the Electronic Health Record," Journal of Patient Safety 6.2 (2010): 121.

27. Clement J. McDonald, "Toward Electronic Medical Record Alerts That Consume Less Physician Time Letters," JAMA Internal Medicine 173.18 (2013): 1755–56.

28. David L.Strayer, Jason M. Watson, and Frank A. Drews, "Cognitive Distraction While Multitasking in the Automobile," Psychology of Learning and Motivation: Advances in Research and Theory 54 (2011): 29–58.

29. Ibid.

30. Ibid.

31. Milica Milosavljevic Mormann, Vidhya Navalpakkam, Christof Koch, and Antonio Rangel, "Relative Visual Saliency Differences Induce Sizable Bias in Consumer Choice," Journal of Consumer Psychology 22.1 (2012): 67–74.

32. Anandi Mani, Sendhil Mullainathan, Eldar Shafir, and Jiaying Zhao, "Poverty Impedes Cognitive Function," Science 341.6149 (2013): 976–0.

33. George Miller, "The Magical Number Seven, Plus or Minus Two," The Psychological Review 63 (1956).

34. http://www.pwc.com/gx/en/audit-services/capital-market/publications/assets/document/pwc-global-top-100-march-update.pdf.

35. http://www.latimes.com/local/california/laehealth-ucla-women-20141205-story.html#page=1.

36. Meera Viswanathan et al., "Interventions to Improve Adherence to Self-Administered Medications for Chronic Diseases in the United States: A Systematic Review," Annals of Internal Medicine 157.11 (2012): 785–95; L. Osterberg and T. Blaschke, "Adherence to Medication," New England Journal of Medicine 353 (2005): 487– 97; J. J. Mahoney et al., "The Unhidden Cost of Noncompliance," Journal of Managed Care

Pharmacy 14 (2008): S1–S29.

37.   Marie T. Brown and Jennifer K. Bussell, "Medication Adherence: WHO Cares?,"
      Mayo Clinic Proceedings 86.4 (2011): 304–14.

38.   http://www.nhtsa.gov/people/injury/alcohol/impaired_driving_pg2/us.htm.

39.   http://www.cdc.gov/tobacco/data_statistics/fact_sheets/economics/econ_facts/index.
      htm.

40.   http://www.wired.com/business/2012/04/ff_abtesting.

2부

1.   Kyung Ah Kwon et al., "High-Speed Camera Characterization of Voluntary
      Eye Blinking Kinematics," Journal of The Royal Society Interface 10.85 (2013):
      2013.0227.

2.   Noam Tractinsky, Avivit Cokhavi, and Moti Kirschenbaum, "Using Ratings and
      Response Latencies to Evaluate the Consistency of Immediate Aesthetic Perceptions
      of Web Pages," Third Annual Workshop on HCI Research in MIS, Washington, DC,
      2004.

3.   Gitte Lindgaard et al., "Attention Web Designers: You Have 50 Milliseconds to Make
      a Good First Impression!," Behaviour & Information Technology 25.2 (2006): 115–
      26.

4.   Ben Newell and David R. Shanks, "Unconscious Influences onDecision Making: A
      Critical Review," Behavioral and Brain Sciences 37, no. 01 (2014): 1–19.

5.   Janine Willis and Alexander Todorov, "First Impressions: Making Up Your Mind After
      a 100 ms Exposure to a Face," Psychological Science 17.7 (2006): 592–98.

6.   Jamie Arndt, Jeff Greenberg, Tom Pyszczynski, and Sheldon Solomon, "Subliminal
      Exposure to Death-Related Stimuli Increases Defense of the Cultural Worldview,"
      Psychological Science 8.5 (1997): 379–85; Mark J. Landau, Sheldon Solomon, Jeff
      Greenberg, Florette Cohen, Tom Pyszczynski, Jamie Arndt, Claude H. Miller, Daniel
      M. Ogilvie, and Alison Cook, "Deliver Us from Evil: The Effects of Mortality Salience
      and Reminders of 9/ 11 on Support for President George W. Bush," Personality
      and Social Psychology Bulletin 30.9 (2004): 1136–50; Andreas Birgegard and Pehr
      Granqvist, "The Correspondence Between Attachment to Parents and God: Three
      Experiments Using Subliminal Separation Cues," Personality and Social Psychology
      Bulletin 30.9 (2004): 1122–35.

7.   Gráinne M. Fitzsimons, Tanya L. Chartrand, and Gavan J. Fitzsimons, "Automatic
      Effects of Brand Exposure on Motivated Behavior: How Apple Makes You 'Think
      Different,' " Journal of Consumer Research 35.1 (2008): 21–35.

8.   Ap Dijksterhuis, "Think Different: The Merits of Unconscious Thought in Preference
      Development and Decision Making," Journal of Personality and Social Psychology
      87.5 (2004): 586.

9.   John Payne, in-person interview, February 16, 2015.

10.   http://time.com/12933/what-you-think-you-know-about-the-web-is-wrong/.

11.   http://www.forbes.com/sites/stevenbertoni/2014/11/04/exclusive-sean-rad-out-as
      -tinder-ceo-inside-the-crazy-saga/.

12.   Aniko Hannak et al., "Measuring Price Discrimination and Steering on E commerce
      Web Sites," Proceedings of the 14th ACM/ USENIX Internet Measurement
      Conference (2014).

13.   Katharina Reinecke, Tom Yeh, Luke Miratrix, Rahmatri Mardiko, Yuechen Zhao,
      Jenny Liu, and Krzysztof Z. Gajos, "Predicting Users' First Impressions of Website

온라인 소비자,
무엇을 사고 무엇을 사지 않는가

Aesthetics with a Quantification of Perceived Visual Complexity and Colorfulness," in Proceedings of the SIGCHI Conference on Human Factors in Computing Systems, 2049–8, ACM, 2013.

14. Naomi Mandel and Eric J. Johnson, "When Web Pages Influence Choice: Effects of Visual Primes on Experts and Novices," Journal of Consumer Research 29.2 (2002): 235–45.

15. Katharina Reinecke, telephone interview, January 14, 2014.

16. Katharina Reinecke and Krzysztof Z. Gajos, "Quantifying Visual Preferences Around the World," Proceedings of the 32nd Annual ACM Conference on Human Factors in Computing Systems (ACM, 2014).

17. Claudia Townsend and Suzanne B. Shu, "When and How Aesthetics Influences Financial Decisions," Journal of Consumer Psychology 20.4(2010): 452–58.

18. Andreas Sonderegger and Juergen Sauer, "The Influence of Design Aesthetics in Usability Testing: Effects on User Performance and Perceived Usability," Applied Ergonomics 41.3 (2010): 403–10.

19. Gitte Lindgaard, Cathy Dudek, Devjani Sen, Livia Sumegi, and Patrick Noonan, "An Exploration of Relations Between Visual Appeal, Trustworthiness and Perceived Usability of Homepages," ACM Transactions on Computer-HumanInteraction (TOCHI) 18.1 (2011): 1.

20. Lindsay A. Owens, "The Polls—Trends Confidence in Banks, Financial Institutions, and Wall Street, 1971–2011," Public Opinion Quarterly 76.1 (2012): 142–62.

21. Ibid.

22. http://www.fdic.gov/householdsurvey/.

23. http://www.consumerfinance.gov/askcfpb/1567/what-payday-loan.html.

24. http://www.fdic.gov/householdsurvey/2012_unbankedreport.pdf, p. 27.

25. http://www.alexa.com/siteinfo/bankofamerica.com, accessed December 24, 2014.

26. I owe a big thank-you to Matt Stewart for helping me implement the algorithm. We tested the Bank of America Web site on July 17, 2014.

27. https://www.javelinstrategy.com/brochure/319;https://smallbusiness.yahoo.com/advisor/marketing-sbos-insights-bank-america-report-220017545.html.

28. http://transition.fcc.gov/Speeches/Tristani/Statements/2001/stgt123.html.

29. http://www.fcc.gov/guides/public-and-broadcasting-july-2008.

30. Linyun W. Yang, Keisha M. Cutright, Tanya L. Chartrand, and Garan J. Fitzsimons, "Distinctively Different: Exposure to Multiple Brands in Low-Elaboration Settings," Journal of Consumer Research 40.5 (2014): 973–92.

31. K. E. Stanovich and R. F. West, "Individual Difference in Reasoning: Implications for the Rationality Debate?", Behavioural and Brain Sciences 23 (2000): 645–26.

3부

1. Ruma Falk, Raphael Falk, and Peter Ayton, "Subjective Patterns of Randomness and Choice: Some Consequences of Collective Responses," Journal of Experimental Psychology: Human Perception and Performance 35.1 (2009): 203.

2. http://search.bwh.harvard.edu/new/presentations/Psychonomics2012_Drew_Vo.pdf.

3. Nicholas Christenfeld, "Choices from Identical Options," Psychological Science 6.1 (1995): 50–55.

4. Elena Reutskaja Rosemarie Nagel, Colin F. Camerer, and Antonio Rangel, "Search

Dynamics in Consumer Choice Under Time Pressure: An Eye-Tracking Study," The American Economic Review (2011): 900–26.

5. Peter Ayton, telephone interview, July 15, 2014.

6. Milica Milosavljevic Mormann, Vidhya Navalpakkam, Christof Koch, and Antonio Rangel, "Relative Visual Saliency Differences Induce Sizable Bias in Consumer Choice," Journal of Consumer Psychology 22.1 (2012): 67–74.

7. Benjamin Libet, Curtis A. Gleason, Elwood W. Wright, and Dennis K. Pearl, "Time of Conscious Intention to Act in Relation to Onset of Cerebral Activity (Readiness-Potential): The Unconscious Initiation of a Freely Voluntary Act," Brain 106.3 (1983): 623–42.

8. Mormann, Navalpakkam, Koch, and Rangel, "Relative Visual Saliency Differences Induce Sizable Bias and Consumer Choice," 67–4.

9. Alexander Pollatsek, Jane Ashby, and Charles Clifton Jr., Psychology of Reading (New York: Psychology Press, 2012) 385–87.

10. A. Godfroid, "Eye-Tracking," in Peter Robinson, ed., The Routledge Encyclopedia of Second Language Acquisition (New York: Routledge, 2013), 234–36.

11. James R. Bettman and Pradeep Kakkar, "Effects of Information Presentation Format on Consumer Information Acquisition Strategies," Journal of Consumer Research (1977): 233–40.12. Savannah Wei Shi, Michel Wedel, and F. G. M. Pieters, "Information Acquisition During Online Decision Making: A Model-Based Exploration Using Eye-Tracking Data," Management Science 59.5 (2013): 1009–26.

4부

1. Avraham N. Kluger and Angelo DeNisi, "The Effects of Feedback Interventions on Performance: A Historical Review, a Meta-analysis, and a Preliminary Feedback Intervention Theory," Psychological Bulletin 119.2 (1996): 254.

2. Yaron Levi and Shlomo Benartzi, "Economic Behavior in the Digital Age," working paper, UCLA, 2014.

3. Board of Governors of the Federal Reserve System, "Consumers and Mobile Financial Services," 2014, http://www.federalreserve.gov/econresdata/consumers-and-mobile-financial-services-report-201403.pdf.

4. James J. Choi, David Laibson, Brigitte C. Madrian, and Andrew Metrick, "Defined Contribution Pensions: Plan Rules, Participant Choices, and the Path of Least Resistance," in Tax Policy and the Economy, vol. 16, James Poterba, ed. (Cambridge, MA: MIT Press, 2002), 67–113.

5. See Dan Gardner and Philip Tetlock, "What's Wrong with Expert Predictions," Cato Unbound, July 11, 2011; also in Robin Hanson et al., What's Wrong with Expert Predictions? (Cato Unbound) (Cato Institute, Kindle Edition, 2011); Philip Tetlock, Expert Political Judgment: How Good Is It? How Can We Know? (Princeton University Press, 2005).

6. Tetlock, Expert Political Judgment.

7. Gardner and Tetlock, "What's Wrong with Expert Predictions."

8. http://www.doncio.navy.mil/chips/ArticleDetails.aspx?ID=5976.

9. Philip Tetlock and Dan Gardner, "Who's Good at Forecasts?" The Economist, October 31, 2013; Barbara Mellers, Eric Stone, Terny Murray, Angela Minster, Nick Rohrbaugh, Michael Bishop, Eva Chen, et al., "Identifying and Cultivating Superforecasters as a Method of Improving Probabilistic Predictions," Perspectives on Psychological Science 10.3 (2015): 267–1.

온라인 소비자,
무엇을 사고 무엇을 사지 않는가

10. Gardner and Tetlock, "What's Wrong with Expert Predictions."

11. Shlomo Benartzi and Richard H. Thaler, "Myopic Loss Aversion and the Equity Premium Puzzle," The Quarterly Journal of Economics 110.1(1995): 73–92.

12. I owe a big thank-you to Yaron Levi for calculating these figures, based on an analysis of the data from 1926 to 2013.

13. Richard H. Thaler, Amos Tversky, Daniel Kahneman, and Alan Schwartz, "The Effect of Myopia and Loss Aversion on Risk Taking: An Experimental Test," The Quarterly Journal of Economics (1997): 647–61.

14. Benartzi and Thaler, "Myopic Loss Aversion and the Equity Premium Puzzle."

15. Benedetto De Martino, John P. O'Doherty, Debajyoti Ray, Peter Bossaerts, and Colin Camerer, "In the Mind of the Market: Theory of Mind Biases Value Computation During Financial Bubbles," Neuron 79.6 (2013): 1222–31.

16. http://www.caltech.edu/content/what-causes-some-participate bubble-markets.

17. Terry Lohrenz, Meghana Bhatt, Nathan Apple, and P. Read Montague, "Keeping Up with the Joneses: Interpersonal Prediction Errors and the Correlation of Behavior in a Tandem Sequential Choice Task," PLOS Computational Biology 9.10 (2013): e1003275.

18. Maya Shaton, "The Display of Information and Household Investment Behavior," working paper, University of Chicago, 2014.

19. Solomon E. Asch, "Effects of Group Pressure upon the Modification and Distortion of Judgments," Groups, Leadership, and Men (1951):222–36.

20. Christian Hildebrand, Andreas Herrmann, Gerald Haubl, and Jan R. Landwehr, "When Social Media Can Be Bad for You: Community Feedback Stifles Consumer Creativity and Reduces Satisfaction with Self-Designed Products," Information Systems Research 24.1 (2013): 14–29.

21. Christian Hildebrand, Andreas Herrmann, Gerald Häubl, and Jan R. Landwehr, "Conformity and the Crowd," Harvard Business Review (July–August2013): 23.

22. Adam Joinson, "Online Disinhibition," in Jayne Gackenbach, ed.,Psychology and the Internet: Intrapersonal, Interpersonal, and TranspersonalImplications (Waltham, MA: Academic Press, 2011), chap. 4, 76–90.

23. http://hechingerreport.org/content/robo-readers-arent-good-human-readers-theyre-better_17021/.

24. Joinson, "Online Disinhibition."

25. http://home.isr.umich.edu/releases/texting-ups-truthfulness-new-iphone-study-suggests/.

26. Mandy Stahre, Jim Roeber, Dafna Kanny, and Robert D. Brewer,"Contribution of Excessive Alcohol Consumption to Deaths and Years of Potential Life Lost in the United States," Preventing Chronic Disease 11 (2014).

27. Philip J. Cook, Paying the Tab: The Costs and Benefits of Alcohol Control (Princeton, NJ: Princeton University Press, 2007).

28. http://www.washingtonpost.com/blogs/wonkblog/wp/2014/09/25/think-you-drinkalot-this-chart-will-tell-you/.

29. Laura H. Lind, Michael F. Schober, Frederick G. Conrad, and HeidiReichert, "Why Do Survey Respondents Disclose More When Computers Ask the Questions?" Public Opinion Quarterly 77(4) (2013): 888–935.

30. Kevin Coe, Kate Kenski, and Stephen A. Rains, "Online and Uncivil? Patterns and Determinants of Incivility in Newspaper Website Comments," Journal of Communication (2014).

31. http:// www.businessinsider.com/tablets-are-making-waiters-obsolete- 2014 6.

32. Avi Goldfarb, Ryan C. McDevitt, Sampsa Samila, and Brian Silverman, "The Effect of Social Interaction on Economic Transactions:Evidence from Changes in Two Retail Formats," Management Science,working paper, March 2015.

33. Janet Polivy, C. Peter Herman, Rick Hackett, and Irka Kuleshnyk, "The Effects of Self-Attentionand Public Attention on Eating inRestrained and Unrestrained Subjects," Journal of Personality andSocial Psychology 50.6 (1986): 1253.

34. http://www.latimes.com/books/jacketcopy/la-et-jc-fifty-shades-of-grey-tops-100-million-in-worldwide-sales-20140226-story.html.

35. http://socialtimes.com/ 50-shades-of-grey-is-selling-6x-more-kindle-books-than-print_b172674-red=en.

36. Daniel Fernandes, John G. Lynch Jr., and Richard G. Netemeyer,"Financial Literacy, Financial Education, and Downstream Financial Behaviors," Management Science 60.8 (August 2014): 1861–83.

37. http://www.thedailybeast.com/articles/2014/07/14/the-israeli-app-red-alert-saves-lives-but-it-just-might-drive-you-nuts.html.

38. Paul Slovic, Melissa Finucane, Ellen Peters, and Donald G.MacGregor, "The Affect Heuristic," in Thomas Gilovich, Dale Griffin, and Daniel Kahneman, eds., Heuristics and Biases: The Psychology of Intuitive Judgment (New York: Cambridge University Press, 2002), 397–420.

39. Julie Downs, George Loewenstein, and Jessica Wisdom, "Strategiesfor Promoting Healthier Food Choices," American Economic Review99.2 (2009): 1–10.

40. Brian Elbel, Rogan Kersh, Victoria L. Brescoll, and L. Beth Dixon,"Calorie Labeling and Food Choices: A First Look at the Effects onLow-IncomePeople in New York City," Health Affairs 28.6 (2009):w1110–w1121.

41. Etienne Vermeire, Hilary Hearnshaw, Paul Van Royen, and Joke Denekens, "Patient Adherence to Treatment: Three Decades of Research. A Comprehensive Review," Journal of Clinical Pharmacy and Therapeutics 26.5 (2001): 331–42.

42. Ibid.

43. http://www.glowcaps.com.

44. https://www.google.com/patents/US20070016443.

45. http://www.vitality.net/research_harvard.html.

46. http://www.thedailybeast.com/articles/2014/07/14/the-israeli-app-red-alert-saves-lives-but it just-might-drive-you-nuts.html.

47. David W. Nickerson and Todd Rogers, "Do You Have a Voting Plan?Implementation Intentions, Voter Turnout, and Organic PlanMaking," Psychological Science 21.2 (2010): 194–99.

48. Ayelet Fishbach, Tal Eyal, and Stacey R. Finkelstein, "How Positive and Negative Feedback Motivate Goal Pursuit," Social and Personality Psychology Compass 4.8 (2010): 517–30.

49. K. C. Diwas, Bradley R. Staats, and Francesca Gino, "Learning from My Success and from Others' Failure: Evidence from Minimally Invasive Cardiac Surgery," Management Science 59.11 (2013): 2435–49.

5부

1. Susan M. Belmore, "Reading Computer-PresentedText," Bulletin of the Psychonomic Society (1985).

온라인 소비자,
무엇을 사고 무엇을 사지 않는가

2.   John D. Gould, Lizette Alfaro, Vincent Barnes, Rich Finn, Nancy Grischkowsky, and Angela Minuto, "Reading Is Slower from CRT Displays Than from Paper: Attempts to Isolate a Single Variable Explanation," Human Factors 29(3) (1987): 269–99;J. D. Gould et al., "Reading from CRT Displays Can Be as Fast as Reading from Paper," Human Factors 29(5) (1987): 497–517;John D. Gould, Lizette Alfaro, Rich Finn, Brian Haupt, and Angela Minuto, "Why Is Reading Slower from CRT Displays Than from Paper," Proceedings of the Human Factors and Ergonomics Society Annual Meeting 30.8 (SAGE Publications, 1986): 834–36.

3.   Andrew Dillon, "Reading from Paper Versus Screens: A Critical Review of the Empirical Literature," Ergonomics 35.10 (1992): 1297–1326.

4.   http://thingsofinterest.com/2014/10/22/difference-30-years-makes-imac-retina-5k-display-vs-original-macintosh/.

5.   Anne Mangen, Bente R. Walgermo, and Kolbjørn Brønnick, "Reading Linear Texts on Paper Versus Computer Screen: Effects on Reading Comprehension," International Journal of Educational Research 58 (2013): 61–68.

6.   John D. Gould et al., "Reading from CRT Displays Can Be as Fast as Reading from Paper," Human Factors: The Journal of the Human Factors and Ergonomics Society 29.5 (1987): 497–517.

7.   http://www.mckinsey.com/insights/public_sector/nudging_the_world_toward_smarter_public_policy_an_interview_with_richard_thaler.

8.   http://www.transactionworld.net/articles/2013/november/mcommerce.html.

9.   United States, Executive Office of the President and National Economic Council, "Simplifying Student Aid: The Case for an Easier, Faster, and More Accurate FAFSA" (September 2009), retrieved from http://www.whitehouse.gov/assets/documents/FAFSA_ Report.pdf.

10.   Connor Diemand-Yauman, Daniel M. Oppenheimer, and Erikka B. Vaughan, "Fortune Favors the Bold (and the Italicized): Effects of Disfluency on Educational Outcomes," Cognition 118.1 (2011): 111–15.

11.   Shane Frederick, "Cognitive Reflection and Decision Making," Journal of Economic Perspectives (2005): 25–42.

12.   Adam Alter, Daniel M. Oppenheimer, Nicholas Epley, and Rebecca N. Eyre, "Overcoming Intuition: Metacognitive Difficulty Activates Analytic Reasoning," Journal of Experimental Psychology: General 136.4 (2007): 569.

13.   Andrew Meyer, Shane Frederick, Terence C. Burnham, Juan D. Guevara Pinto, Ty W. Boyer, Linden J. Ball, Gordon Pennycook, et al., "Disfluent Fonts Don't Help People Solve Math Problems," Journal of Experimental Psychology: General 144.2 (2015): e16.

14.   Adam L. Alter, Daniel M. Oppenheimer, Nicholas Epley, and Rebecca N. Eyre, "Overcoming Intuition: Metacognitive Difficulty Activates Analytic Reasoning," Journal of Experimental Psychology: General 136.4 (2007): 569.

15.   http://edge.org/conversation/disfluency.

16.   https://www.federalregister.gov/articles/2013/12/31/2013-28210/integrated-mortgage-disclosures-under-the-real-estate-settlement-procedures-act-regulation-x-and-the.

17.   Pam A. Mueller and Daniel M. Oppenheimer, "The Pen Is Mightier Than the Keyboard: Advantages of Longhand over Laptop Note Taking," Psychological Science 25.6 (June 2014): 1159–68.

18.   Linda Henkel, "Point-and-Shoot Memories: The Influence of Taking Photos on Memory for a Museum Tour," Psychological Science 25.2(February 2014): 396–402.

19. http://www.psychologicalscience.org/index.php/news/releases/no-pictures-please-taking-photos-may-impede-memory-of-museum-tour.html.

20. Brian Reimer, Bruce Mehler, Jonathan Dobres, Joseph F. Coughlin, Steve Matteson, David Gould, Nadine Chanine, and Vladimir Levantovsky, "Assessing the Impact of Typeface Design in a Text-Rich Automotive User Interface," Ergonomics (2014): 1–16.

21. http://www.igmchicago.org/igm-economic-experts-panel/poll-results?SurveyID= SV_eyDrhnya7vAPrX7.

22. https://support.uber.com/hc/en s/articles/201836656-What-is-surge-pricing-and-how-does-it-work;http://www.businessinsider.com/uber-new-years-eve-surge-pricing-2014 .

6부

1. David B. Strohmetz, Bruce Rind, Reed Fisher, and Michael Lynn, "Sweetening the Till: The Use of Candy to Increase Restaurant Tipping," Journal of Applied Social Psychology 32.2 (2002): 300–309.

2. Diana I. Cordova and Mark R. Lepper, "Intrinsic Motivation and the Process of Learning: Beneficial Effects of Contextualization, Personalization, and Choice," Journal of Educational Psychology 88.4 (1996): 715.

3. Noah J. Goldstein, Robert B. Cialdini, and Vladas Griskevicius, "A Room with a Viewpoint: Using Social Norms to Motivate Environmental Conservation in Hotels," Journal of Consumer Research 35.3 (2008): 472–82.

4. Ibid.

5. http://www.coca-colacompany.com/innovation/your-name-in-lights-personalized-coke-billboards-greet-consumers-in-israel.

6. http://www.seeplatform.eu/casestudies/Behavioural%20Insights%20Team.

7. Thank you to Michael Hallsworth of the Behavioural Insights Team for sharing the study results.

8. Hal E. Hershfield et al., "Increasing Saving Behavior Through Age-ProgressedRenderings of the Future Self," Journal of Marketing Research 48.SPL (2011): S23–S37.

9. Ibid.; Hal Ersner-Hershfield,G. Elliott Wimmer, and Brian Knutson, "Saving for the Future Self: Neural Measures of Future Self- Continuity Predict Temporal Discounting," Social Cognitive and Affective Neuroscience 4.1 (2009): 85–92.

10. James J. Choi, David Laibson, Brigitte C. Madrian, and Andrew Metrick, "Defined Contribution Pensions: Plan Rules, Participant Choices, and the Path of Least Resistance," in Tax Policy and the Economy, vol. 16, James Poterba, ed. (Cambridge, MA: MIT Press, 2002), 67–113.

11. Danny Kalish, telephone interview, March 11, 2014.

12. idomoo.com, "Annual Utility Statement," http://idomoo.com/video/annual-utility-statement.html.

13. Hengchen Dai, Katherine L. Milkman, and Jason Riis, "The Fresh Start Effect: Temporal Landmarks Motivate Aspirational Behavior,"Management Science 60.10 (2014): 2563–82.

14. Michael Sanders and Michael Hallsworth, "Applying Behavioural Economics in a Health Policy Context: Dispatches from the Front Lines," in Behavioral Economics and Public Health, Christina A. Roberto and Ichiro Kawachi, eds. (New York: Oxford University Press, 2015).

15. Many thanks to Michael Hallsworth of the Behavioural Insights Team for sharing the

온라인 소비자,
무엇을 사고 무엇을 사지 않는가

data.

16. http://kb.mailchimp.com/article/when-is-the-best-time-to-send-emails/; https://econsultancy.com/blog/62688-six-case-studies-and-infographics-on-the-optimal-time-to-send-emails#i.1ydxjvz138deen.

17. Daniel Fernandes, John G. Lynch Jr., and Richard G. Netemeyer, "Financial Literacy, Financial Education, and Downstream Financial Behaviors," Management Science 60.8 (August 2014): 1861–83.

18. http://www.forbes.com/sites/onmarketing/2014/01/29/yes-a-super-bowl-ad-really-is-worth-4-million/.

19. https://www.gov.uk/government/uploads/system/uploads/attachment_data/file/83719/Behavioural-Insights-Team-Annual-Update-2011-12_0.pdf.

20. Shlomo Benartzi, "Nudging Brits to Do the Right Things," interview with Dr. David Halpern, Psychology and Personal Finance, October 8, 2013, http://www.anderson.ucla.edu/faculty/accounting/faculty/psychology-and-personal-finance.

7부

1. http://thehill.com/policy/healthcare/328797-analysis-less-than-1-percent-of-users-initially-enrolled-at-healthcaregov.

2. Figures based on accessing healthcare.gov during the 2014 open enrollment period.

3. George Loewenstein, Joelle Y. Friedman, Barbara McGill, Sarah Ahmad, Suzanne Linck, Stacey Sinkula, John Beshears, et al., "Consumers' Misunderstanding of Health Insurance," Journal of Health Economics 32.5 (2013): 850–62.

4. www.zappos.com

5. Adam M. Grant and Barry Schwartz, "Too Much of a Good Thing: The Challenge and Opportunity of the Inverted U," Perspectives on Psychological Science 6.1 (2011): 61–76.

6. Avni M. Shah and George Wolford, "Buying Behavior as a Functionof Parametric Variation of Number of Choices," Psychological Science18.5 (2007): 369–70.

7. Sheena S. Iyengar and Mark R. Lepper, "When Choice Is Demotivating: Can One Desire Too Much of a Good Thing?"Journal of Personality and Social Psychology 79.6 (2000): 995.

8. Sheena S. Iyengar, Gur Huberman, and Wei Jiang, "How Much Choice Is Too Much? Contributions to 401(k) Retirement Plans," in Pension Design and Structure: New Lessons from Behavioral Finance, eds. Olivia Mitchell and Stephen Utkus (New York: Oxford University Press, 2004), 83–5.

9. Justin Beneke, Alice Cumming, and Lindsey Jolly, "The Effect of Item Reduction on Assortment Satisfaction—A Consideration of the Category of Red Wine in a Controlled Retail Setting," Journal of Retailing and Consumer Services 20.3 (2013): 282–91.

10. Tom MacNeil, in-person interview, July 29, 2014.

11. John A. Howard and Jagdish N. Sheth, The Theory of Buyer Behavior (New York: Wiley, 1969).

12. John R. Hauser and Birger Wernerfelt, "An Evaluation Cost Model of Consideration Sets," Journal of Consumer Research (1990): 393–408.

13. Cassie Mogilner, Tamar Rudnick, and Sheena S. Iyengar, "The Mere Categorization Effect: How the Presence of Categories Increases Choosers' Perceptions of Assortment Variety and Outcome Satisfaction," Journal of Consumer Research 35.2 (2008):

202–15.

14. Jeffrey R. Parker and Donald R. Lehmann, "How and When Grouping Low-Calorie Options Reduces the Benefits of Providing Dish-Specific Calorie Information," Journal of Consumer Research 41.1 (2014): 213–35.

15. Mogilner, Rudnick, and Iyengar, "The Mere Categorization Effect."

16. Itamar Simonson and Emanuel Rosen, "Three Long-Held Concepts Every Marketer should Rethink," Harvard Business Review (January 2014).

17. http://blogs.ft.com/tech-blog/2014/03/why-the-music-industrys-fat-head s ating-its-long-tail/.

18. Joshua Porter, "Testing the Three-Click Rule," User Interface Engineering (April 16, 2003), http://www.uie.com/articles/three_click_rule/.

19. http://www.smithsonianmag.com/history/a-brief-history-of-wimbledon-156205892/-no-ist; http://www.history.com/this-day-in-history/wimbledon-tournament-begins; http://www.wimbledon.com/en_GB/history/index.html.

20. http://www.wimbledon.com/en_GB/history/index.html;http://en.wikipedia.org/ wiki/The_Championships,_Wimbledon.

21. Tibor Besedes, Cary Deck, Sudipta Sarangi, and Mikhael Shor,"Reducing Choice Overload Without Reducing Choices," Review of Economics and Statistics, forthcoming.

22. Tibor Besedes, telephone interview, May 29, 2014.

23. http://www.nyc.gov/html/housinginfo/html/apartments/apartment_hunting_tips.shtml.

24. Iyengar and Lepper, "When Choice Is Demotivating."

25. Yangjie Gu, Simona Botti, and David Faro, "Turning the Page: The Impact of Choice Closure on Satisfaction," Journal of Consumer Research 40.2 (2013): 268–83.

26. David Faro, telephone interview, June 3, 2014.

27. Yangjie Gu, Simona Botti, and David Faro, "Seeking and Avoiding Choice Closure," working paper, London Business School, 2014.

28. http://www.bls.gov/news.release/cesan.nr0.htm.

29. Saurabh Bhargava, George Loewenstein, and Justin Sydnor. "Choose to Lose? Employee Health-Plan Decisions from a Menu with Dominated Options," working paper, Carnegie Mellon University, 2014.

30. Loewenstein et al., "Consumers' Misunderstanding of Health Insurance," 850–62.

31. Saurabh Bhargava et al., "Choose to Lose?"

32. Jason Abaluck and Jonathan Gruber, "Heterogeneity in Choice Inconsistencies Among the Elderly: Evidence from Prescription Drug Plan Choice," The American Economic Review 101.3 (2011): 377–81.

33. Peter A. Ubel, David A. Comerford, and Eric Johnson, "Healthcare.gov 3.0—Behavioral Economics and Insurance Exchanges," New England Journal of Medicine 372.8 (2015): 695–98.

34. http://aspe.hhs.gov/health/reports/2014/Premiums/2014MktPlacePremBrf.pdf,p. 10.

35. Itamar Simonson and Amos Tversky, "Choice in Context: Tradeoff Contrast and Extremeness Aversion," Journal of Marketing Research (1992).

8부

1. http://www.imshealth.com/deployedfiles/imshealth/Global/Content/Corporate/

온라인 소비자,
무엇을 사고 무엇을 사지 않는가

IMS% 20Health%20Institute/Reports/Patient_Apps/IIHI_ Patient_ Apps_ Report. pdf.

2. James J. Choi, David Laibson, Brigitte C. Madrian, and Andrew Metrick, "Defined Contribution Pensions: Plan Rules, Participant Choices, and the Path of Least Resistance," in Tax Policy and the Economy, vol. 16, James Poterba, ed. (Cambridge, MA: MIT Press, 2002) 67–13.

3. Alicia Munnell, "Falling Short: The Coming Retirement Crisis and What to Do About It," Center for Retirement Research at Boston College, April 2015.

4. http://www.scientificamerican.com/article/how-mobile-phones-can-solve-the-retirement-crisis/.

5. Eric J. Johnson, Gerald Haubl, and Anat Keinan, "Aspects of Endowment: A Query Theory of Value Construction," Journal of Experimental Psychology: Learning, Memory, and Cognition 33.3 (2007): 461.

6. David J. Hardisty, Eric J. Johnson, and Elke U. Weber, "A Dirty Word or a Dirty World? Attribute Framing, Political Affiliation, and Query Theory," Psychological Science 21.1 (2010): 86–92.

7. https://www.gov.uk/government/uploads/system/uploads/attachment_data/file/267100/Applying_Behavioural_Insights_to_Organ_Donation.pdf.

8. Elke U. Weber, Eric J. Johnson, Kerry F. Milch, Hannah Chang, Jeffrey C. Brodscholl, and Daniel G. Goldstein, "Asymmetric Discounting in Intertemporal Choice a Query-Theory Account," Psychological Science 18.6 (2007): 516–23.

9. David Romer, "Do Firms Maximize? Evidence from Professional Football," Journal of Political Economy 114.2 (2006): 340–65.

10. Daniel Kahneman and Amos Tversky, "Prospect Theory: An Analysis of Decision Under Risk," Econometrica: Journal of the Econometric Society (1979): 263–91.

11. http://www.coldhardfootballfacts.com/content/nfl-coaches-are-more-gutless-than-ever-fourth-down/19370/.

12. David Faro and Yuval Rottenstreich, "Affect, Empathy, and Regressive Mispredictions of Others' Preferences Under Risk," Management Science 52.4 (2006): 529–41.

13. Timothy D. Wilson, David A. Reinhard, Erin C. Westgate, Daniel T. Gilbert, Nicole Ellerbeck, Cheryl Hahn, Casey L. Brown, and Adi Shared, "Just Think: The Challenges of the Disengaged Mind," Science 345.6192 (2014): 75–77.

14. Shlomo Benartzi and Roger Lewin, Seven Steps to Your Fulfilling Retirement...and Life (New York: Portfolio, 2015).

15. Samuel D. Bond, Kurt A. Carlson, and Ralph L. Keeney, "Generating Objectives: Can Decision Makers Articulate What They Want?" Management Science 54.1 (2008): 56–70.

온라인 소비자, 무엇을 사고 무엇을 사지 않는가

초판 1쇄 발행 2016년 10월 7일
초판 2쇄 발행 2016년 10월 24일

지은이 • 슐로모 베나치, 조나 레러
옮긴이 • 이상원

펴낸이 • 박선경
기획/편집 • 김시형, 이지혜, 인성언
마케팅 • 박언경
표지 디자인 • twoes design
본문 디자인 • 디자인원
제작 • 디자인원(031-941-0991)

펴낸곳 • 도서출판 갈매나무
출판등록 • 2006년 7월 27일 제395-2006-000092호
주소 • 경기도 고양시 덕양구 은빛로 43 은하수빌딩 601호
전화 • 031)967-5596
팩스 • 031)967-5597
블로그 • blog.naver.com/kevinmanse
이메일 • kevinmanse@naver.com
페이스북 • www.facebook.com/galmaenamu

ISBN 978-89-93635-74-4 /03320
값 15,000원

이 도서의 국립중앙도서관 출판예정도서목록(CIP)은 서지정보유통지원시스템 홈페이지
(http://seoji.nl.go.kr)와 국가자료공동목록시스템(http://www.nl.go.kr/kolisnet)에서
이용하실 수 있습니다.(CIP제어번호: CIP2016022596)